TREASURES OF THE
MOSCOW KREMLIN
✣ ARSENAL OF THE RUSSIAN TSARS ✣

Сокровища Московского Кремля

Арсенал русских царей

A ROYAL ARMOURIES EXHIBITION

Лондонский Тауэр Её Величества 13 июня 1998 – 13 сентября 1998

TREASURES OF THE
MOSCOW KREMLIN
✣ ARSENAL OF THE RUSSIAN TSARS ✣

A ROYAL ARMOURIES EXHIBITION

HM Tower of London 13 June 1998 ~ 13 September 1998

BRITISH AIRWAYS

Rolls-Royce

Sedgwick

Kepstowe
Freight Services Limited

BRITISH AEROSPACE

Arthur D Little

Display fittings &
decorative joinery

Exhibition banners

Exhibition panels

Catalogue printing

Научный редактор русского текста каталога - кандидат исторических наук Владимирская Н С

The scientific director of the Russian text of the catalogue:
N S Vladimirskaya, Candidate of Historical Sciences

Автор вступительной статьи
кандидат исторических наук Левыкин А К

The author of the introductory article:
A K Levykin, Candidate of Historical Sciences

Составители текстов каталожных описаний
Абрамова Н Л (№№ 51-55)
Амелехина С А (№№ 69, 78)
кандидат искусствоведения Вишневская И И (№№ 14, 46, 47)
Голованова М П (№ 94)
Комаров И А (№№ 1-3, 16-18, 31-32, 38, 48-50, 68)
кандидат исторических наук Левыкин А К (№№ 4-6, 15, 19-22, 33-36, 39, 40, 45, 61, 62, 66, 67, 70, 72, 73, 77, 79, 84, 89, 93)
Миронова О И (№№ 25, 26, 28-30, 37, 60, 63-65, 71, 74, 75, 80-83, 90-92)
кандидат исторических наук Мельникова О Б (№№ 7-13)
Яблонская Е А (№№ 23, 24, 27, 41-44, 56-59, 76, 85-88)

Compilers of catalogue text:
N L Abramova (nos 51–5)
S A Amelekhina (nos 69, 78)
I I Vishnevskaya, Candidate of Iskusstvovedenie (nos 14, 46–7)
M P Golovanova (no. 94)
I A Komarov (nos 1–3, 16–18, 31–32, 38, 48–50, 68)
A K Levykin, Candidate of Historical Sciences (nos 4–6, 15, 19–22, 33–6, 39, 40, 45, 61–2, 66–7, 70, 72–3, 77, 79, 84, 89, 93)
O I Mironova (nos 25–6, 28–30, 37, 60, 63–5, 71, 74–5, 80–3, 90–2)
O B Mel'nikova, Candidate of Historical Sciences (nos 7–13)
E A Yablonskaya (nos 23–4, 27, 41–4, 56–9, 76, 85–8)

Фотографы
Котуранов А В и Родькин Е В

Photographs:
A V Koturanov and E V Rod'kin

Организаторы выставки
Генриетта Ашервуд и Боб Смит

Exhibition Organisers
Henrietta Usherwood and Bob Smith

Дизайнер выставки
Грэм Морз

Exhibition Designer
Graham Moores

Дизайнер каталога
Джералдин Мид

Catalogue Designer
Geraldine Mead

Переводчик
Д-р Дэйвид Коллинз

Translator
Dr David Collins

Royal Armouries
Armouries Drive
Leeds LS10 1LT

First published 1998

ISBN 0 948092 32 7

Printed in Great Britain by BAS Printers, Over Wallop, Hampshire

Содержание

Contents

The White Tower, HM Tower of London.

YORK HOUSE
ST. JAMES'S PALACE
LONDON S.W.1

It gives me special pleasure, as President of the Royal Armouries Development Trust, to welcome you to this exhibition of some of the wonderful and historic pieces from the collection of the Kremlin Armoury, which has existed as working arsenal and museum in Moscow's Kremlin for many centuries. Last year I visited the Kremlin Armoury for the first time and was quite astounded by the beauty and variety of its collections.

These two great and ancient museums have been working ever more closely together in recent years and we are now witnessing the next stage in their co-operation - the first ever exchange of exhibitions between them. The Royal Armouries exhibition "Treasures from the Tower", which I opened last year, finished a very successful five month run in the Kremlin in May and in June the focus moves to England where the Kremlin Armoury's exhibition - *Treasures of the Kremlin* - will be seen in the Tower of London throughout the summer. It is a splendid example of international co-operation and I commend both museums for their initiative. I have no doubt that the links between them forged in the fire of exhibition preparation will prove of lasting value to them both and to the work that they do for us.

I am sure that this exhibition of some of the wonderful collections from the Kremlin, which have never before been seen in Britain, will prove a marvellous success in the Tower and will provide a fitting prelude to the opening of the redisplayed Royal Armouries in the Tower this autumn.

HRH The Duke of Kent
President
The Royal Armouries Development Trust

Обращение – Александр Смоленский

Британцы о Московском Кремле, так же как, наверное, и россияне о Лондонском Тауэре, узнают в детстве из книг и кинофильмов, мечтают потом хоть раз побывать на Красной площади, в уникальных кремлёвских музеях, где хранятся бессмертные сокровища, являющиеся достоянием не только России, но и всего человечества. Долгие десять лет продолжались переговоры об обмене выставками между Лондонским Тауэром и Московским Кремлём, и вот - свершилось. Сперва москвичи и гости столицы увидели в стенах Кремля изумительное мастерство британских оружейников из коллекции древнейшего музея Англии, теперь Британия познакомится с сокровищами Кремля из арсенала русских царей.

Участие банковской группы СБС-АГРО в этом, не побоюсь высоких слов, историческом событии, не случайно. Группа является крупнейшим в России корпоративным собирателем произведений искусства. Выставки из нашей коллекции широко показываются в России и за рубежом. Мы радуемся каждому удачному приобретению и стремимся поделиться этой радостью с ценителями прекрасного. И всегда готовы помочь организаторам интересных и серьёзных выставочных проектов, каким, без сомнения, является обмен выставками между Кремлём и Тауэром.

Наша давняя мечта - открыть в Москве собственный Центр Искусств. И она близка к осуществлению - уже в этом году мы сможем пригласить в наш центр первых посетителей. Там мы будем проводить выставки из собственного собрания, организовывать показы произведений талантливых провинциальных художников, привозить в столицу выставки провинциальных государственных и частных художественных галерей, приглашать корпоративных коллекционеров произведений искусства из других стран мира, проводить музыкальные вечера и многое другое.

Я счастлив, что вместе с британскими спонсорами нам удалось помочь в осуществлении этого крупного российско-британского проекта. Любителям искусства представилась возможность увидеть древние сокровища, и, мне кажется, это помогло нам лучше узнать и понять друг друга. Надеюсь, что обмен выставками между музеями наших стран станет традиционным, что поможет сближению двух великих мировых культур, хранителями и преумножателями которых являются два величайших музея мира - Московский Кремль и Лондонский Тауэр.

Александр Смоленский
Председатель Совета Директоров
Банковской Группы СБС-АГРО

PREFACE — ALEXANDER SMOLENSKY

Just as Russians learn about the Tower of London from books and films when they are children, so do Britons hear of the Moscow Kremlin and dream about a once-in-a-lifetime visit to Red Square and the unique Kremlin museums with their immortal treasures, which belong to the whole of humanity, not just Russia. After ten long years of protracted negotiations about an exchange of exhibitions between the Tower of London and the Moscow Kremlin, it has finally happened. First Muscovites and visitors to the Russian capital saw the amazing craftsmanship of British armourers from the collections of Britain's oldest museum; now Britain is becoming acquainted with the Kremlin treasures from the tsars' arsenal.

The participation of the SBS-AGRO Banking Group in this is not accidental; without mincing words, it is an historic event. The Group is the largest corporate collector of works of art in Russia. Exhibitions from our collection are displayed in many places in Russia and abroad. We rejoice at every successful acquisition and strive to share this joy with those who value beautiful things. We are always ready to help organizers of interesting and serious exhibition projects, and there is no doubt at all that the exchange of exhibitions between the Kremlin and the Tower is one of these.

Our long-term dream has been the opening of our own Arts Centre in Moscow. And it is close to realization. We will be able to invite the first visitors to our Centre this very year. We will put on exhibitions from our own collection, we will organize showings of works by talented provincial artists and bring exhibitions of provincial state and private art galleries to the capital. We will invite corporate collectors of works of art from other countries throughout the world, hold musical evenings and much more besides.

I am happy that together with the British sponsors we have been able to assist in the fulfilment of this prominent Anglo-Russian cultural project. Art lovers have been afforded the opportunity to see ancient treasures, and it seems to me that this has helped us to know and understand each other better. I hope that the exchange of exhibitions between our countries' museums will become a tradition that will help draw together two great world cultures whose custodians and propagators are two of the greatest museums in the world – the Moscow Kremlin and the Tower of London.

ALEXANDER SMOLENSKY
Chairman of the Board of Directors
SBS-AGRO Banking Group

Tsar-cannon and Assumption Cathedral.

Foreword by the Master of the Armouries

The Kremlin and the Tower of London are two extraordinary complexes of buildings. Both are fortresses in their country's capital city; both have served as royal strongholds; both have been centres of governance, repositories of royal treasures and centres for the manufacture, storage and issue of arms and armour both for war and for state ceremonies; and both have developed from these functions into heritage sites visited each year by millions and containing two of the oldest royal museums in the world.

Relations between Russia and Britain began when the armouries in the Kremlin and the Tower were at their peak as working arsenals and workshops and before they began their development into museums. It was in 1553 that Richard Chancellor sent on an expedition by the young King Edward VI for the discovery of the northern part of the world found a trade route to Moscow. In 1555 on his return home the Muscovy Company was formed. In the following year an ambassador from Ivan the Terrible came to Queen Mary's court, a commercial treaty was concluded, and the serious business of trade between our two countries began in earnest.

Since then relations between Russia and Britain, both countries on the geographic fringes of Europe with interests both within and without the Continent, have often been very close but sometimes too distant. Relations were especially cold and difficult in the three decades after the Second World War, a war which we fought as allies. The frustration and waste of this period is summed up for me in Turgenev's cry in First Love 'Oh, what could I not have done, if only I had not wasted my time'.

As relations between Russia and Britain improved in the late 1980s the Kremlin Armoury and the Royal Armouries decided to waste time no longer but to start working closely together for our mutual benefit. That this came about is due both to the enthusiasm for international co-operation shared by both museums and to the encouragement of a great friend of both museums, Henk Visser. It was he who, in 1989, first got the Director of the Kremlin Museums, Madame Irina Rodimtseva, and the Master of the Armouries to sit down and talk about working together. Since then we have exchanged ideas and expertise, we have worked together on publishing projects, and we, in the Royal Armouries, have helped where we could with Henk Visser's project, now completed, to restore the Kremlin's unsurpassed collection of Dutch firearms and display some of them in Holland. But from the beginning we agreed that what we most wanted to do was to exchange exhibitions, indeed to develop a series of exhibition exchanges. That this first exchange

has taken nine years to organize says less about the enthusiasm for the idea within the two museums and more about the realities of our lives – the pressures on museums during the development of the new Russia and the all consuming efforts of the Royal Armouries in the same period to establish its new museum in Leeds in the North of England.

From mid December 1997 to mid May 1998 the exhibition, *Treasures from the Tower* brought to the Kremlin for the first time items from the British Royal Armouries, a museum which developed in the 16th and 17th centuries from the working arsenal of the medieval monarchs of Britain which was housed within the walls of their premier fortress and stronghold, the Tower of London. Now from June to September 1998 we are hosting in the Tower of London the Kremlin's reciprocal exhibition, Treasures of the Kremlin: the Arsenal of the Russian Tsars.

Both exhibitions explore the history and development of the great collections which sprang up in their respective fortresses and developed from working repositories, workshops and arsenals into two of the world's oldest and greatest museums. Both museums rank high among the Royal Armouries of Europe which can justifiably claim to be the oldest type of museum in existence, many, like the Tower Armouries, dating back as visitors attractions to the 16th or 17th centuries. After many years of little contact it is good and right that our two institutions, which have so much in common, are now working closely together.

We are indebted to the British Council in Moscow, and to Elena Doletskaya in particular. Their and our efforts have been given tremendous and active support by His Excellency the Ambassador of the Russian Federation to the Court of St James, Mr Yuri Fokine, and his predecessor, Mr Anatoli Adamishin, and Mrs Olga Adamishina. This official enthusiasm has been matched in Moscow by His Excellency HM Ambassador to the Russian Federation, Sir Andrew Wood KCMG and by his staff. Our thanks are also due to our sponsors, without whom these exhibitions would not have been possible; Henrietta Usherwood, Exhibitions Consultant to the Royal Armouries; Dr David Collins, Head of the Department of Russian and Slavonic Studies, Leeds University; the Eastern Department of the Foreign and Commonwealth Office; the Financial Times in Moscow; Mr Ralph Land CBE, Dr Alexander Paradiz MP, Head of the Russia-Britain Parliamentary Group in the State Duma of the Russian Federations; Mr Terry Sandell OBE, Director of Visiting Arts; the Baroness Smith of Gilmorehill; and The Society of British Aerospace Companies Limited.

GUY WILSON
Master of the Armouries

ВСТУПИТЕЛЬНОЕ СЛОВО К КАТАЛОГУ

Московский Кремль и Лондонский Тауэр - признанные символы истории и культуры двух великих народов. Судьбой было предопределено, что именно вокруг этих крепостей сложились две крупнейшие столицы средневековой Европы. Под надежной защитой их стен работали придворные мастера, в том числе оружейники, удивительным образом соединявшие в себе интеллект ученых, навыки конструкторов и эстетическое чутье художников. Надежно укрытые от посторонних глаз, хранились в этих крепостях царские и королевские сокровища и среди них - шедевры оружейного искусства. Подобного рода хранилища существовали, конечно, и при других дворах Европы, но лишь немногие из них смогли, пережив все отпущенные им судьбой удары - войны, пожары, революции, сохраниться и обрести значение национальных сокровищниц. Среди них - древние хранилища Кремля и Тауэра.

Кажется, находившиеся здесь и созданные для пользования узкого круга лиц произведения искусства постоянно пытались проложить дорогу к зрителю. В XVI веке их могли видеть лишь немногие избранные, в их числе русские послы в Англии и английские - в России. Установившиеся в это время между Россией и Англией дипломатические, а затем и торговые, военные и культурные связи вызвали появление в сокровищницах русских царей изделий британских мастеров. В XVII веке хранилища Тауэра уже частично открываются для посетителей, и одним из первых посетивших их русских был Петр Михайлов, - именно под этим именем путешествовал по Европе в 1697-1698 годах царь Петр Алексеевич, будущий император Петр Великий. Это посещение произошло триста лет назад, а еще через сто с небольшим лет другой русский посетитель Тауэра, император Александр I, подписывает указ о создании музея - Императорской Оружейной палаты.

XIX век - эпоха становления Королевского Арсенала и Оружейной палаты как музеев, время углубленной научной обработки хранящихся в них коллекций. Бережно и аккуратно лучшие ученые России и Британии удаляли с памятников патину забвения и потрескавшийся лак старых идеологических мифов. Следствием этой работы стало почти одновременное составление и публикация первых подробных музейных описаний. Тысячи людей смогли ознакомиться с ними.

Век XX - миллионы людей проходят ежегодно по Королевскому Арсеналу и залам Оружейной палаты Московского Кремля. Во второй половине XX столетия оба музея выходят за пределы своих крепостных стен, широко развернув выставочную международную деятельность. В 1990-х годах родился проект обмена выставками между ними. Первая часть проекта уже осуществлена - в декабре 1997 - мае 1998 в выставочном зале Московского Кремля с огромным успехом прошла выставка "Сокровища Тауэра".

Эта выставка ознаменовала собой начало интереснейшей международной программы, посвященной 300-летию "Великого посольства" - путешествия царя Петра I в Европу. "Великое посольство" стало началом решающих для истории России преобразований. Программа включает в себя различные мероприятия - выставки, научные конференции, конкурсы, концерты и театральные действа. Важной частью этой программы является организация выставки "Сокровища Московского Кремля. Арсенал русских царей" в Лондонском Тауэре. Вновь, как и триста лет назад, встречаются два национальных символа, две древние столицы, две европейские культуры.

Почти все отобранное для выставки оружие и снаряжение в свое время было действующим, функциональным и поэтому в полной мере отражает изменения, происходившие в оружейной культуре России на протяжении двух столетий. Важно и то, что почти все представленные экспонаты упомянуты в сохранившихся описях царского оружия XVI-XVIII веков и, следовательно, надежно атрибутированы и могут служить своеобразными эталонами при изучении памятников оружейного искусства. Некоторые из них не только никогда не вывозились за пределы России, но и не покидали стен Московского Кремля.

Представляя выставку британскому зрителю, мы не можем не вспомнить тех людей, благодаря энтузиазму которых стало возможно осуществление настоящего проекта. Мы выражаем свою признательность Его Превосходительству послу Российской Федерации в Великобритании г-ну Ю.Е. Фокину, Его Превосходительству послу Великобритании в Российской Федерации сэру Эндрю Вуду, Директору Британского Совета в Москве сэру Энтони Эндрюсу, сотрудникам посольств в Лондоне и Москве, нашим спонсорам, без помощи которых ни одна из этих выставок не была бы возможной. Слова особой благодарности нам хотелось бы высказать г-ну Х.Л. Виссеру. Истинный бескорыстный друг музея "Московский Кремль" и Королевского Арсенала, именно он стоял у истоков первых встреч руководителей музеев, именно он был инициатором начала этого уникального проекта. На выставке английский зритель увидит шедевры голландского и английского оружейного искусства, отреставрированные на средства г-на Х.Л. Виссера.

Хочется верить, что показ сокровищ Московского Кремля не оставит зрителей равнодушными, доставит истинное удовольствие жителям и гостям Лондона, а также послужит развитию дружественных русско-английских связей.

И.А. Родимцева
Директор Государственного
историко-культурного музея-заповедника
"Московский Кремль"

Foreword by the Director of the Kremlin Museum

The Moscow Kremlin and the Tower of London are acknowledged symbols of the history and culture of two great peoples. It was foreordained by fate that two of the greatest capitals of medieval Europe should take shape around these specific fortresses. Under the sure protection of their walls worked court masters, among them armourers, who combined in a remarkable way the intellect of the scientist, the skill of the artisan and the aesthetic flair of the artist. Securely protected from prying eyes the treasures of tsars and kings were stored in these fortresses. Among them were masterpieces of the armourer's art. Naturally, other European courts had similar storehouses, but only a few of them managed to survive all the blows inflicted by fate – wars, fires and revolutions – to gain the reputation of national treasure houses. These include the ancient repositories of the Kremlin and the Tower of London.

It seems as if the products of art to be found here, created for the use of a narrow circle of people, have always tried to reach out towards the spectator. In the 16th century only a few chosen people, including Russian ambassadors to England and English ambassadors to Russia, could see them. The diplomatic, and later trading, military and cultural links, which were established between Russia and England at that time led to the appearance of British masters' artefacts among Russia's treasures. In the 17th century the Tower's collections were already partly opened for visitors, and one of the first Russians to visit them was Pyotr Mikhailov, the pseudonym under which Pyotr Alexeevich, the future Peter the Great travelled in Europe in 1697–1698. This visit took place three hundred years ago. Just over a hundred years later another Russian visitor to the Tower, Emperor Alexander I, signed an order to establish a museum, the Imperial Palace Armoury.

The 19th century, the period during which the Royal Armouries and the Palace Armoury were established as museums, was a time of detailed scientific investigation of the collections housed in them. The foremost experts in Russia and Britain carefully and accurately removed the patina of neglect and the clinging lacquer of old ideological myths from the exhibits. The result of this labour was the almost simultaneous compilation and publication of the first detailed museum inventories. Thousands of people could familiarize themselves with them.

During the 20th century millions of people have passed through the Royal Armouries and the halls of the Moscow Kremlin's Armoury Chamber. In the latter part of the 20th century both museums are emerging beyond the confines of their fortress walls, expanding their exhibitions into the international arena. In the 1990s the idea arose of an exchange of exhibitions between them. The first part of this project has already come to pass: from December 1997 to May 1998 an exhibition, *Treasures from the Tower*, has been displayed with great success in the Moscow Kremlin Exhibition Hall.

This exhibition marked the beginning of an extremely interesting programme devoted to the 300th anniversary of the 'Great Embassy' – Peter I's trip to Europe. The 'Great Embassy' was the start of transformations decisive for the history of Russia. The programme includes various activities: exhibitions, academic conferences, contests, concerts and theatrical activities. An important part of this programme is the organization of the Exhibition *Treasures of the Moscow Kremlin, Arsenal of the Tsars* in the Tower of London. Just as they did 300 years ago two national symbols, two ancient capitals, two European cultures are meeting.

Almost all the weapons and equipment selected for the exhibition were working, functioning, and therefore in the fullest measure demonstrate the changes which came about in Russia's arms culture during two centuries. It is also important that almost all the exhibits were mentioned in the tsars' 16th and 17th century arms inventories, and being well-documented can consequently serve as distinctive standards for the study of examples of the art of arms. Some of them have not only never been exported beyond the confines of Russia, but have never been outside the Kremlin walls.

In displaying the exhibition before the British public we cannot fail to mention those people thanks to whose enthusiasm it has been possible to bring this project to fulfilment. We express our gratitude to his Excellency the Ambassador of the Russian Federation to Great Britain, Mr Yuri E Fokine, to his Excellency the Ambassador of the United Kingdom to the Russian Federation, Sir Andrew Wood, to the director of the British Council in Moscow, Sir Anthony Andrews, to colleagues in the embassies in London and Moscow and to our sponsors, without whose help neither of the exhibitions would have been possible. We would like to express our particular gratitude to Mr Henk L Visser. A true friend of the Moscow Kremlin Museum and the Royal Armouries, he it was who proved the source of the first meetings of the museum directors, he was the initiator of this unique project. At the exhibition the British visitor will see masterpieces of Dutch and English arms, the funds for whose restoration were provided by Mr Visser.

I would like to believe that the showing of the Moscow Kremlin's treasures will not leave the viewer indifferent, but will bring real pleasure to the inhabitants of London and visitors, and will also serve the development of friendly Anglo–Russian relations.

I A Rodimtseva
The Director of the Kremlin Museum

Арсенал русских царей и императоров XVI-XVIII вв

Оружейная палата - это древнейший музей России, сокровищница декоративно-прикладного искусства мирового значения, часть Государственного историко-культурного музея-заповедника "Московский Кремль" - комплекса, включающего также кремлевские соборы, церкви и Патриарший дворец. Собрание Оружейной палаты состоит из редчайших произведений российских и зарубежных мастеров IV-XX веков, самым тесным образом связанных с историей страны. Основная часть этого собрания - памятники, находившиеся в XV - начале XX века в царских, императорских и церковных хранилищах Московского Кремля. В XV-XVII веках эти хранилища активно пополнялись за счет подарков русской знати, иностранных государей, послов и купечества, а также конфискованного имущества аристократических родов и, конечно, работ придворных, патриарших и монастырских мастеров.

О сокровищах, которые хранились в Кремле, современники писали с нескрываемым удивлением и восхищением. Драгоценная церковная утварь, ювелирные украшения, посуда, богатые одежды, оружие, парадное конское убранство и, наконец, государственные регалии и церковные реликвии - все это являлось не только частью ежедневного царского и церковного быта, но и материальной основой могущества государства.

Комплекс царских хранилищ, окончательно сформировавшийся во второй половине XVI столетия, просуществовал до начала XVIII века. В 1712 году новой столицей России был объявлен Санкт-Петербург. Туда была перенесена и резиденция русских монархов, а вместе с ней - дворцовые и государственные структуры. Лучшие придворные художники, ювелиры, оружейники, граверы, резчики по кости и дереву также переехали в Санкт-Петербург. И, хотя Москва продолжала оставаться важным экономическим, торговым и культурным центром, древней столицей, где происходили коронации российских самодержцев, - характер деятельности кремлевских казнохранилищ постепенно менялся. В их жизни начался новый этап, они все в большей и большей степени приобретали музейный характер. В 1806 году указом императора Александра I на их основе был создан публичный музей - Императорская Оружейная палата. С 1810 года он был размещен в здании, построенном у Троицких ворот Кремля, а в 1851 году переведен в другое, также специальное музейное здание у Боровицких ворот. Построенное в неовизантийском стиле, оно являлось частью огромного комплекса Большого Кремлевского дворца, возведенного по проекту архитектора К.А. Тона.

Здесь Оружейная палата находится и сегодня. В 80-х годах XIX века была создана и опубликована полная опись Московской Оружейной палаты. Известно, что разделы, посвященные оружию и художественному металлу, были подготовлены хранителями Л.П. Яковлевым и Г.Д. Филимоновым. Научное значение описи, в текст которой были включены обнаруженные авторами архивные документы, не утрачено и в настоящее время. Поэтому после каждого описания в тексте каталога выставки даются ссылки на соответствующие тома и книги описи.

Важнейшая часть собрания музея - коллекция оружия и парадного конского убранства, непосредственным образом связанная с историей Российского государства, Московского Кремля и Императорской Оружейной палаты. Основой этой коллекции послужили хранилища двух крупнейших дворцовых учреждений России XVI-XVII столетий - Государевой Оружейной палаты и Конюшенного приказа. Сюда же поступили вещи из Императорской Обер-егермейстерской канцелярии (императорской Рюст-камеры), созданной в первой трети XVIII века и размещавшейся в северной русской столице.

Первые, наиболее ранние упоминания о существовании Оружейной палаты и Конюшенного приказа (приказами в России XVI-XVII веков назывались центральные государственно-административные учреждения) относятся ко времени чрезвычайно важному в российской истории, когда в конце XV - начале XVI столетия на месте великого княжества Московского и окружавших его разрозненных земель возникло русское централизованное государство. Тогда же на смену великокняжескому двору пришел царский, более многочисленный и пышный.

Долгое время первое упоминание об Оружейной палате относили к 1547 году. Под этим годом летописи сообщали о страшном московском пожаре, где отмечалось, что "оружничья палата" сгорела со всем оружием (Малицкий. С. 514). Затем были обнаружены свидетельства о ее существовании уже в 1537 году (Левыкин. С. 49). Однако исследователи всегда подчеркивали, что возможная дата учреждения Оружейной палаты относится к еще более раннему периоду русской истории.

Сам термин "оружничья палата" состоит из двух слов. "Оружничий" - это придворный чин, в ведении которого находилась царская оружейная казна, а "палата"- это каменное здание или обширное помещение в нем. Таким образом, "оружничья палата" - это не что иное, как здание или помещение, где хранился великокняжеский арсенал.

Первые упоминания о существовании при дворе Московских великих князей должности оружничего относятся к 1511 году. Примерно тем же временем - 1508 годом - датируется и завершение строительства Набережного царского дворца в Кремле, где, согласно документам, в XVI - начале XVII века размещалась сама палата. К середине XVII века главный арсенал Московского Кремля уже представлял собой целый комплекс помещений, в который, помимо помещений Набережного дворца, вошли палаты, располагавшиеся на том месте в Кремле, где в настоящее время располагается Большой Кремлевский дворец. За два столетия название этого учреждения неоднократно изменялось: "Оружничья палата", "Бронный приказ", "Оружейный приказ" и, наконец, "Приказ Большой государевой Оружейной палаты" или просто "Оружейная палата". Однако никогда не изменялась суть деятельности этого учреждения, бывшего главным великокняжеским, а затем и царским арсеналом.

В XVII столетии в состав Оружейной палаты входили: Большая оружейная казна (основное царское хранилище), мастерская, где работали "государевы оружейники", хранилища строевого огнестрельного и холодного оружия, располагавшиеся иногда вне Кремля, приказ Ствольного дела, размещавшийся на Бархатном дворе Кремля (на территории современного Тайнинского сада), и ведавшего крупными заводами в Москве и в Туле, Палата резных дел и даже иконописная мастерская. Оружейная палата не только контролировала большую часть производства вооружения на территории всей страны, но являлась, по словам русского историка И.Е. Забелина "настоящей академией художеств России" (Забелин. С.84). На московских заводах и мастерских, находившихся в ее ведении, одновременно могли работать до двух тысяч человек. Наиболее искусные и опытные составляли группу "жалованных мастеров государевой Оружейной палаты" - то есть мастеров, получавших, помимо особых наград за выполненные изделия, ежегодное и вполне определенное жалование из царской казны. Собранные со всех уголков России, они создавали прекрасное оружие, изготавливали предметы быта для царского двора, участвовали в оформлении дворцов, соборов и монастырей.

Лучшее оружие и снаряжение, как парадное, так и боевое, хранилось в Большой оружейной казне. Это кольчуги, зерцала, шлемы, саадаки, булавы, сабли, палаши, кончары, бердыши, протазаны, алебарды, копья, пищали и пистолеты (кат. №№ 16-30). Особое место в этом арсенале занимал так называемый "большой наряд" - предметы вооружения русского самодержца (кат. №№ 1-6). Некоторые из них, например шлемы и саадаки "большого наряда", по характеру использования, а также чрезвычайно высокому уровню исполнения могут быть приравнены к государственным регалиям.

В Большой Оружейной казне хранились не только работы русских мастеров. Огромной популярностью при дворе пользовались иранские и турецкие доспехи, холодное оружие, изготовленное из знаменитой булатной и дамасской стали и искусно украшенное резным и насеченным золотом орнаментом, драгоценными камнями (кат. №№ 31-37). Из стран Западной Европы купцы и посольства привозили мушкеты, аркебузы, карабины и пистолеты, созданные лучшими мастерами Англии, Германии, Голландии, Франции и Чехии (кат. №№ 38-44).

Еще в грамотах сыновей московского князя Ивана Даниловича Калиты (1325-1340) за 1341 год мы находим упоминания о "конюшенном пути", который был прообразом Конюшенного приказа. Уже в XVI столетии Конюшенный приказ являлся солидным, вполне сложившимся учреждением. В XVII веке он размещался в специальном здании на территории Московского Кремля, недалеко от Боровицких ворот. Возглавлял деятельность Конюшенного приказа конюший боярин ("боярин" - высший служилый чин в Русском государстве до начала XVIII века). Первое упоминание этой должности относится к 1495 году. В XVI веке этот чин - один из наиболее значительных при дворе. Достаточно сказать, что в 80-90-е годах XVI века конюшим при царе Федоре Ивановиче был будущий самодержец России Борис Годунов. В документах XVII века должность конюшего боярина уже не упоминается, а во главе ведомства стоял "ясельничий", (название чина происходит от слова "ясли"- ящик для корма лошадей; в данном случае это означает "обслуживающий, воспитывающий лошадей"), который также занимал видное, хотя и не такое как конюший, место в русской придворной иерархии.

Штат приказа в XVII столетии состоял более чем из 700 человек и был одним из самых многочисленных в русской дворцовой службе. На Каретном и Колымажном дворах приказа хранились экипажи. В Седельной, Колымажной, Санной, Возковой и Каретной мастерских работали сотни мастеров и их помощников, русских и иностранцев, изготовлявших седла, сбрую, конские украшения, упряжь и экипажи. Конюшенный приказ имел непосредственную связь с другими художественными и производственными мастерскими Московского Кремля. В Царицыной мастерской палате златошвеи украшали золотым шитьем и жемчугом попоны и покровцы. В Золотой и Серебряной палатах изготавливали драгоценные оправы седел, ювелирные украшения сбруи, серебряные конские цепи, наколенники. Мастера Оружейной палаты делали стремена и ольстры для седельных пистолетов. Пополнялась Конюшенная казна и предметами парадного убранства, привезенными купцами и послами иностранных государств - Турции, Ирана, Крымского ханства, стран Западной Европы. Всего в Конюшенной казне, согласно описи 1706 года, хранилось более двух тысяч предметов парадного конского убранства и упряжи.

В ведении конюшенного приказа в середине XVII столетия находилось около сорока тысяч лошадей, три тысячи из них относились к особо редким породам. Самых красивых лошадей отбирали и выводили в дорогих уборах специально для показа во время парадных царских церемониалов - военных смотров, встреч и проводов иностранных послов, охот, военных походов и паломничеств в монастыри.

Организация и оформление таких церемоний входили в сферу деятельности как Оружейного, так и Конюшенного приказов. Одной из наиболее значимых церемоний в России XVI-XVII веков являлся военный смотр, который, как правило, предшествовал объявлению войны или выступлению в поход русского войска. Самую важную роль в нем играл Большой государев полк, составленный из лучших представителей дворянства и непосредственно подчинявшийся русскому самодержцу. Военные смотры происходили в Москве на Девичьем поле у Новодевичьего монастыря и продолжались по нескольку дней. Перед смотрами в полки выдавались знамена, доспехи и оружие из Оружейной палаты. Одновременно формировалась личная "походная" казна царя. В архиве Оружейной палаты сохранилась опись "походной казны" 1654 года, отобранной для царя Алексея Михайловича (1645-1676), возглавлявшего русское войско при осаде Смоленска (1654) и Риги (1656) во время русско-польских войн 1654-1666 годов. Самое важное место в описи отведено царскому церемониальному оружию, состоявшему из трех саадаков, копья, рогатины, сулицы (метательного копья) и пищали. Все эти предметы оруженосцы царя - рынды - везли перед государем, а позади самодержца ехал оружничий с царским боевым шлемом в руках. Сам поход начинался с того момента, когда царь, поклонившись главным русским церковным реликвиям и получив благословение Патриарха, выходил из Успенского собора Кремля и садился на коня (кат. №№ 7-14). Войско же после смотра двигалось от Девичьего поля через всю Москву и обязательно проходило через Кремль.

Не менее торжественно обставлялся и ритуал встречи в столице иностранных послов. От границ Москвы до Кремля их сопровождали отборные сотни Большого государева полка. По пути их следования в два ряда, шпалерами стояло войско в ярких одеждах со знаменами.

В самом Кремле послы могли видеть батарею парадных, особо украшенных артиллерийских орудий и пушкарей в нарядных одеждах.

На рубеже XVI-XVII веков деятельность Конюшенного приказа прекратилась, его функции по оформлению церемониальных процессий перешли к Придворной конюшенной конторе и Придворной конюшенной канцелярии в Санкт-Петербурге. Оружейная палата в то же самое время превратилась в хранилище древнего царского оружия. В 1726-1727 годах вместе с другими хранилищами дворцовых учреждений XVII века Оружейная и Конюшенная казна были объединены в Мастерскую и Оружейную палату - учреждение, ставшее прообразом будущего музея.

С начала XVIII столетия в Москве, а затем и в новой столице, Санкт-Петербурге, началось формирование нового собрания оружия, известного ныне под названием императорской Рюст-камеры.

Ядро собрания составило оружие, принадлежавшее великому реформатору России Петру I (1682-1725) и хранившееся при его жизни в различных дворцовых комплексах Москвы и Петербурга. Это были прекрасные образцы огнестрельного и холодного оружия, приобретенные царем за границей или поднесенные ему в дар от правителей других стран; ружья, пистолеты, шпаги и палаши, произведенные на новых, учрежденных по указам царя заводах в Туле, Олонце и Сестрорецке; боевые трофеи, добытые на полях сражений во время Северной войны 1700-1721 годов со Швецией (кат. №№ 67-68).

Датой фактического создания собрания как единого комплекса можно считать 1737 год. По распоряжению императрицы Анны Ивановны (1730-1740) все оружие, хранившееся в различных дворцах Петербурга (в том числе привезенное в 1735 году из Москвы) и принадлежавшее ранее Петру I, его внуку Петру II (1727-1730) и самой Анне Ивановне (кат. №№ 61-66, 69-77), было влито в хранилище охотничьего оружия и снаряжения Обер-егермейстерской канцелярии.

Страстные охотницы, императрицы Анна Ивановна, Елизавета Петровна (1741-1761) и Екатерина II (1762-1796) уделяли большое внимание развитию этого ведомства. С середины 30-х годов XVIII века Обер-егермейстерская канцелярия располагалась на территории Итальянского дворца в Санкт-Петербурге, построенного в 1711 году для дочери императора Петра I, великой княжны Анны Петровны. В течение XVIII столетия здание дворца, первоначально деревянное, неоднократно достраивалось и реконструировалось. К сожалению, дворец не сохранился.

В ведении Обер-егермейстерской канцелярии находились Охотный, Егерский, Ружейный и Слоновий дворы в Санкт-Петербурге, а также Измайловский и Семеновский дворы и зверинцы в Москве. В составе Егерского двора, располагавшегося на территории Итальянского дворца, и находилась "казенная оружейня", возглавлявшаяся специально выделенным чиновником, которому подчинялись два служителя. Их должности в разное время назывались немецкими терминами биксеншпанер и биксенмахер ("оружейный мастер"). В обязанность этих служителей входило сохранение в надлежащем состоянии "собственного их императорского величества ружья" (т.е. оружия). Ружейный двор канцелярии возглавлялся оружейным или рисовальным мастером. Ему подчинялись оружейный и слесарный подмастерья и ученики, отливщик ружейных приборов, ствольный заварщик, оборонный мастер, ложейный мастер, его подмастерье и ученики. Другими словами, ружейный двор представлял собой настоящую оружейную придворную мастерскую.

Расцвет деятельности этой мастерской приходился на время правления императриц Елизаветы Петровны и Екатерины II. В этот период здесь работали такие знаменитые русские оружейники как Петр Лебедев, Иван Пермяк и его сын Гаврила Пермяков, А.И. Греке и др. (кат. №№ 80-81, 83, 90-92). Скорее всего, именно из Обер-егермейстерской канцелярии посылали заказы на Тульские оружейные заводы, где изготавливались прекрасные охотничьи гарнитуры для императорской охоты или посольских подношений иностранным государям (кат. №№ 71, 82). Сюда же, в Итальянский дворец, поступали ружья и пистолеты, купленные за границей или поднесенные в качестве подарков русским императорам и императрицам.

Императрица Екатерина II, пришедшая к власти после дворцового переворота 1762 года, издала указ о переводе из Ораниенбаума (дворцового комплекса близ Санкт-Петербурга) в Итальянский дворец коллекции оружия, принадлежавшей ее мужу, императору Петру III (1761-1762). Эта коллекция известна как Ораниенбаумская Рюст-камера. Данное собрание, где были представлены образцы русского, западноевропейского и восточного оружия XV-XVIII веков, возможно, начало создаваться еще во времена пребывания будущего императора в

Голштинии. Наряду с обычным и парадным охотничьим оружием и снаряжением, в этом собрании присутствовали редкие, даже уникальные по конструкции образцы огнестрельного оружия XVI-XVII веков, украшавшие кабинет наследника русского престола, а также оружие и снаряжение его "потешного" голштинского полка (кат. №№ 85-88).

После смерти Екатерины II в 1796 году ее сын император Павел I (1796-1801) исключил мастерскую и оружейное хранилище из ведения Обер-егермейстерской канцелярии и перевел их в непосредственное подчинение Кабинету его императорского величества. Коллекция была дополнена образцами драгоценного парадного и придворного (в первую очередь холодного) оружия, которые хранились до этого в особой комнате императрицы Екатерины II и при придворной Алмазной мастерской. Именно в это время собрание получило свое окончательное название - императорская Рюст-камера. Вполне возможно, Павел I хотел использовать оружие Рюст-камеры при украшении своей новой резиденции - Михайловского замка в Санкт-Петербурге. Однако его планам не суждено было сбыться. В результате дворцового переворота 1801 года он был убит, а императором стал его сын Александр I (1801-1825). Именно он, предполагая создание императорского музея древностей уже на территории Московского Кремля, и распорядился в мае 1805 года объединить Рюст-камеру с древним собранием Оружейной палаты. В 1810 году коллекция императорского оружия была перевезена в Москву.

Таким образом, за три столетия русской истории в Кремле сформировался уникальный комплекс оружия и конского убранства. Собрание позволяет нам представить и пышные царские процессии, и любимые развлечения русских самодержцев; мы можем увидеть, как изменялись вкусы царского двора, и познакомиться с работами выдающихся русских и зарубежных мастеров. Сама история этой коллекции позволяет выделить группы памятников, объединенных не только школой, местом и временем производства, но и связанных с конкретными историческими лицами. Именно этот комплекс и составил основу настоящей выставки - "Арсенал русских царей XVI-XVIII вв".

Кандидат исторических наук,
заведующий сектором Оружия
Государственного историко-
культурного музея-заповедника
"Московский Кремль"
Алексей Левыкин

THE ARSENAL OF THE RUSSIAN TSARS AND EMPERORS
FROM THE 16TH TO THE 18TH CENTURIES

The Armoury Chamber is the oldest museum in Russia, a treasure store of applied decorative arts of world significance. It is part of the Moscow Kremlin historical and cultural museum complex, which also includes the Kremlin cathedrals and churches and the Patriarch's Palace. The Armoury Chamber's collection consists of the rarest productions of Russian and foreign masters from the 4th to the 20th centuries, extremely closely linked to the country's history. The majority of the collection consists of heirlooms (*pamyatniki*) which were added to the tsars', emperors and church repositories in the Moscow Kremlin from the 15th to the 20th centuries. During the 15th–17th centuries these repositories were actively being enriched with gifts from the Russian aristocracy, foreign sovereigns, ambassadors and merchants, and also with the confiscated property of aristocratic families, and, of course, the products of the palace, patriarchal and monastic workshops.

Contemporaries wrote with unfeigned wonder and admiration about the treasures stored in the Kremlin. The precious church equipment, jewelled decorations, vessels, rich clothes, arms, ceremonial equestrian attire and, finally, state regalia and church relics. All this was not only part of the everyday life of tsar and church, but also the material basis for the state's power.

The complex of the tsars' repositories, which took shape in the second half of the 16th century, lasted until the early 18th century. In 1712 St Petersburg was proclaimed the new capital of Russia. The residence of the Russian monarchs was transferred there together with the accoutrements of palace and state. The best court artists, jewellers, armourers, engravers, wood and bone carvers also moved to St Petersburg. So, although Moscow remained an important economic, trading and cultural centre and the ancient capital, where the coronations of the Russian emperors took place, the types of activities engaged in by the Kremlin state repositories gradually changed. A new phase in their existence began: they increasingly adopted the character of a museum. In 1806 a public museum based on them, the Imperial Armoury Chamber, was founded by an edict *(ukaz)* of Alexander I. From 1810 it was housed in a building constructed near the Kremlin's Troitskii Gate, and in 1851 it was transferred to another special new museum building near the Borovitskii Gate. Built in a neo-Byzantine style it was part of the huge complex of the Great Kremlin Palace, built to designs by the architect K A Ton. The Armoury Chamber has been housed there ever since. In the 1880s a complete inventory (*Opis'*) of the Armoury Chamber was compiled and published. It is known that the sections dealing with weapons and decorative metalwork were prepared by the curators L P Yakovlev and G D Filimonov. The scholarly significance of the inventory, the text of which included archive documents found by the authors, is still considerable. Therefore a reference to the corresponding volume and book of the *Opis'* is given in every entry in the catalogue text.

The most important part of the Museum's contents is the collection of arms and ceremonial equestrian attire, which is directly connected with the history of the Russian state, the Moscow Kremlin and the Imperial Armoury Chamber. The Sovereign's Armoury Chamber (*Gosudareva Oruzheinaya palata*) and the Stables Office (*Konyushennyi prikaz*), two very important 16th- and 17th-century Russian palace institutions, formed the basis of this collection. In addition the contents of the Imperial *Ober-Egermeister*'s Chancellery (the Department of the Imperial Hunt), established in the first quarter of the 18th century then moved to Russia's northern capital, were sent to the Museum.

The earliest references to the existence of the Armoury Chamber and Stables Office (in the 16th and 17th centuries Russian central state administrative institutions were called Offices (*prikazy*)) are found at that very important point in late 15th- and early 16th-century history when the Russian centralized state emerged in place of the Grand Principality of Muscovy with its disorganized surrounding lands. That was the time when the Grand Prince's court was replaced by a larger, more magnificent court for the tsars.

For a long time it was thought that the first mention of the Armoury Chamber had been in 1547. However, the entry for this year in the *Chronicle* reported a terrible fire in Moscow in which the 'armoury chamber' was engulfed with all its weapons (Malitskii 1954: 514). Later, references were found to its having been in existence in 1537 (Levykin 1997: 49). However, researchers have always said that the Armoury Chamber was probably established at an even earlier point in Russian history.

The ancient Russian term first used for the Armoury Chamber consisted of two words: *Oruzhnich'ya palata*. The *oruzhnichii* was a court official who controlled the tsar's arms treasury, and *palata* referred to a stone building or a large area within one. So, the 'Armoury Chamber' was simply a building or premises where the Grand Prince's arms were stored.

The first references to the existence of the office of *oruzhnichii* at the Moscow grand prince's court occurred in 1511. The completion of the tsar's Naberezhnyi Palace, where, according to 16th- and 17th-century documents the Armoury was located, took place at around the same time, in 1508. Towards the middle of the 17th century the main Moscow Kremlin arsenal already consisted of a whole complex of premises which, apart from the Naberezhnyi Palace, included buildings located on the spot now occupied by the Great Kremlin Palace. Over two centuries the name of this institution was changed more than once: *Oruzhnichya Palata, Bronnyi Prikaz, Oruzheinyi Prikaz,*

View of Kremlin from the side of Moscow river.

and, finally, *Prikaz Bol'shoi Gosudarevoi Oruzheinoi Palaty,* or simply *Oruzheinaya Palata* (Armoury Chamber). However, the essence of the institution's activities never changed – it was the arsenal of the old grand princes and then of the tsars.

In the 17th century the Armoury Chamber included the Great Arms Treasury (the main storehouse for the tsar's possessions), a workshop where the 'sovereign's armourers' worked, stores for regimental firearms and edged weapons, which were sometimes located outside the Kremlin, the Barrel Office (*Stvol'nyi Prikaz*), which was situated in the Kremlin's Velvet Court (*Barkhatnyi Dvor*) (on the site of the present day Taininsk garden), the Carving Chamber (*palata reznykh del*), which superintended large factories in Moscow and Tula, and even an icon-painting workshop. The Armoury Chamber not only controlled the greater part of arms production throughout the whole country, but was, in the words of the Russian historian I E Zabelin, 'the real Russian academy of the arts' (Zabelin 1872: 84). At any time up to 2,000 people could be working in the Moscow factories and workshops under its control. The most skilful and experienced comprised the group of 'chartered masters of the Sovereign's Armoury Chamber' – that is, masters who received a clearly defined annual salary from the tsar's treasury in addition to special rewards for completing artefacts. Gathered from all corners of Russia they made fine weapons, produced everyday items for the tsars' court and participated in decorating the palaces, cathedrals and monasteries.

The best arms and equipment, both ceremonial and military, were stored in the Great Arms Treasury. They included mail shirts, swords, *konchary*, poll-axes, *protazny*, halberds, spears, arquebuses and pistols (cat. nos 16–30). A special place in this arsenal was occupied by the so-called 'great costume' – items made for the tsar (cat. nos 1–6). Some of them, for instance the helmets and archery sets (*saadaky*) of the 'great costume,' from their use and also the extremely high quality of their manufacture are equivalent to royal regalia.

The Great Arms Treasury did not only contain works by Russian masters. Iranian and Turkish armour and arms made of the famous *bulatnyi* and Damascus steel and skilfully decorated with cut and carved gold ornament and precious stones enjoyed great popularity at court (cat. nos 31–37). From the countries of western Europe merchants and ambassadors brought muskets, arquebuses, carbines and pistols created by the best masters of England, Germany, Holland, France and the Czech lands (cat. nos 38–44).

As early as the 1341 deeds of the sons of Ivan Danilovich Kalita, Prince of Muscovy, (1325–40) we find reference to the 'equestrian way,' which was reorganized into the Stables Office. As early as the 16th century the Stables Office was a solid, well-established institution. In the 17th century it was housed in a special building in the Moscow Kremlin, not far from the Borovitskii gates. The Stables Office was headed by an equestrian boyar ('*boyar*' was the highest rank in the Russian state until the beginning of the 18th century). The first mention of this position occurs in 1495. During the 16th century it was one of the most important at court. Suffice it to say that in the 1580s and 90s under Tsar Fyodor Ivanovich the equestrian boyar was the future ruler of Russia Boris Godunov. The position of equestrian boyar is no longer mentioned in 17th-century documents. The department was headed by a *yasel'nichii* (the name of this position derives from the word *yasli*, a horse-feeding box – in this case signifying 'one who serves and trains horses'), who also held a significant place in the court hierarchy, but not as elevated as that of the equestrian boyar.

In the 17th century the Office retained over 700 people and was one of the most heavily staffed in Russian court service. The equipment was stored in the Carriage and Coach Palaces. Hundreds of masters and their assistants, Russian and foreign, worked in the Saddle, Carriage, Sledge, Carting and Coach workshops making saddles, harness, equestrian decorations, gear and carriages. The Stables Office maintained direct links with the other artistic and production shops in the Moscow Kremlin. In the Tsarina's Workshop Chamber craftsmen decorated caparisons and covers with gold thread and pearls. In the Gold and Silver Chambers precious settings for saddles, jewelled decorations for harness, silver horse chains and knee protectors were prepared. Masters of the Armoury Chamber made stirrups and holsters for saddle pistols. The Equestrian Treasury was also supplied with items of parade equipment brought by merchants and ambassadors from foreign states: Turkey, Iran, the Crimean Khanate and the countries of western Europe. According to a 1706 inventory the Equestrian Treasury included over 2,000 items of equestrian parade attire and gear.

Armoury Chamber and Borovitskaya tower.

In the mid 17th century the Stables Office was in charge of about 40,000 horses, 3,000 of which belonged to especially rare breeds. The most attractive horses were selected and turned out in rich caparisons strictly for show during the tsars' ceremonial parades – military inspections, the welcoming and accompaniment of foreign ambassadors, hunts, military campaigns and pilgrimages to monasteries.

The organization and outfitting of such ceremonies came into the sphere of activity of the Armoury Chamber as well as the Stables Office. One of the most significant ceremonies of 16th–17th century Russia was the military inspection, which, as a rule, preceded a declaration of war or the Russian troops' departure on a campaign. The most important role in these was played by the Sovereign's Great Regiment, which consisted of the best representatives of the gentry and was directly under the command of the Russian ruler. Military inspections took place in Moscow on the Dyevichee Polye near the Novodyevichii Convent and lasted for several days. Before the inspections banners, armour and weapons from the Armoury Chamber were issued to the regiments. Simultaneously the tsar's personal 'Field Armoury' was selected. The Armoury Chamber archive contains an inventory of the 1654 'Field Armoury' selected for Tsar Alexei Mikhailovich (1645–76), who commanded the Russian troops at the sieges of Smolensk (1654) and Riga (1656) during the Russo–Polish wars of 1654–66. The most important place in the inventory is given to the tsar's ceremonial weapons, which consisted of three archery sets (*saadaky*), lances, bear spears, throwing spears (*sulitsy*) and arquebuses. The tsar's arms bearers, the *ryndy*, carried all these weapons in front of the sovereign, and the armourer rode behind the ruler with the Tsar's campaign helmet in his hands. The campaign itself began from

the moment when the Tsar, after making obeisance before the main Russian church relics and receiving the blessing of the Patriarch, left the Kremlin Cathedral of the Dormition and sat on his horse (cat. nos 7–14). After the inspection the troops moved from the Dyevichee Polye right through Moscow making the obligatory pass in front of the Kremlin.

No less solemn was the ritual associated with welcoming foreign ambassadors to the capital. Chosen detachments of the Sovereign's Great Regiment accompanied them from the outskirts of Moscow to the Kremlin. Along their route stood two rows of troops in bright clothes with banners. In the Kremlin itself the ambassadors could see batteries of specially decorated ordnance and artillerymen in smart dress.

As the 17th century gave way to the 18th the activities of the Stables Office came to an end, and its functions connected with preparing ceremonial processions passed to the Court Stable Department (*Pridvornaya konyushennaya kontora*) and the Palace Equestrian Chancellery (*Pridvornaya konyushennaya kantselyariya*) in St Petersburg. At the same time the Armoury Chamber was converted into a repository for ancient Russian weapons. In 1726–7 the Armoury Chamber and Equestrian Treasury together with the other repositories for 17th century palace institutions were united in the Workshop and Armoury Chamber, an institution which became the prototype of the present Museum.

From the beginning of the 18th century, initially in Moscow and then in the new capital, St Petersburg, a new collection of arms began to be formed, now known by the name of the Emperor's Cabinet of Arms (*Imperatorskaya ryust-kamera*). It was based on the arms which belonged to the great reformer Peter I (1682–1725), which had been kept in various palace complexes in Moscow and St Petersburg during his lifetime. They included excellent examples of firearms and edged weapons which the Tsar had obtained overseas or which had been given to him as gifts by the rulers of other countries; guns, pistols and swords made at the new factories set up at Tula, Olonetsk and Sestroretsk on the Tsar's orders and war trophies obtained on the battlefields of the Northern War of 1700–21 against Sweden (cat. nos 67–8).

We can consider 1737 as the actual date when the collection was created as a unified entity. By a decree of Empress Anna Ivanovna (1730–40) all the arms preserved in various repositories in St Petersburg (including those transferred from Moscow in 1735) which had earlier belonged to Peter I, his nephew Peter II (1727–30) and Anna Ivanovna herself (cat. nos 61–6, 69–77) were brought into the *Ober-egermeister*'s chancellery's store for hunting guns and equipment.

Passionate hunters, the empresses Anna, Elizabeth (1741–61) and Catherine II (1762–96) paid a great deal of attention to the development of this department. From the middle of the 1730s the *Ober-egermeister*'s chancellery was located on the territory of the Italian Palace in St Petersburg, which had been constructed in 1711 for the daughter of Emperor Peter I, the grand duchess

Anna Petrovna. During the 18th century the palace building, initially wooden, was rebuilt and remodelled more than once. Unfortunately, the palace has not survived.

Under the control of the *Ober-egermeister*'s chancellery were the Hunting, Egerskii, Gun and Elephant courts in St Petersburg, and also the Izmailovskii and Semyonovskii courts and the menageries in Moscow. The Egerskii court, located on the territory of the Italian Palace, also contained the 'State Armoury', which was directed by a specially chosen civil servant, who had two subordinate assistants. Their positions were at various times called by the German terms *biksenspaner* and *biksenmacher* ('arms master'). The responsibilities of these assistants included maintaining 'the guns of their imperial highnesses' in an appropriate condition. The Chancellery's Gun court was directed by a master of arms or a draughtsman. Under his command were undermasters of arms and metalwork and their apprentices, a gun parts caster, a barrel welder, a chasing master and a gunstock master with his undermasters and apprentices. In other words the Gun court was a real palace arms workshop.

The height of activity of this workshop occurred during the reigns of the empresses Elizabeth and Catherine II. During this period such famous Russian armourers as Pyotr Lebedev, Ivan Permyak and his son Gavrila Permyakov, A I Greke and others worked here (cat. nos 80–1, 83, 90–2). Orders for guns were most probably sent from the *Ober-egermeister*'s chancellery to the Tula arms factories, where they produced beautiful hunting sets for the imperial hunt or ambassadorial gifts for foreign sovereigns (cat. nos 71, 82). Guns and pistols bought abroad or presented as gifts to the Russian emperors and empresses came here, to the Italian Palace, too.

Armoury Chamber.

Empress Catherine II, who had come to power after the palace revolution of 1762, issued a decree about the transfer of a collection of weapons belonging to her husband the emperor Peter III (1761–2) from Oranienbaum (a palace complex near St Petersburg) to the Italian Palace. This collection is known as the Oranienbaum Cabinet of Arms (*ryust-kamera*). This collection, which included examples of Russian, west European and eastern arms of the 15th–18th centuries, possibly began its existence when the future emperor was in Holstein. Alongside ordinary and ceremonial weapons and equipment the collection included uniquely constructed examples of 16th–17th century firearms which decorated the office of the heir to the Russian throne, and also weapons and equipment for his Holstein 'play' Regiment (cat. nos 85–8).

After the death of Catherine II in 1796 her son the Emperor Paul I (1796–1801) removed the workshop and arms store from the control of the Egermeister's chancellery, directly subordinating them to His Imperial Majesty's Cabinet instead. The collection was supplemented with examples of the valuable parade and court weapons (mainly edged weapons) which had hitherto been stored in a special room of Empress Catherine II's and also in the Diamond Workshop. It was at this time that the collection obtained its final name: the Imperial Cabinet of Arms (*ryust-kamera*). It is perfectly possible that Paul I wanted to use the Cabinet of Arms weapons to decorate his new residence, the Mikhailovskii Castle in St Petersburg. However, his plans were not to be realized. As a result of a palace revolution in 1801 he was killed, and his son Alexander I (1801–25) became emperor. He it was who proposed the creation of an imperial museum of antiquities within the Moscow Kremlin, and in 1805 ordered the Cabinet of Arms to be amalgamated with the ancient collection in the Armoury Chamber. In 1810 the emperor's weapons collection was transferred to Moscow.

Thus, during three hundred years of Russian history a unique complex of arms and horse equipment was formed in the Kremlin. The collection enables us to imagine the magnificent processions of the tsars and the Russian rulers' favourite pastimes. We can see how tastes changed at the tsars' court, and familiarize ourselves with the work of outstanding Russian and foreign craftsmen. The very history of this collection enables us to pick out groups of objects linked not only by school, place and time of manufacture, but connected with real historical persons. This very complex has formed the basis for our present exhibition of *Treasures of the Moscow Kremlin: arsenal of the Russian Tsars.*

Candidate of Historical Sciences
Director of the Arms Sector of the
Moscow Kremlin State Historical–
Cultural Museum–Sanctuary
ALEXEI LEVYKIN

I | THE ARMOURY CHAMBER IN THE 16TH~17TH CENTURY

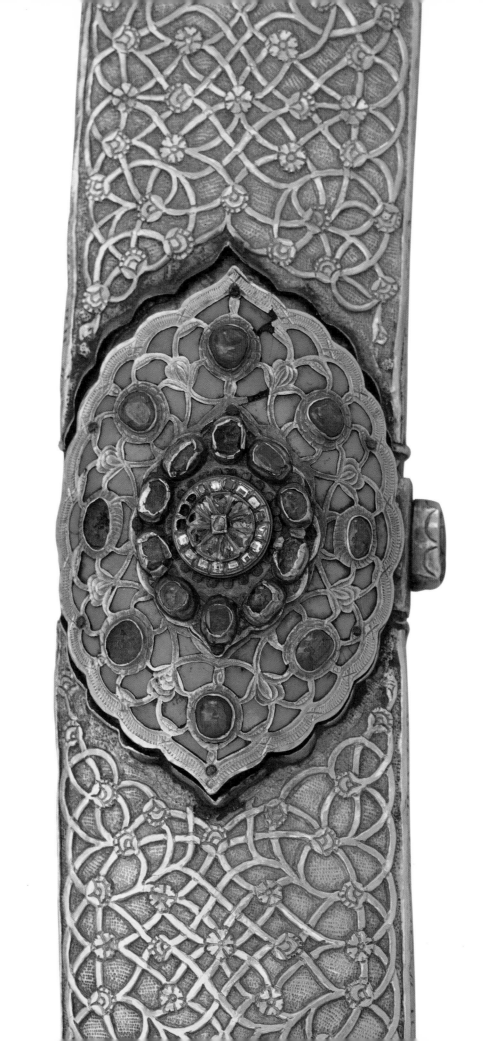

I | HELMET ~ 'JERICHO CAP'
RUSSIA, ARMOURY CHAMBER, 1621

By Nikita Davydov
Steel, gold, precious stones, pearls, silk fabric
Carving, forging, engraving, gold embossing, enamelling
Diameter 220 mm
Weight 3,285 g
OR - 119 (*Opis'* ch. 3, kn. 2 no. 4411)

Particularly noteworthy in the arms inventories of the 17th-century Russian tsars and aristocrats is a type of military headgear called 'Jericho caps' or 'Jerichos'. The skulls of these helmets take various forms (hemispheres, cones and conical spheres are known), but in each case cheek pieces, neck defences and nasals were fixed to the skull. Another feature distinguishing the Jerichos from other headgear is their decoration, which is clearly ceremonial in character. It is not impossible that the very name of this type of helmet came from the Russian verb *erikhonit'sya* (to give oneself airs).

The Jericho cap on display in the exhibition belonged to Tsar Mikhail Fyodorovich (1613–45), the founder of the Romanov dynasty. It is rightly considered one of the masterpieces of 17th-century Russian military art, and it is also one of the Armoury Chamber's most famous exhibits.

The faceted skull of this helmet is of oriental origin, as is demonstrated by the Arabic inscription inlaid in gold: 'help from God and swift victory. Proclaim the good tidings to the faithful'. However, 17th-century documents indicate that master Nikita Davydov was responsible for this Jericho cap. According to the Treasury Office's receipt book for 1621 he 'made' the cap, that is he mounted and decorated it, receiving cuts of textile (Venetian taffeta and heavy English cloth) for doing the work, a traditional form of payment by the 17th-century Russian tsars. Nikita Davydov worked in the Armoury Chamber from 1613 to 1664. He was an expert in every form of metal working, and was a universal master, though he had particular success with making firearms and armour, in the Russian, western European and oriental traditions.

Davydov's work had pride of place among the tsars' Jericho caps. In the Field Armoury *Inventory* for 1654 (RGADA f. 396, op. 1, ch. 5 no. 5835) it was called the 'Great Jericho', and in the Armoury Chamber's *Inventory* for 1687 (RGADA f. 396, op. 2, kn. 936) it was valued at the enormous sum of 1,175 roubles (slightly less than the total value of the five Jericho caps following it in the list).

Clearly, this helmet was conceived and made as a special kind of field crown for the tsar (Levykin 1997: 73). This is evident from the crowns inlaid in gold on its surface, the coloured enamel relief depicting the Archangel Michael, the patron of Russia's sovereigns, and finally the decoration, rich even for Jerichos, including the virtuoso foliage ornamentation in gold damascening, the pearl threads and precious stones, some freely distributed on the smooth steel surface in individual gold castings, others linked in sparkling strips. In all on the helmet there are 95 diamonds, 228 rubies and 10 emeralds. In the Field Armoury's 1654 *Inventory* a golden cross which adorned the skull of the helmet is also mentioned. Another similar cross was stored with the helmet, evidently intended as a spare. According to the inventories these were analogous to the crosses on the tsars' gold crowns.

The decoration of the Jericho, so special in character and execution, is clearly what aroused the constant interest in this heirloom shown by 19th-century Russian artists and sculptors. It was during that century that a legend spread about that the helmet had originally belonged to Grand Duke Alexander Nevsky (1220–63). Nevsky was renowned for his victories over the Swedes (1240) and the Livonian Order (1242) and for saving Russia from Tatar raids more than once by careful diplomacy. He was canonized by the Orthodox Church and became one of the most revered Russian saints. The Great Coat of Arms of the Russian Empire approved in 1856 included a representation of Nikita Davydov's Jericho cap (admittedly with some modifications) above the shield to represent Saint Alexander Nevsky's helmet.

2 | MIRROR ARMOUR (*ZERTSALA*)
RUSSIA, MOSCOW ARMOURY CHAMBER, 1616

By Dmitrii Konovalov and Andrei Tirman
Silver, steel, fabric
Forging, engraving, etching, carving, gilding
Breastplate 546 x 765 mm; backplate 605 x 695 mm
Weight 11,015 g
OR - 124 (*Opis'* ch. 3, kn. 2 no. 4570)

The term *zertsala* in Russian documents of the 16th and 17th centuries denoted armour consisting of large metal plates joined by straps, tapes or cross-plates. Most frequently armour of two or four pieces was used, but on occasion their number could rise to 40 and more. *Zertsala* could be used both independently and as an addition to other armour or thickly padded military clothing. The surface of the plates was often polished, sometimes decorated with gilding or silvering, and parade versions even had precious stones on them. The glint of this type of armour was often likened to the brilliance of silver. The term *zertsalo* itself in 16th- and 17th-century Russian also meant 'mirror'.

This armour was made for Tsar Mikhail Fyodorovich in 1616, and is one of six examples of complex *zertsala* in the Armoury Chamber. It consists of 36 plates (17 on the breastplate and 19 on the back, including the shoulder defences). On the inside the breastplate and backplate are lined with padded cloth.

All the plates, apart from the circular central ones and the collar plates, are forged with horizontal edges. The grooves between the edges are decorated with foliage ornament using gold inlay work. By employing this decorative device the craftsmen were imitating the appearance of a type of small-plate armour which had been popular in medieval Russia, but which had almost gone out of use by the 17th century. In this system the central plates were analogous to the simple circular plates which were put on top of this type of armour. The circular plate collar with a roped edge is evidence of the Russian masters' knowledge of the construction and decoration of west European armour. Only three examples of such collars are to be found in the Armoury Chamber collections. The construction and decoration of the collar give the armour an archaic appearance, as does the decoration of the breast and backplate. Possibly this is connected with a desire of the young Mikhail Fyodorovich, who had only been elected tsar three years previously, to emphasize the antiquity of his family line and to confirm the pre-eminence of his rule over that of previous tsars of the ancient Rurikid dynasty.

The decoration of the central circular plates is also connected with the ideas of pre-eminence of power, the new tsar's choice by God and the resurrection of Russian statehood after the so-called Time of Troubles. The image of the Russian coat of arms – the two-headed eagle – is here framed by an inscription containing the full tsarist title, including the names of 31 kingdoms, principalities and lands (including some not in reality subject to the young tsar, but included in the titles of previous tsars).

On the rear circular plate there is also a text containing the date of manufacture of the armour (29 July 1616) and the names of the makers – the only known case of this on Russian armour. According to this inscription the principle craftsman was Dmitrii Konovalov, while a German, Andrei Tirman, decorated the armour using the techniques of etching and gilding. In the Armoury Chamber's documents, however, a note for October 1616 has been preserved referring to the rewarding of three masters for the supply of *zertsala* armour to the tsar. This names Pospel Leont'ev and Alexei Ivanov together with Andrei Tirman as master armourers. Considering the correspondence of dates and the high rewards, we can suggest with a high degree of probability that two more masters participated in the production of the 1616 *zertsala*.

The *zertsala* is included in the 1654 *Inventory* of Tsar Alexei Mikhailovich's Field Armoury. The role of this armour in tsarist ceremonies was so great that a new *zertsala* made for Tsar Alexei Mikhailovich in 1670 by master Grigorii Vyatkin (cat. no. 26) was an almost complete copy of the 1616 one. In the 1687 *Inventory* Konovalov and Tirman's *zertsala* appears under number 1. Despite the fact that neither precious stones nor gold were used in its decoration, it was valued at 1,500 roubles, about 1½ times greater than the 'great Jericho' work of Nikita Davydov (cat. no. 1). Grigorii Vyatkin's armour was valued at the same sum, but was number 2 in the list.

3 | Mail shirt ~ the 'sharp nail' pantsir'
Russia, 16th century (?)

Iron
Forging, riveting
Length 620 mm, width with sleeves 1,150 mm, depth at the hem 580 mm
Weight 8,200 g
OR - 4708 (*Opis'* ch. 3, kn. 2 no. 4493)

Shirts made of metal rings were the favourite protection of the Russian aristocratic cavalry of the 16th and 17th centuries. Weapons inventories of the time distinguish clearly between two types of mail garments: *kol'chuga* and *kol'chatyi*. The former, which had appeared in Russia in the early Middle Ages, was made of alternating rows of whole and riveted rings. The rings were usually circular. The latter (also called *pantsir'*, a term in use from the second half of the 15th century) consisted of flattened rings riveted on one side.

The advantage of this type over the traditional mail shirt consisted in its combination of lighter weight with greater protection, the result of the flattening of the rings, and the fact that only one type of ring and fastening was involved. In the 16th and 17th centuries the new mail shirts clearly replaced the traditional type as part of Russian aristocratic cavalry equipment.

Towards the end of the 17th century there were around 60 *pantsiri* in the Kremlin arms stores. The 1686 *Inventory* divided them into several groups depending on certain peculiarities of construction, but only five of them were sufficiently distinct to merit special names. Among them is the 'sharp nail' type displayed at the exhibition. It occupied sixth place in the 1686 list and was valued at the not insignificant sum of 15 roubles.

The name 'sharp nail' is obviously linked with the special method by which the rings were fixed: the unusually long rivets formed sharp projections on the external side. Judging by the thickness of the fastenings, the rings were put together while hot and welded together to increase the solidity of the armour. The cut of the *pantsir'* is somewhat archaic and resembles the traditional type, having a round collar without an overlap, deeply curved around the front, with two slits in the hem, front and back. The rings on the back, hem and sleeves are smaller than those on the chest and back. The sleeves have been transferred from another mail shirt, possibly western European. The rivets on the sleeves have a special characteristic: the image of a crown is stamped on all of them. There are analogous rivets on the rings of the back and chest of another mail shirt in the Armoury Chamber's collection. However, this one does not have crowns on the sleeves. Perhaps the sleeves from this were transferred to the 'sharp nail' shirt at some point.

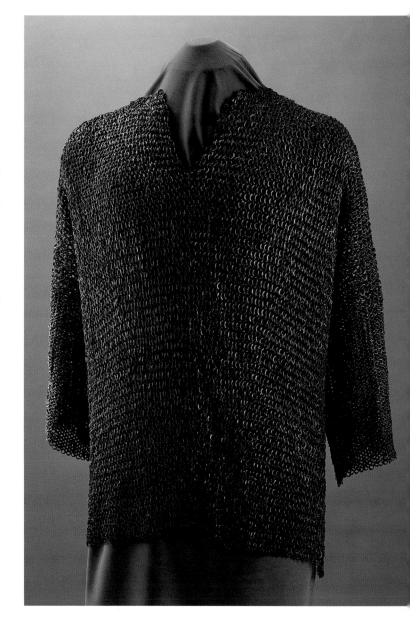

4 | SABRE FOR THE 'GREAT COSTUME'

RUSSIA, MOSCOW ARMOURY CHAMBER, 1ST HALF 17TH CENTURY;
BLADE TURKEY, 1624

Gold, silver, steel, wood, braid, precious stones
Forging, carving, engraving, enamel, inlay, gold embossing
Length 1,055 mm
OR - 137 (*Opis'* ch. 4, kn. 3 no. 5903)

In the Armoury Chamber's 17th-century collection there are more than 30 sabres included in the 1687 *Inventory* in the 'great costume' group. They are distinguished from similar weapons only in that all the details on their hilts and scabbards are in gold and silver and they are decorated with precious stones. The term 'great costume' in 17th-century documents was used to denote the tsars' valuable ceremonial robes and their state regalia: crowns, sceptres and orbs. Thus the sabres for the 'great costume' were either part of the tsars' ceremonial robes, or belonged to the Russian rulers' military regalia.

The 'great costume' sabre on display in the exhibition was included in sixth place in the 1687 *Inventory*. Its blade, forged in high-quality Damascus steel, has an oriental provenance. On the outer part of the blade is inlaid in gold the Arabic inscription 'I strongly affirm' and the date '1024', which is 1624/5 AD. The sabre's hilt and scabbard are overlaid with embossed silver imitating the texture of sharkskin, which was frequently used in the countries of the East and eastern Europe in the manufacture of details on edged weapons. The silver retains traces of former gilding. The pommel, executed in the form of an eagle's head, the guard and the scabbard fittings are gold, decorated with black enamel, coloured enamel and jade overlay, encrusted with gold wire, diamonds, rubies and emeralds.

A belt has been preserved with the sabre. It is made of red and blue silk braid. On each of its two large gold buckles the belt is decorated with miniature heraldic depictions of the two-headed eagle, two lions and a unicorn in coloured enamel.

The exact date of the sabre's manufacture has not been established. It is only known that it could not have been made prior to 1624. However, the sabre's decoration is similar to that of such masterpieces of the Armoury Chamber as Nikita Davydov's Jericho cap (cat. no. 1) and the bow and arrow set for the 'great costume' (cat. no. 5). It is possible that the 'great costume' sabre was made between the late 20s and early 30s of the 17th century for Tsar Mikhail Fyodorovich and with the previously enumerated objects comprised his military regalia.

5 | Bowcase and quiver (SAADAK) for the 'great costume'

Russia, Moscow Silver Office, 1627~8

Gold, silver, precious stones, leather, fabric, braid, lace
Carving, enamelling, needlework
Length of bow case (*naluch*) 784 mm; length of quiver 475 mm
OR - 144 (*Opis'* ch. 4, kn. 3 no. 6331)

In the 16th and 17th centuries the term *saadak* meant the complete armament of the horseman, including a bow in its case with a quiver of arrows. Even in the 16th century this was the primary weapon of the Russian gentry cavalry. In the 17th century *saadaky* were gradually replaced by firearms: saddle pistols and carbines. They were retained as military weapons only by guard detachments and in national formations composed of representatives of the eastern regions of the country. They continued to be used as hunting weapons.

From the middle of the 16th century and throughout the 17th a group of three *saadaky*, the 'great', 'other', and 'third', occupied a very important place in the ceremonial arms of the Russian rulers. The 'great *saadak*' was used by the main, best-known bodyguard. In all the documents the enumeration of all the tsar's regalia starts with this one. Apart from the quiver and bow case the 'great costume' ensemble included a *takhtui*, a silk cover for the bowcase, bow and arrows, and also an outer cover (*pokrovets*) (cat. no. 6).

From 1628 to 1656 the 'great costume' *saadak* displayed in the exhibition formed the main military regalia of Tsar Mikhail Fyodorovich (1613–45) and his son Alexei Mikhailovich (1645–76). It was used during their many ceremonial campaigns and progresses, and in 1654 was included as number 1 in the collection of Tsar Alexei Mikhailovich's 'Field Armoury,' which was assembled during the Russo–Polish war of 1654–66.

This *saadak* was made in the Silver Office, the main tsarist gold and silverware workshop, in November 1628. A whole group of foreign masters took part in its manufacture: Jakob Gast, Kondratius Frick, Julius Pfalzke, Jacob Frick, Anofrei Romsder, Elkan Lardinus, Jan Bollart, Jan Lent, Indrik Busch and Avraam Yurev. In the 1620s these masters participated in making items for Mikhail Fyodorovich's 'great costume' (the sceptre, orb and crown). Although in the documents they are called 'German masters', they came from various European states. Unfortunately the documents do not contain the correct roman spellings of their names or data about their origins. All that is known is that the first, Gast, was English.

The leather base of the *saadak*'s bowcase and quiver are overlaid with gold and form a single open fretwork composition consisting of twining stems, leaves and flowers, illuminated with coloured enamel, diamonds, rubies and emeralds. The state significance of the *saadak* is underlined by heraldic insignia executed in coloured enamel. On the upper part of the bow case in a large, central circular medallion the Russian coat of arms (the two-headed eagle surmounted by three crowns) is placed. Around it in small circular medallions are depicted a single-headed white eagle with a crown in its talons, a gryphon with an orb, a unicorn with a sceptre and a lion standing on its hind feet with a sword. On the lower part of the bowcase a large, circular medallion contains the ancient emblem of the grand princes of Muscovy, a prince on a horse overpowering a dragon with a spear. On the quiver there are circular medallions. The higher one depicts a two-headed eagle, the lower one a unicorn.

According to the 1687 *Inventory* the *saadak* was valued at 2,905 roubles, a fantastic sum for those days.

6 | *SAADAK* COVER FOR THE 'GREAT COSTUME'
RUSSIA, MOSCOW ARMOURY CHAMBER, 17TH CENTURY

Fabric, silver thread, pearls
Needlework
Length 1,500 mm, breadth 1,060 mm
TK - 170 (*Opis'* ch. 4, kn. 3 no. 6356)

The *saadak* cover was an essential part of the tsar's ceremonial *saadak* (cat. no. 5). Its functions are not entirely clear. It is possible that it was used as a precious cover both during ceremonial festivities and to protect it in the Arms Treasury. However, some people are of the opinion that during the tsar's ceremonial marches the *saadak* covers for the 'great costume' were carried unfolded in front of the Russian rulers.

In its external appearance the *saadak* cover displayed in the exhibition is like a Russian tsar's standard. Its central portion contains a large embroidered two-headed eagle surmounted by three crowns with the emblem of the grand princes of Muscovy on its breast. Surrounding the coat of arms is a red border on which are embroidered the coats of arms of the kingdoms, principalities and lands which formed part of the Russian state in the 17th century: the kingdoms of Kazan', Astrakhan', Siberia and the Bulgars; the principalities of Novgorod, Tver', Pskov, Nizhni Novgorod, Ryazan' and Rostov and the lands of Perm' and Vyatka.

This cover was first mentioned as item no. 1 in the 1687 *Inventory*. In all probability it was made in the 1650s for the 'great costume' *saadak* which had been obtained in Turkey in 1656 for Tsar Alexei Mikhailovich (*Opis'* ch. 4, kn. 3 no. 6333).

7 | SADDLE

TURKEY, İSTANBUL, MID 17TH CENTURY

Gold, silver, precious stones, pearls, velvet, wood, leather, braid
Needlework, weaving, embossing, gilding
Length 400 mm; height of front arch 320 mm
K - 229 (*Opis'* ch. 6, kn. 5 no. 8522)

On 2 August 1656 the Greek merchants Avram Rodionov and Dmitrii Konstantinov presented Tsar Alexei Mikhailovich and his heir the Tsarevich Alexei Alexeevich (1654–70) with two Turkish saddles. The saddles decorated with thread of gold had one distinguishing characteristic: gold plates with rubies and emeralds which had 'pearls set along the sides.' Notes in the tsar's treasury receipt books indicate that the saddles were lodged in the Stables Office (Kologrivov 1911: 148, 151). It is possible that this is one of them.

The saddle is in the classical shape characteristic of the work of the best mid 17th-century Istanbul masters, a narrow, upward-flying front pommel giving way to the flowing lines of the seat. It has a low, circular cantle and oval flaps or 'wings'. The pommel and cantle are decorated with figured, stamped gold plates with rubies and emeralds framed by rows of small pearls. The gold thread on smooth crimson velvet covering the saddle provides a perfect foil to these truly regal adornments. The large (embroidered) elongated medallion on the seat and the borders sewn along the saddle flaps are full of stylized foliage ornament representing the shoots, leaves, flowers and fruit of the pomegranate and artichoke.

The girth of leather and many-coloured braid with silvered buckles, serving to attach the saddle to the horse's back, was made by masters at the Stables Office. In the 17th century the saddle had gilt-covered copper stirrups.

In a 1687/1706 inventory of various equestrian items (RGADA f. 396, op. 2, ch. 2 no. 1022) it appears as number 15 at the head of 'gold saddles' as a 'Turkish saddle'.

8 | SET OF HARNESS: A BRIDLE (*OGOLOV'*) AND CHEST STRAPS (*PAPERST'*)

TURKEY, BEFORE 1634

Gold, silver, precious stones, leather, braid, iron
Gilding, engraving, black enamel, carving
Ogolov': length 1,070 mm; *paperst'*: length of reins 730, 730, 680 mm
K - 237; K - 224 (*Opis'* ch. 6, kn. 5 no. 8689)

Mikhail Fyodorovich's harness set is among the objects which it has been possible to date from 17th-century archival documents. In the book of acquisitions to the tsar's Treasury for 1634 there is a note that on 28 September Musly Aga, the ambassador of the Turkish Sultan, Murad IV (1623–40) and also Turkish and Greek merchants were received by Tsar Mikhail Fyodorovich in the Gold Chamber in the Kremlin. Among the merchants were two people with the same name, Onton. 'The second Onton' presented the tsar with a set of harness consisting of a bridle with a bit (*mundshtuk*) and a chest harness (*paperst'*). It has been possible to recognize the set from descriptions in the tsarist Treasury Receipt book and later Stables Office *Inventory*. In the 1687/1706 *Inventory* it is included as number 27 under the heading '*mundshtuks*' without a date of receipt by the Treasury or place of manufacture.

The *ogolov'* consists of three straps: a head rein (the chief one, it had an iron bit with silk braided reins attached to it which was subsequently removed), a headband and a collar with three carved pendants. In the centre of the headband was a massive circular plate of engraved gold, decorated with rubies, emeralds and five large green peridots. Similar gold plates, but of smaller dimensions, were attached where the head rein and headband joined.

The *paperst'* consisted of two straps with gilded iron hooks at the ends, which were fixed to the saddle in front, and a third which ended in a loop which was fixed to the girth beneath the saddle. The central plate of the *paperst'* was gilded silver, cut through, with precious stones.

The broad straps of the *ogolov'* and *paperst'* were studded with gilded silver plates of two types: squares with precious stones and narrow rectangles. Under the openwork plates with refined fretwork and black enamelled ornaments was an underlay of gold braid which twinkled beneath the fretwork pattern. The abundance of valuable materials, and especially the complexity and perfection of the craftsmanship caused the set to be valued at 240 roubles in 1634, a very significant sum at the time. It was transferred to the tsars' Treasury.

9 | STIRRUPS

TURKEY, 17TH CENTURY

Iron, gold, precious stones
Forging, chasing, gilding
Height 140 mm
K - 958 (*Opis'* ch. 6, kn. 5 no. 8449)

Turkish stirrups were highly regarded in 17th-century Russia. They were massive and very elegant. They were used with Turkish and Russian saddles. The form of stirrup represented in the exhibition is the most typical Turkish one. Its broad rectangular base and ornamented hoops were comfortable for the rider. The stirrups were forged in iron and gilded. On the outside they were covered with gold leaf embossed with designs on which sparkled rubies and emeralds. At one time the stirrups had golden Turkish cloth (*altabas*) inside them, but the textile has not survived.

Eight pairs of Turkish gold-covered 17th-century stirrups with rubies and emeralds are preserved in the Armoury Chamber. Three pairs of similar stirrups are dated 1656, when a large group of equestrian equipment imported by Greek merchants was added to Tsar Alexei Mikhailovich's Treasury (Kologrivov 1911: 144, 148, 151).

Unfortunately, information in the sources does not permit us to determine precisely to which batch the stirrups in the exhibition belonged. The earliest reference to the stirrups known to us is in the 1687/1706 *Inventory*.

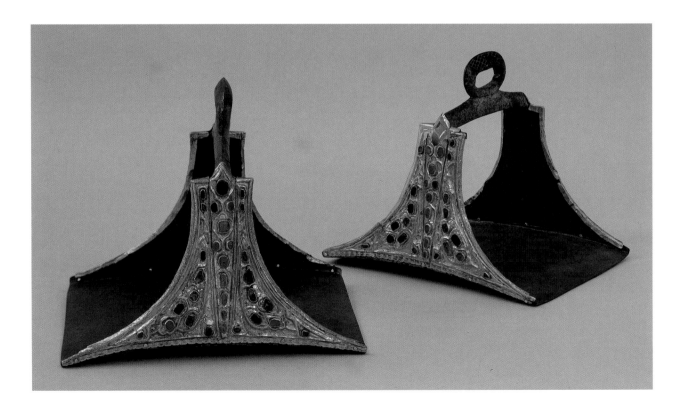

10 | DECORATIVE NECK TASSEL (NAUZ)
RUSSIA, STABLES OFFICE WORKSHOP, MOSCOW, 1ST HALF 17TH CENTURY

Silver, wood, silk, braid, gold threads
Engraving, carving, casting, needlework, weaving
Length 770 mm
K - 1059 (*Opis'* ch. 6, kn. 5 no. 9001)

Equestrian neck tassels as symbols of authority were known in Russia from the 16th century. For instance Tsar Fyodor Ivanovich is depicted on a horse with a neck tassel on the 'Tsar cannon', cast by order of the Tsar in 1586 at the Moscow Cannon Works. A 1593 inventory of the possessions of Boris Godunov, who was still a *boyar* at the time, refers to four equestrian neck tassels, and in Tsar Vasilii Shuiskii's 1610 Saddle Treasury the majority of the horse equipment had neck tassels (*nauz*) made of silk and silver or of horsehair (*bobolev khvost*). During the 17th century neck tassels formed a compulsory part of the 'great equestrian harness,' and particular craftsmen in the Stables Office specialized in their production.

Of 20 neck tassels contained in the 1687/1701 *Inventory*, six are dated. The oldest horsehair tassels in the Armoury Chamber's collections date from 1615–17, and the *nauzy* from 1621–22. This *nauz* is referred to in the 1687/1701 *Inventory* as number 5, without indication as to when it was acquired.

Around the edges of a wooden circle there are long threads of silk and silver forming a long tassel. The *nauz* was attached to the bridle with a red silk ribbon and hung under the horse's neck. The wooden circle is covered on top with red satin with a pattern characteristic of Russian *nauzy* in the shape of a net of sewn silver thread, and underneath with rare 16th-century Iranian silk textile.

The silver top shaped as a cup with two lions at the side on the neck tassel is unique. However, images of lions are to be found on several other items of equestrian equipment made in the Kremlin's workshops, such as chains, horse cloths and saddles. Images of lions, sometimes combined with gryphons and two-headed eagles are characteristic of saddles made in the Kremlin workshops during the first half of the 17th century. For instance there are lions on Mikhail Fyodorovich's saddles (*Opis'* ch. 6, kn. 5 nos. 8501 and 8507). The lion *nauz* must therefore be among the earlier objects in the Museum.

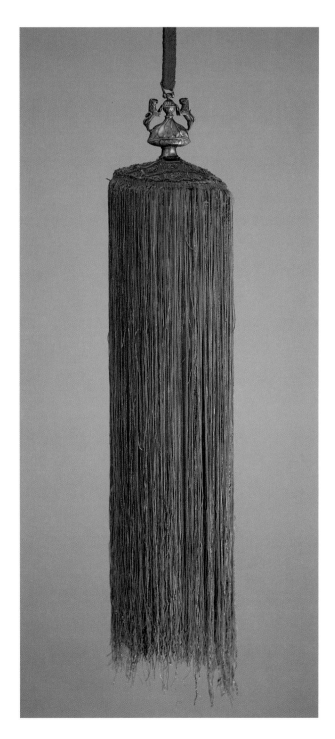

11 | DECORATIVE NOSE BAND (*RESHMA UZDENITSA*)
TURKEY, MID 17TH CENTURY

Gold, silver, precious stones
Engraving
Height 90 mm
K - 1093 (*Opis'* ch. 6, kn. 5 no. 9005)

A curved, ornamented plate for the bridge of a horse's nose, with a small chain covering the muzzle, linked to the bridle and additional braid reins. It was used to facilitate greater control over the horse. Because of its function this detail of Russian horsewear was called an *uzdenitsa* (i.e., a small bridle) in the 17th century.

The treasure houses of the Moscow tsars contain *uzdenitsy* of Turkish as well as Russian workmanship. A glittering gold or silver plate on the bridge of the horse's nose could be seen from afar. The craftsmen paid particular attention to careful finishing of this detail of horsewear. The Istanbul jewellers made *uzdenitsy* real pieces of jewellery.

A rectangle of precious stones is set into the engraved gold surface of the *uzdenitsa*. A large emerald in the centre is surrounded by three alternating rows of rubies and emeralds. On the smooth reverse an elongated medallion has been engraved, following the contours of the *uzdenitsa*. The central seal and the ornamental strip round the edge of the plate are covered in extremely fine foliage ornament. *Uzdenitsy* were used to decorate the tsars' horses in the second half of the 17th century. They are first referred to in the 1687/1701 *Inventory* as 'gold *uzdenitsy*' (no. 6).

12 | CHAIN

RUSSIA, MOSCOW KREMLIN WORKSHOPS, 17TH CENTURY

Silver
Chasing
Length 2,860 mm
K - 107 (*Opis'* ch. 6, kn. 5 no. 9062)

A chain for a tsar's horse almost 3 metres in length, weighing over 3 kilogrammes, forged from silver and decorated with a carefully worked chased foliage design.

Silver horse chains are the main element of the great equestrian costume. Chains, used as reins and to make a jingling noise, are actually the items most frequently mentioned in descriptions of 17th-century palace processions. These chains had two purposes. Massive decorations of costly metals, they served as a graphic demonstration of the splendour and might of the state. No less important was the noise made by the sound of many silver chains on horses from the tsar's stables.

The links of the chains designed to jingle were made of thick silver strips twisted into a figure of eight. The 1687/1701 *Inventory* included 96 silver horse chains, either with every other link gilded, or of white silver decorated with embossing, engraving and stamping. According to notes in old inventories,

chains distinguished by particularly artistic metalwork were produced not by the masters of the Stables Office, but by the jewellers of the Kremlin's Silver Office. The majority of the chains consisted of 19 links. They were fixed to the horses by leather straps so that the five links in the middle formed necklaces (*osheek*), the remaining side sections, each of 7 links, extending to the saddle. But only a few chains have survived in their original form. The last references to the use of horse chains in ceremonial processions relate to the 1720s, during the burial of Peter I in St Petersburg in 1726 and during the entry of Peter II to Moscow for his coronation in 1728 (RGADA f. 396, on. 2, ch. 2 no. 1260). Later the chains were repaired and reworked in preparation for the coronations of the Russian emperors: during coronation ceremonies the antique chains from the Stables Treasury decorated the Faceted Chamber and the halls of the Great Kremlin Palace.

13 | KNEE PADS (*NAKOLENNIKI*)
RUSSIA, MOSCOW KREMLIN WORKSHOPS, 17TH CENTURY

Silver
Engraving, gilding
Height 105 mm
K - 129, K - 130 (*Opis'* ch. 6, kn. 5 no. 8810)

Knee pads (*nakolenniki*) formed as broad silver tubes were part of Russian 16th- and 17th-century equestrian parade equipment. The knee pads glitter with gilding. Each of them consists of two curved strips of silver joined by pins and hinges. Engravers covered the whole of their surface with foliage ornament of creeping stems and leaves, clearly delineated against a deeper background. On the edges small apertures are visible, for the attachment of velvet, taffeta or silk padding to prevent damage to the horse's legs.

Indications exist in the 17th-century palace archives that dozens of pairs of *nakolenniki* were made in Kremlin workshops such as the Stables Office and the Silver Office in preparation for various ceremonial processions. In 1679 the Silver Office made 'gilded silver hoops' for 100 horses for Tsar Fyodor Alexeevich (1676–82).

I4 | Caparison (*CHALDAR*)
Turkey, mid I7th century

Velvet, silver, rubies, pearls, satin
Weaving, engraving, needlework (embroidery)
Dimensions 1,740 x 1,550 mm
TK - 2620 (*Opis'* ch. 6, kn. 5 no. 9084)

Items of ceremonial equestrian attire, and above all a variety of
caparisons, comprised a significant portion of ambassadorial and
merchant imports from Turkey. The caparison (*chaldar*) on
display in the exhibition was brought to Moscow in the 17th
century. An item of similar description was included in the gifts
of a Greek, Dmitrii Astaf'ev, who was on the staff of the Turkish
mission of 1654. The *chaldar* is made of dark red velvet,
decorated with silver gilt silver studs containing emeralds, located
among stylized pomegranates and toothed leaves embroidered
with pearls.

15 | CEREMONIAL MACE OF MASTER OF THE ARMOURY (ORUZHNICHII) BOYAR G G PUSHKIN

RUSSIA, MID 17TH CENTURY

Wood, silver
Carving, engraving, etching, gilding
Overall length 640 mm
OR - 132 (*Opis'* ch. 4, kn. 3 no. 5192)

Right up to the 16th century the mace was the standard Russian cavalry weapon (Kirpichnikov 1976: 27–9). In the 17th century this formidable weapon was transformed into a symbol of military power. There are several maces in the Armoury Chamber collections. Judging by the inscriptions they belonged to Russian *voevodas* (commanders of fortress garrisons and large military units) and the directors of Offices.

The mace displayed in this exhibition bears an inscription recording that it belonged to a renowned Russian state official of the first half of the 17th century, the Master of the Armoury, boyar Grigorii Gavrilovich Pushkin. Pushkin's date of birth is unknown. He came from a distinguished ancient Muscovite family. For two centuries the directors of the Armoury Chamber had been chosen from such families. He began his duties in 1616, served as *voevoda* of various Russian regiments and towns and participated in three major embassies to Poland and Sweden. He attained the rank of boyar (the highest possible for a palace official) on 15 August 1645, and three months later was appointed Master of the Armoury. He died in 1656.

The mace must therefore have been manufactured between 1646 and 1656. Its spherical head is covered with smooth gilded silver decorated with three medallions engraved with plant ornament. The handle is wood, overlaid with gilded silver strips. This was the grandee's personal weapon, hence was not stored in the tsar's treasury. The mace was acquired by the Armoury Chamber in 1690 from the Office of Criminal Affairs (a state institution established in the 17th century to investigate treasonous and criminal offences) together with the confiscated effects of Prince V V Golitsyn (for more details see cat. no. 32).

16 | MOSCOW MAIL SHIRT (*PANTSIR'*)

RUSSIA, MOSCOW, 17TH CENTURY

Iron

Forging, riveting

Length 800 mm, width with sleeves 960 mm, depth 620 mm

Weight 11,480 g

OR - 4749 (*Opis'* ch. 3, kn. 2 no. 4521)

Among the mail shirts (*pantsiri*) listed in the 1687 *Inventory* the 'Moscow mail shirts' are treated as a special category. The reason for this has nothing to do with their place of production: the sixteen Moscow shirts include one which is called German in the list, though it is similar in construction to the other fifteen.

The Moscow mail shirts are distinguished from other types in the list ('Cherkassian', 'German', 'Russian', and '*korobchaty*') predominantly because they are very dense, leaving virtually no clearance between the rings. The rings themselves, as a rule, are small in diameter, but at the same time quite thick, up to 1.5 mm. The number of rings in a Moscow mail shirt exceeds 50,000, whereas the German, for example, contains about 20,000 (Gordeev 1954: 89, 92). The assembly of the coats has clearly taken place while the rings have been extremely hot, which has facilitated their solidity. The Moscow mail shirts have an additional special feature – they are very heavy (on average twice as heavy as the German or Cherkassian). The sequence of construction is also quite distinctive: in the majority of cases the sleeves were made of different rings from those on the shirts themselves, and they have been added later.

In the 16th century export of weapons and protective armour from Russia was forbidden. The fame of Russian *pantsiri* was so great, however, that the Persian shahs, the Crimean and Nogai khans and Germans (evidently knights of the Livonian Order) requested the Russian tsar to allow them to be exported or asked permission to obtain them. Diplomatic documents indicate more than once that arrows could not pierce them.

The *pantsir* being exhibited is the heaviest known Moscow mail shirt. Among its peculiarities are the trapezoidal shape of the collar with a very long slit without any protection in the front. There are hem slits in the front and the back. The front of the hem is rather longer than the rear. Particular attention should be paid to the excellent quality of the ring linking.

17 | HALF ARMOUR
RUSSIA, 17TH CENTURY

Iron, copper, textile
Forging, gilding
Length of chest plate 285 mm, length of back plate 227 mm
Weight 2,820 g
OR - 4183 (*Opis'* ch. 3, kn. 2 no. 4577)

This is Russia's most simply constructed and widespread type of 16th- and 17th-century half armour. Four metal plates (front, back and two sides) are joined by a network of metal rings, leather straps or, as in this case, braided cloth. At present there are about fifty similar sets in the Armoury Chamber, though only a few are decorated and as distinctive as this one.

In the centre of the front and back plate are embossed heart-shaped medallions depicting the two-headed eagle, the emblem of Russia. However, here symbolism is clearly subordinate to decoration. The very body of the eagle echoes the heart-shaped contours of the panel, and the feathers covering it are drawn realistically. The eagles' tongues, which are usually depicted threateningly protruding from gaping predatory beaks, are transmuted into growing tendrils. But what excites most surprise is the unknown master's attitude to Christian symbols: he has replaced the crosses on the crowns and the cross of Golgotha (often depicted between the eagle's heads) with pictures of flowers.

Judging by the 1687 description, the original appearance of the half armour was even more decorative. White or gilded silver effigies and ornamental strips shone out against a background of black plates, which had red and green cloth extensions and were joined by green silk braid.

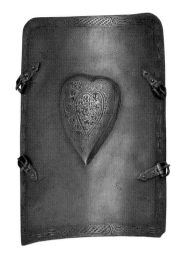

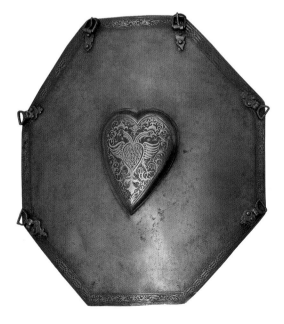

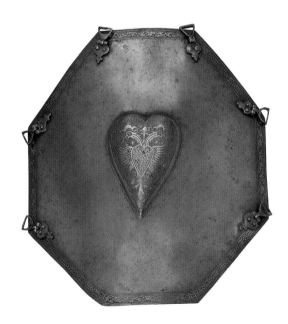

18 | BOYAR N I ROMANOV'S '*LOZHCHATAIA*' IRON HELMET
Russia, 16th century (?)

Iron
Forging, engraving, carving, riveting
Diameter 205 mm
Weight 1,550 g
OR - 2060 (*Opis'* ch. 3, kn. 2 no. 4430)

During the 16th century a type of armour made of mail and plate, which received the name *bakhterets* or *bekhterets* was widespread in Russia. It was shaped like a sleeveless jacket, with one or two side slits and consisted of several hundred metal plates joined by *pantsir'* or traditional mail rings. The plates, which partly covered each other, formed two or three layers of metal protection which, together with the shock-absorbing action of the padded clothing worn under the *bakhterets*, made this armour practically impenetrable.

During the 17th century the *bakhterets* fell into almost complete disuse, giving way to half armour of more simple construction, but they continued to be used by the aristocracy for parades. Two gilded *bakhterets* formed part of Tsar Alexei Mikhailovich's Field Armoury for the 1654 campaign.

The iron helmet on show at the exhibition is the sole extant example of a *bakhterets* type in the Armoury Chamber's collections. It received the name *lozhchataia shapka* because of the long depressions on the skull, which were called *lozhki* in the 17th century. The helmet suffered considerably during the Kremlin fire of 1737, and it was probably at that point that it lost the gilding on the *lozhki* and the *bakhterets* plates, and also the silvering on the cheek flaps. The satin fastening bands mentioned in the 1687 *Inventory* were lost even earlier.

The owner of the helmet, Nikita Ivanovich Romanov, was a cousin of Tsar Mikhail Fyodorovich, and hence a great uncle of Tsar Alexei Mikhailovich. Unfortunately, very little is known about his life or activities. A close relative of the tsars, Nikita Ivanovich became a boyar in 1645 after passing through all the levels of palace service (representatives of a few aristocratic clans became boyars, bypassing these ranks). It is also known that he had a great deal of influence on his nephew the Tsar and was also popular among the citizens of Moscow and Pskov and among the service gentry, which enabled him to smooth over conflicts between the authorities and the people several times. Boyar Nikita Ivanovich Romanov was interested in foreign customs, and adopted some of them: he rode in German costume and dressed his servants in livery. The English boat which the young Tsar Peter discovered in the village of Izmailovo near Moscow in 1688, and which he christened the 'grandfather of the Russian fleet' belonged to the Boyar.

Nikita Ivanovich Romanov died in 1654 while returning from the victorious Smolensk campaign with the Tsar. He had no children, and his immense possessions were shared out among the storehouses of the tsars and the patriarch and distributed to churches and monasteries. Almost all his arms went to the Armoury Chamber.

19 | BEAR SPEAR (*ROGATINA*)
RUSSIA, 17TH CENTURY

Damascus steel, wood
Forging, gold embossing
Length of head 280 mm
OR - 891 (*Opis'* ch. 4 kn. 3 no. 5627)

The term *rogatina* in the history of Russian arms usually refers to a heavy spear with a leaf-shaped or lanceolate head (*pero*) the end of which was hollowed out (*tulei*) so that it could be fitted on to the shaft (*skepishche*). According to surviving inventories of the 16th and 17th centuries two or three protruberances were included on the shafts so that the warriors could hold them more conveniently in battle and the weapon would not slip out of the hands on a sharp blow.

As the basic type of Russian staff weapon the *rogatina* was used from the time of Kievan Rus' right up to the end of the 17th century (Kirpichnikov 1976: 21). Some believe that in ancient Rus' a special decorated *rogatina* was one of the basic symbols of princely power (Levykin 1997: 64–9). In the 16th and 17th centuries the *rogatina* was included in the military regalia of the Russian tsars.

The present *rogatina* was in the Armoury Chamber and is recorded in the 1687 *Inventory* as number 9. In 17th-century documents the term 'red iron' was usually used to refer to Damascus steel made in Russia. The use of this term in describing the weapon points to a Russian origin. This is supported both by the character of the engraved gold foliage ornament on the lower part of the point and the faceted socket.

20 | CEREMONIAL MACE (*SHESTOPYOR*)
RUSSIA, ARMOURY CHAMBER, 17TH CENTURY

Iron
Forging, carving, gilding, silvering
Overall length 645 mm
OR - 50 (*Opis'* ch. 4 kn. 3 no. 5225)

The *shestopyor* was a weapon the head of which consisted of six metal flanges called 'feathers.' It was widespread in Russia in the 15th and 16th centuries as a military weapon calculated to kill an enemy protected by powerful protective armour (Kirpichnikov 1976: 27–9). The contemporary Armoury Chamber collections mainly contain ceremonial versions which were used as symbols of military authority.

The *shestopyor* displayed in the exhibition is a beautiful combination of ceremonial and military qualities. Each of its six carved steel flanges has half of the Russian insignia on it. Each pair of neighbouring plates contains the figure of the two-headed eagle under a crown with a sceptre and orb in its claws (in all six images). Above the eagles a large tsar's crown is fixed. The 'feathers,' the eagles and the large crown retain traces of earlier gilding. Four small steel plates cut in the form of eagles' wings form the head. Each pair of wings also composes the image of the coat of arms (in all there are four images). The grip is of forged steel of circular and faceted section with transverse mouldings. The handle retains traces of former gilding and silvering.

The character of the *shestopyor's* decoration makes it clear that this belonged to the Tsar's arms. However, no documents reporting its use have been preserved in the Armoury Chamber.

21 | SABRE AND SCABBARD

RUSSIA, MOSCOW ARMOURY CHAMBER, 1ST HALF 17TH CENTURY

Steel, silver, wood, leather, mother-of-pearl
Forging, gilding, stamping, gold embossing
Overall length 930 mm
OR - 4564 (*Opis'* ch. 4, kn. 3 no. 5927)

The sabre, as a type of curved-bladed chopping and hacking weapon, was well known in Russia even before the Mongol invasion. By the end of the 15th century it had completely ousted the straight European sword and had become the main edged weapon of the Russian gentry cavalry (Kirpichnikov 1976: 26). According to documentary inventories and a small amount of illustrative material, in the 16th and 17th centuries the most widespread type of sabre had a powerful, broad blade, which enabled the enemy to be cut down even when protected by heavy armour. The design of hilt was basically similar to eastern types – Turkish or Iranian.

The sabre in this exhibition is of this type. Its powerful, broad, curved blade with clearly visible watering is made of Damascus steel. The blade has a reinforced point and is intended to inflict a decisive blow on an assailant protected by mail. On both sides of the blade the strips intended to improve its strength have two long fullers. The forte of the blade and the fullers are decorated with expertly engraved gold ornamentation. The absence of marks or any Arabic inscriptions on the blade demonstrates that it was made in Russia. The sabre's original hilt, which had an eagle-shaped pommel, has been lost. All that has been preserved is the crossguard with quillons turned towards the blade, ending in dragon heads. The sabre's wooden scabbard is covered with white leather. The scabbard mounts (mouth, two rings with small rings and its end) are silvered, gilded and decorated with embossed ornament.

The sabre was taken into the Armoury Chamber in 1642 from Pavel Pyatyi Spiridonov, *d'yak* (head of administration) of the Razryadnyi *prikaz*, the main military department of 16th- and 17th-century Russia. Unfortunately the document does not make it clear whether the sabre had been his property or had been lent to him. In the 1687 *Inventory* there is a note to the effect that the scabbard decoration and hilt had been made in the Moscow Kremlin Silver Office under boyar Prince Boris Alexandrovich Repnin, who headed the Armoury Chamber in the 1630s and early 1640s. It is known that in 1727 Emperor Peter II took the sabre from the Armoury Chamber when he was in Moscow. It was only returned in 1736. Most probably the original hilt was lost during this period.

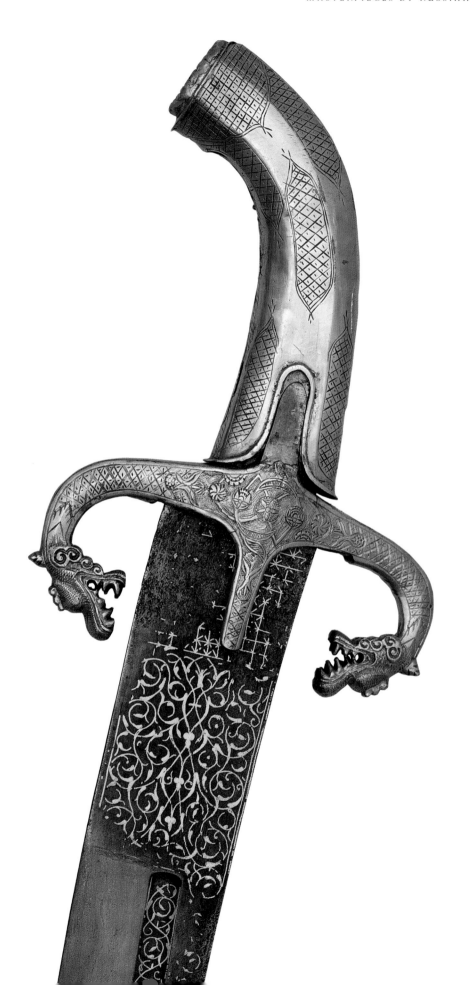

22 | BOWCASE AND QUIVER (*SAADAK*)
RUSSIA, ARMOURY CHAMBER, 1666

By Dmitrii Astaf'ev
Leather, fabric, silver, precious stones
Needlework, gilding, filigree, enamel
Length of bow case (*naluch*) 680 mm, length of quiver 380 mm
OR - 4471 (*Opis'* ch. 4, kn. 5 no. 6340)

This *saadak* is the so-called 'third saadak' from the tsars' complement of ceremonial arms. It was made by the *strochnyi master* (a craftsman who made and decorated items of leather equipment) Dmitrii Astaf'ev in 1666 to be presented to Tsar Alexei Mikhailovich as an Easter gift. The practice whereby the Armoury Chamber's best armourers made richly ornamented ceremonial weapons as paschal gifts for the Russian ruler was inaugurated by the armourer Bogdan Matveevich Khitrovo in 1656 and continued until the 1680s.

In the 1687 *Inventory* this *saadak* appeared in eighth position. It is covered in a special type of red Persian leather which was used in the East to make sabre scabbards and military outfits. The entire surfaces of the bow case and quiver are decorated with embroidered stylized foliage ornament executed in silver wire threads. In the centre of the composition is depicted the Russian coat of arms – the two-headed eagle with three crowns. On the upper corner of the bow case a rolled silver section decorated with precious stones and enamel has been retained. On the upper corner of the quiver a similar section has been designed in the shape of a heraldic lion standing on his hind legs. The belt of the *saadak* is of silk with enamelled silver attachments.

Documents from the 17th century record that the silver decorations were made in the Moscow Kremlin's Silver Office.

23 | FLINTLOCK ARQUEBUS
RUSSIA, MOSCOW ARMOURY CHAMBER, 1620s~30s

By Timofei Luchaninov
Steel, wood, silver, mother-of-pearl
Forging, engraving, carving, inlay, gilding, silvering
Overall length 1,248 mm, length of barrel 896 mm, calibre 10 mm
OR - 152 (*Opis'* ch. 5, kn. 4 no. 7467)

This arquebus is a beautiful example of the Russian hunting weapons made by the Moscow armourers' school from the first decades of the 17th century. It has a rifled barrel. Along the entire length of the barrel an enormous snake has been carved, whose scales have been silvered and gilded. The breech is decorated with foliage ornament in relief, and engraved with the letters LTI in Cyrillic.

The gun has an Anglo–Dutch type of lock (snaphaunce) with an S-shaped cock and a steel fastened on to the arm. The pan is protected by a sliding cover with a side fence. The lock has been decorated rather inventively: on the steel arm is carved foliage ornament, the jaws of the cock are shaped like a lion's head under a crown, whereas the lower part of the cock is like a serpent's head. The pan-cover has been engraved with a mollusc-shell crest. The surface of the lock plate is gilded and decorated with stylized foliage ornament.

The decoration of the wooden stock is particularly effective too. It is inlaid with figured mother-of-pearl mounts, silver wire and stars. We do not know the name of the stock-maker, but this anonymous engraver's work has been very clearly influenced by European arms, especially Dutch and English.

In the 1687 *Inventory* a short but very accurate and clear description of this gun is given: 'Rifled arquebus. Snake is work of Timofei Luchaninov. Barrel covered with gold and silver on scales, around snake to breech silvered *chaadskie* (arabesque) plants are carved. Engraved lock is gilded. Stock applewood, and on it are carved shells in places flooded with silvering. Made under boyar Vasili Ivanovich Streshnev'. Thus, the arquebus was made in the period 1626–39. At this time the Armoury Chamber was headed by Vasili Ivanovich Streshnev, a relative of Tsar Mikhail Fyodorovich on his wife's side. The man who made the arquebus was one of the Armoury Chamber's best early 17th-century craftsmen, Timofei Luchaninov (Larchenko 1976: 24–38). He was a representative of a large family of gunmakers who worked in the Armoury Chamber. His name is often encountered in the Office's documents between 1621 and 1634 in the role of a gunsmith.

24 | REVOLVING PISTOL

RUSSIA, MOSCOW ARMOURY CHAMBER, ABOUT 1625

By Pervusha Isaev
Silver, steel, wood
Forging, carving, embossing, inlay, gilding
Overall length 577 mm, length of barrel 292 mm, calibre 11 mm
OR - 160 (*Opis'* ch. 5, kn. 4 no. 8351)

Throughout the whole history of firearms manufacture talented makers and inventors have tried to simplify the process of loading, to improve the ballistics and to increase the rate of fire. Revolving guns, which appeared as early as the 16th century, were quite effective. These include guns with between two and four barrels, which revolved round a central axis, so that each barrel in turn was moved into the firing position. In another variant a cylinder containing five, six or even more chambers was mounted on an axis behind the barrel. The cylinder was turned by hand. In this system each chamber in turn was placed behind the barrel, which was open at the breech end.

Only two Russian revolving guns have been preserved, both dating from the first quarter of the 17th century. They are a five-chambered hunting gun (*Opis'* ch. 5, kn. 4 no. 7595) and the six-chambered revolver on display in the exhibition. Both the arquebus and the revolver were made by Pervusha Isaev, a master at the Armoury Chamber (Yablonskaya 1992: 10–11). In the Armoury Chamber's documents from 1613 to 1625 he appears as a 'lockmaster'. Pervoi (diminutive 'Pervusha') is not a Christian name; it denotes that he was the first child in the family. The master not only made locks, but also decorated them. In addition, from time to time he was given other decorative metalwork commissions. In the construction of complicated revolving guns Pervusha Isaev demonstrated that he was a fine craftsman and an expert in the European small arms technology of his day.

There is documentary evidence about the time when this gun was made in the Armoury Office's 1625 *Gold account book*, in which the amount of precious metals given to masters to decorate artefacts was recorded. No information has been unearthed about the date when this revolving pistol was made. However, from the general form of its construction and the type of decoration on the cylinder we can suggest it was all made at one and the same time and formed part of a hunting set intended for Tsar Mikhail Fyodorovich.

It is important to note that this revolving pistol is the earliest example of Russian firearm fitted with a French type of flintlock. The lock plate is stamped with a mark in the form of a swan. It is traditionally accepted that this mark is associated with Pervusha Isaev. Both pistols and arquebuses made by this master exhibit a perfection of construction for their time. As distinct from revolver cylinders, in which each chamber had a touch hole and pan with a sliding top, master Pervusha Isaev constructed this one with a single pan. Within this mechanism a special hole was made. The powder gases passed through this to enter the chamber via an opening behind the rear mount of the cylinder. On its rear surface are facets intended to make it easier to revolve. They are decorated with stylized foliage ornament, inlaid with gold and silver. The wooden butt of the pistol is decorated with silver plaques in the shape of flowering rosettes. The butt cap is also made of silver, engraved foliage ornament and gilding.

25 | FLINTLOCK ARQUEBUS
RUSSIA, MOSCOW ARMOURY CHAMBER, 1ST HALF 17TH CENTURY

Damascus steel, iron, wood, mother-of-pearl, ivory, copper
Forging, engraving, inlay, carving, gilding
Overall length 1,610 mm, length of barrel 1,254 mm, calibre 16 mm
OR - 414 (*Opis'* ch. 4, kn. 5 no. 7466)

This arquebus with a massive, long Turkish barrel is one of the finest examples of Russian ceremonial hunting guns of the first half of the 17th century. It was manufactured in the Moscow Kremlin's Armoury Chamber. The barrel is round at the breech, faceted for a third of its length and round again towards the muzzle, which is fashioned as a blossoming, many-petalled flower. At the breech is a backsight. From the beginning of the faceted part of the barrel three five-cornered marks are stamped out and inlaid with gold with the Arabic inscription 'Akhmet's work'. Russian 17th-century armourers often used such beautiful Damascus steel barrels for making guns.

The lock is of the large Anglo–Dutch type (snaphaunce) with circular designs on the lower part of the smooth lock plate. The details of the lock are decorated with engraved and pierced openwork ornaments with traces of gilding.

Despite its considerable size, the arquebus does not give the impression of being unwieldy thanks to the elegant shape of the musket's furniture and the silver inlay, covering the wood with fine pierced lacework, including light pierced mother-of-pearl inserts. A particularly delightful finish is provided by the tiny stars of light metal.

26 | FLINTLOCK ARQUEBUS
Russia, Moscow Armoury Chamber, 1654

By Grigorii Vyatkin (?)
Iron, steel, wood, ivory, mother-of-pearl
Forging, engraving, inlay, carving
Overall length 1,455 mm, length of barrel 1,110 mm, calibre 17.5 mm, grooves 8
OR - 1946 (*Opis'* ch. 4, kn. 5 no. 6763)

The thickness of the walls of the barrel of this gun (11 mm) are equal to ⅔ of its calibre. It is decorated with engraved military images: a cannon, halberds, drums and banners. The inscription 'In the year 7162 (i.e., 1654) in the month of April on the 6th day by order of Tsar and Grand Prince Alexei Mikhailovich ruler of all Rus' this arquebus was fashioned in the Armoury Chamber, the work of MIGV' is engraved on the breech against a gold background. The stock with its arquebus-type butt is made of birchwood and decorated with inlays of coloured wood, ivory and mother-of-pearl. The overall weight of this giant gun is over 11 kg. Its size, calibre and weight mean that we can categorize it as a fortress gun. In 16th- and 17th-century Russia this type of firearm, which was something between a large-calibre rifle and a small-calibre cannon, was called a *zatinnaya* arquebus. However, as a rule *zatinnye* arquebuses were made in small garrison workshops and were distinguished by rather low-quality barrels and stocks. In this case we are dealing with the work of a master of the Armoury Chamber. The end of the inscription engraved on the barrel 'the work of MIGV' may be interpreted as an abbreviation of 'the work of master Grigorii Vyatkin'. However, the significance of the letter 'I' is not quite clear. Grigorii Vyatkin is mentioned in Armoury Chamber documents from 1649 to 1688 as a matchlock, barrel and lock master, which speaks of his high qualifications. He made not only firearms but also armour (cat. no. 2). Tsar Alexei Mikhailovich held this craftsman in high esteem, raising his salary several times. It was Grigorii Vyatkin who accompanied the tsar's Arms Treasury in military campaigns against Smolensk and Riga in 1654–6. It is interesting that this unusual gun was made at that very time.

Although this arquebus was manufactured in the Armoury Chamber in the 17th century, it was added to the Museum collection only in 1810 together with the St Petersburg Cabinet of Arms, to which it had been transferred from Siberia by Major Shcherbachev. Unfortunately so far we do not know precisely when this happened or from where it was transferred.

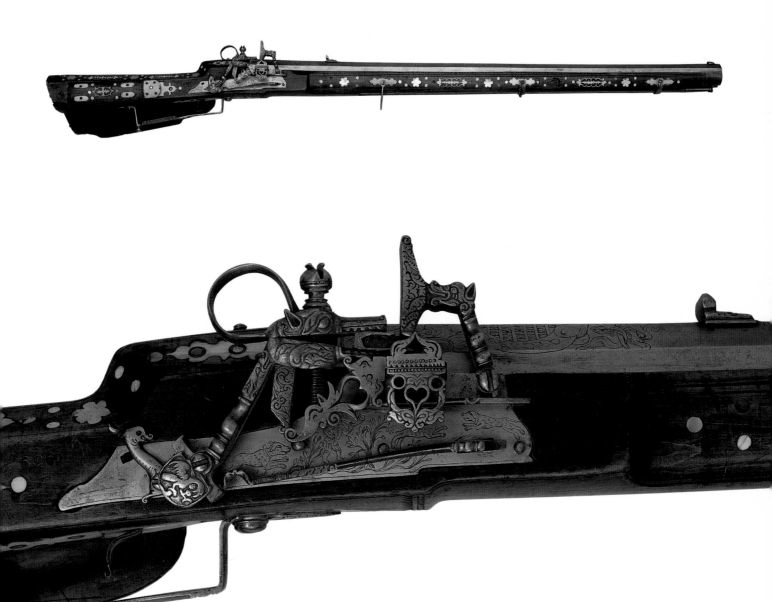

27 | FLINTLOCK CARBINE
RUSSIA, MOSCOW ARMOURY CHAMBER, 17TH CENTURY

Steel, wood
Carving, engraving, gilding
Overall length 1,050 mm, length of barrel 780 mm, calibre 12 mm, grooves 8
OR - 97 (*Opis'* ch. 5, kn. 4 no. 7446)

In the 17th century comparatively short guns with elongated butts, intended for arming cavalry, were called carbines. Carbines were usually carried on a belt, to which they were often attached by loose rings on metal lugs fitted on the left side of the stock. From the 1630s new cavalry regiments, dragoons and heavy cavalry staffed by foreign mercenaries (*reitary*) began to be formed. Following the example of the armies of European states they were armed with firearms, pistols and carbines. According to the 'Sovereign's Decree' of 1643 carbines and pistols became an obligatory part of the weapons of all Russian cavalrymen. Hence, the need for this type of weapon grew enormously in the mid 17th century. Production of carbines was undertaken in the Tula factories and in the Barrel Office's works in Moscow. However, there were insufficient to arm all the growing number of *reitar* and dragoon regiments, especially on the eve of the Polish War. A large number of wheellock carbines were obtained abroad, in Germany and Holland. In the Armoury Chamber only an insignificant number of richly ornamented flintlock carbines were made, intended for military commanders and the tsar's hunt.

The carbine on display in the exhibition is an example of this type of parade weapon. The surface of the barrel is decorated with carved and gilded foliage ornament and has the two-headed eagle on the breech. The barrel is rifled.

The purely functional details of the snaphaunce lock have been transformed into elegant decorative elements by the lock maker. The cock on a figured mount is crowned with a carved figure of a siren. The jaws have become a fantastic winged dragon. The steel-spring is concealed by a plate with a quite realistic depiction of a man in a *caftan*.

The stock is of red wood. The gilded fittings add to the carbine's elegant decoration.

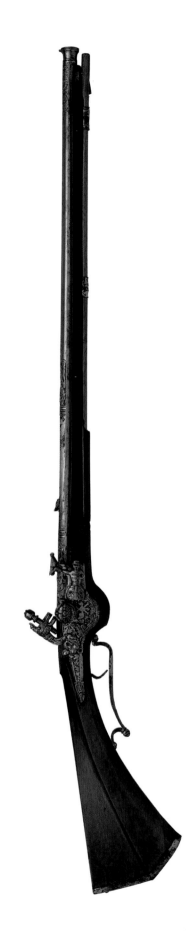

28 | PAIR OF PISTOLS
RUSSIA, MOSCOW ARMOURY CHAMBER, 1660s

By Osip Alfer'ev

Iron, wood, silver

Forging, engraving, chasing, filigree, enamelling, gilding

Overall length 470 mm, length of barrel 312 mm, calibre 7.5 mm

OR - 2835, OR - 2836 (*Opis'* ch. 4, kn. 5 no. 8274)

Holster pistols with beautiful round barrels, the surfaces of which are covered with a clearly visible relief pattern of large flowers and leaves. The pattern includes heraldic devices: the two-headed eagle under three crowns on the breech, a stylized tsar's crown in the middle and a sceptre at the muzzle. The pattern retains traces of a gilt ground.

The locks are of the Anglo–Dutch snaphaunce type with a semicircular extension to the lower edge of the lock plate below the pan. The locks are decorated with simple engraving. The fence is made in the shape of a shell. On the lower part of the lock plate is a figured five-sided mark with the name of the master Osip (Gordeev 1954: 37). The inscription in the mark is arranged in two lines. Only one master with such a name worked in the Armoury

Chamber in the mid 17th century: Osip Alfer'ev (Zheleznov 1872: 3). He is mentioned as a lock master in Armoury Chamber documents of the 1660s. Today the museum's collection includes five arquebuses and a pair of pistols with the mark of this master (*Opis'* ch. 4, kn. 5 nos. 6622, 7373, 7386, 7787, 7788 and 8274).

The furniture – the butt caps, barrel tang panels, ramrod pipes and fore-end caps – are made of silver and decorated with filigree foliage patterns with pierced white, blue and green enamel. Similar combinations of soft enamel tones are characteristic of the art of mid 17th-century Muscovite enamellers. It is known that craftsmen working in other Kremlin palace workshops such as the Silver Office were brought in to decorate firearms.

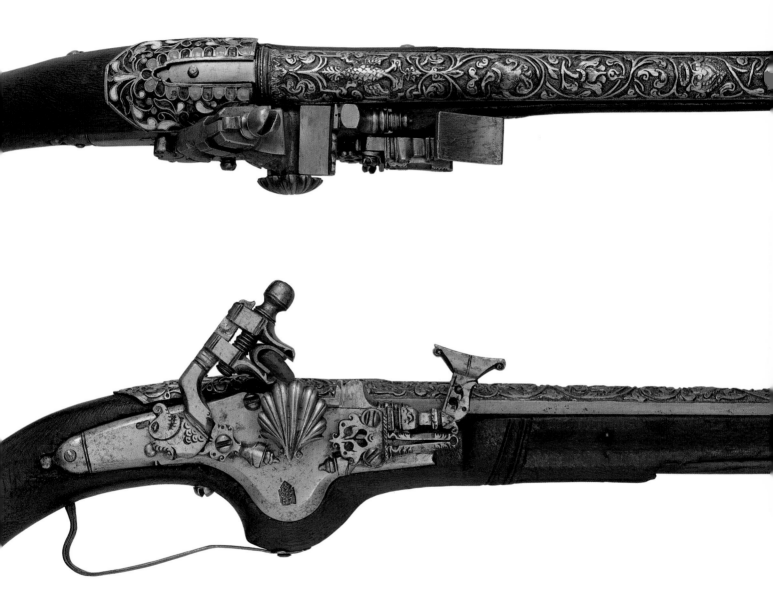

29 | PAIR OF PISTOLS
RUSSIA, MOSCOW ARMOURY CHAMBER, 1680s

By Filipp Timofeev
Iron, ivory, silver
Forging, carving, filigree, damascening, burnishing, gilding
Overall length 680 mm, length of barrel 485 mm, calibre 125 mm
OR - 113, OR - 114 (*Opis'* ch. 4, kn. 5 no. 7312)

Specialists are well aware of a group of 17th-century ivory-stocked pistols. The production centre for these pistols was Maastricht, Holland (Blackmore 1988: 5). The Armoury Chamber's contemporary collections include two pairs of ivory-stocked pistols manufactured in the Moscow Armoury Chamber in the second half of the 17th century. One of these two pairs is on display in the exhibition.

These pistols were first referred to in the 1687 *Inventory* as number 3 in the section for 'pistols of the first quality' (i.e., best). According to this document their burnished barrels, of which whole surface is decorated with exceptionally fine engraved and gilt foliage ornament, were made from Swedish (*svitskii*) iron. The French-type flintlocks, decorated with chiselled designs, were called 'in the Brabant way' (after Brabant in Belgium; that is, they were manufactured in Russia in the style of Belgian or French locks). Their place of manufacture is indicated by the image of the Russian coat of arms – the double-headed eagle with sceptre and orb in its claws – traditional among masters of the Armoury Chamber, executed in gold inlay on the pan. Unfortunately the *Inventory* says nothing about the provenance of the ivory stocks on these pistols. It is not impossible that they were specially manufactured abroad, or that stocks from other pistols were used. The name of the master gunmaker who made this pair in Filipp Timofeev. In 1677–8 Armoury Chamber documents he is included among a group of foreigners as a barrel and lock maker. The Museum contains several rifles and pistols made by this maker. Some of them have the Russian inscription 'The work of Filip (*sic*) Timofeev son of Ul'yanov' (*Opis'* ch. 4, kn. 5 nos 7409, 7412, 7414) on the barrels and breeches'.

The stock furniture – the butt caps, ramrod pipes and the gilded silver caps of the ivory ramrods – were in all probability manufactured in the Silver Office. They are decorated with fine filigree designs with the tiny ringlets of silver wire characteristic of Russian 17th-century jewellery art.

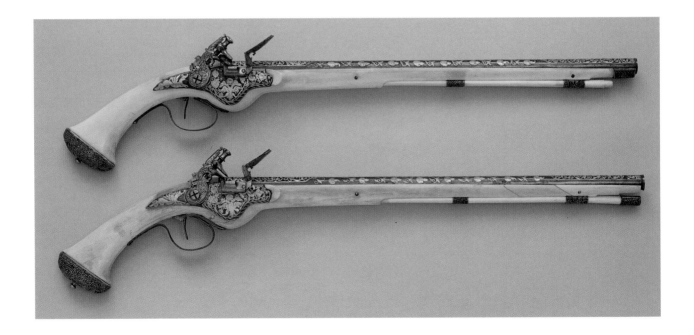

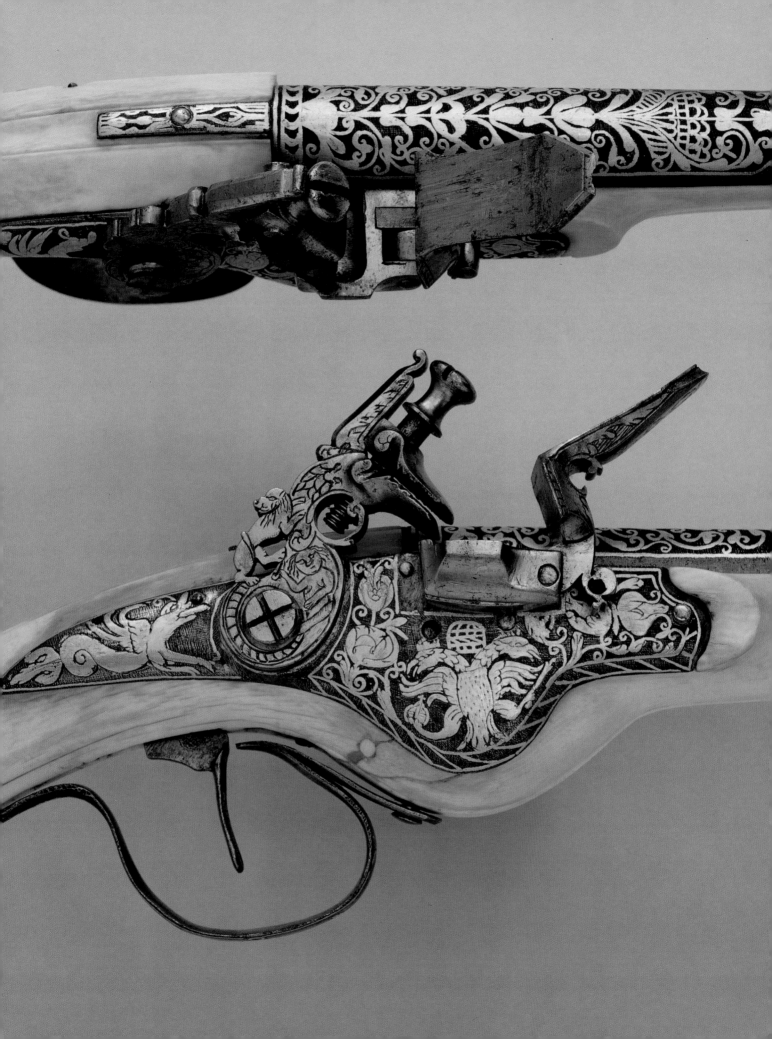

30 | POWDER HORN (NATRUSKA)

RUSSIA, MOSCOW PALACE ARMOURY, 17TH CENTURY

Wood, silver, turquoise, silk
Carving, filigree, gilding
Overall length 175 mm
OR - 3707 (*Opis'* ch. 4, kn. 5 no. 8369)

According to the 1687 *Inventory*, the Arms Treasury of the Russian sovereigns contained a large group of horns for coarse-grained powder and *natruski* for fine-grained, priming powder. One of the latter is on display in the exhibition. Its body is of wood – a birch base covered in an openwork gilded silver setting with turquoise. The measuring lever is fashioned like a winged dragon. During hunting or sport shooting the horn was hung on the belt by a silk braid with a tassel, and served as a supplementary decoration for the tsar's hunting costume.

31 | HELMET

MANCHURIA, EARLY 17TH CENTURY

Iron, stones
Forging, gold overlaying (*navodka*), riveting, gilding
Diameter 200 mm
Weight 1,570 g
OR - 2057 (*Opis'* ch. 3, kn. 2 no. 4407)

The presence of this helmet in the tsars' treasure house is connected with Russia's active eastward advance during the 17th century and the subjection of Siberia. During the first half of this century land to the east of the Yenisei and the Tungus tribes living there (their contemporary name is *Evenki*) were absorbed into Russia. The helmet was sent from the Tungus lands to Moscow as tribute in 1636. At first it was placed in the Treasury Office, but five years later it was transferred to the Armoury Chamber. Inventories of the 17th century refer to metal plates trimmed with coloured velvet and silk attached to the lower edge of the helmet. As the tsars' arsenal increased and a series of richly decorated helmets appeared, this one was eventually demoted to the second rank and correspondingly its value declined. In the 1687 *Inventory* it is valued at no more than 1½ roubles. It seems as though the tsar's 17th-century armourers could not attribute a proper value to all the merits of this helmet with its unique skull, made out of a single piece of iron, decorated with intricate incised ornamentation (Timkovskii 1824: 1). Neither could they determine its place of manufacture. Indeed, the compilers of the 1641 *Inventory* called the Sanskrit inscription included in the helmet's decoration 'Muslim', and the 1687 *Inventory* called it 'Kalmyk'.

In 1812 the helmet was removed from the Armoury Chamber to be investigated by the President of the Imperial Academy of Arts, A N Olenin. The result of this investigation was a brilliant article published in the guise of a letter to the famous traveller E F Timkovskii, devoted to the Buddhist mantra which Olenin had read on the helmet, *om mani padme hum*. Olenin classified the helmet as Mongolian. He published the first illustration of the helmet with carefully copied inscriptions.

32 | PAIR OF LOWER ARM DEFENCES (ΠARUCHI)
TURKEY, PROBABLY 17TH CENTURY

Iron, gold, copper, stones, fabric
Forging, gold embossing, engraving, casting, carving
Overall length 394 mm
Weight 1,980 g
OR 4142/1–4 (*Opis'* ch. 3, kn. 2 no. 4658, described as Iranian 16th century)

In 1690 a large quantity of arms, valuable vessels and jewellery which had belonged to Prince Vasilii Vasil'evich Golitsyn were added to the tsars' treasure house.

The princely house of the Golitsyns was one of several Russian aristocratic families whose common ancestor was considered to be the Grand Prince of Lithuania, Gedimin (1316–41). During the 16th and 17th centuries 22 representatives of the family became boyars. Prince Vasilii Vasil'evich Golitsyn (1643–1714) began his meteoric rise to the summit of power in 1676, when at the age of 33 he attained the rank of boyar. Appointed head of the Cannon Office, and simultaneously of the Vladimir Judicial Office, he soon became one of the most important figures in the government of Tsar Fyodor Alexeevich (1676–82). After the dynastic and government crisis of 1682 and the proclamation of Ivan and Peter Alexeevich as tsars under the regency of their elder sister Sophia, Prince Golitsyn, the favourite of this *tsarevna*, concentrated enormous power in his hands, becoming the closest boyar, 'protector of the tsars' great seal and great state ambassadorial affairs' and head of several departments of state. Golitsyn's diplomatic activity, which resulted in the permanent return of Kiev to Russia in the 'eternal peace' with Poland in

1686, was more successful than his military attainments. His two campaigns against the Crimea in 1687 and 1689 were grandiose in intent but paltry in results. Neither could Golitsyn hold on to power. In 1689 as a result of machinations by supporters of Tsar Peter, the regent Sophia was exiled to a nunnery, and her favourite was stripped of his boyar's rank and exiled with his family to one of the distant northern settlements, where he died in 1714. The Prince's immense quantity of belongings was forfeited to the Treasury.

Golitsyn was one of the best-educated people of his time, spoke several languages and had a wonderful library. His palace rivalled those of Italian princes. His contemporaries considered that the Prince supported a pro-Catholic orientation in politics and culture. It is interesting to note in this connection that practically all the arms and armour belonging to Golitsyn and preserved in the Armoury Chamber is of eastern origin or design. These consisted of a Jericho cap, two helmets (one similar in form to Mongolian helmets of the 14th century), a *dzhid* – a set of two small javelins – and, finally, two pairs of lower arm defences. One of the latter is represented in the exhibition and is a real masterpiece of eastern weapons and jewellery art.

The Damascus steel has gold flowers and herbs very skilfully inlaid in it, as well as the eastern inscriptions: 'There is no god but Allah and Muhammad is his prophet. My God is my hope', 'Make true believers rejoice with the promise of God's help and swift victory', and 'In the name of God the good and merciful I give you clear victory. And may the sins which you have committed and will commit be forgiven'. The surface of the arm defences is decorated with delicate gold plates in the shape of flower buds, leaves and shoots, and also red stones and turquoises in high gold settings.

33 | PARADE MACE (*PERNAT*)
IRAN, MID 17TH CENTURY

Gold, wood, turquoise
Carving, inlay
Overall length 520 mm
OR - 187 (*Opis'* ch. 4, kn. 3 no. 5241)

In 16th- and 17th-century Russia maces whose head consisted (unlike the *shestopyor*, cat. no. 22) of more than six flanges were called *pernaty*. *Pernaty* were widely used by the Russian aristocratic cavalry. They were formidable military weapons and because of this were also used as symbols of military power. The Armoury Chamber's collections include *pernaty* made by Iranian and Turkish masters, which arrived in Russia as ambassadorial gifts from eastern rulers. Manufactured from precious metals, gold and silver, decorated with precious stones, they are real masterpieces of the jeweller's art.

The head of the *pernat* on display at the exhibition consists of seven figured gold plates. The haft is wooden, overlaid with openwork gold. The main element of the decoration is a turquoise mosaic, inlaid into the gold facing of the head and handle.

The *pernat* was presented as a gift to Tsar Alexei Mikhailovich from Shah Abbas II of Iran (1642–66). The gift was handed over on 3 February 1658 by the Shah's ambassador Khanedekul during a solemn reception of his Embassy in the Moscow Kremlin's Faceted Chamber. In the 1687 *Inventory* this *pernat* was included first among this type of weapon, confirming its high status in the Russian rulers' arms treasury.

34 | PARADE MACE
TURKEY, MID 17TH CENTURY

Gold, jade, wood, precious stones
Carving, inlay, chasing, enamel
Overall length 644 mm
OR - 178 (*Opis'* ch. 4, kn. 3 no. 5186)

This mace is primarily a wonderful example of 17th-century Turkish jewellery: it has no military significance at all. The head is made of a single piece of brittle jade encrusted with gold and precious rubies, a great emerald forming its crown. The handle is wood overlaid with gold, decorated with precious stones and coloured enamel.

As a rule such maces found their way into the Russian sovereigns' treasury as gifts from eastern rulers and merchants. However, as documents demonstrate, this mace was bought in 1656 during a Russian military campaign headed by Tsar' Alexei Mikhailovich to besiege Riga, which at that time belonged to Sweden. This campaign was undertaken to win an outlet to the Baltic Sea and to put a stop to Swedish meddling in the Russo–Polish war of 1654–66. The siege was unsuccessful, and after several attempts to gain possession of the city the Russian forces had to withdraw. Unfortunately, it is not known from whom this mace was purchased. It could have been a representative of the Russian aristocracy, an ambassador of a foreign state or a merchant. The mace was included in the 1687 *Inventory* among the most valuable items as number 2, demonstrating its position in the tsars' treasury.

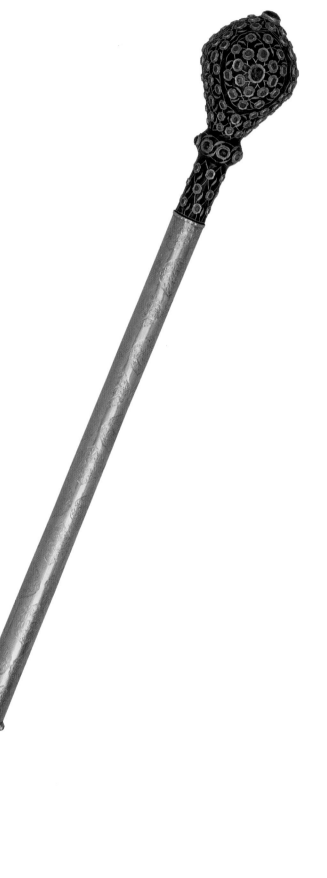

35 | SWORD (*KONCHAR*) AND SCABBARD
| TURKEY, 17TH CENTURY

Silver, steel, wood, turquoise, jade
Forging, stamping, engraving, gilding, inlay
Overall length 1,230 mm
OR - 4550 (*Opis'* ch. 4, kn. 3 no. 5882)

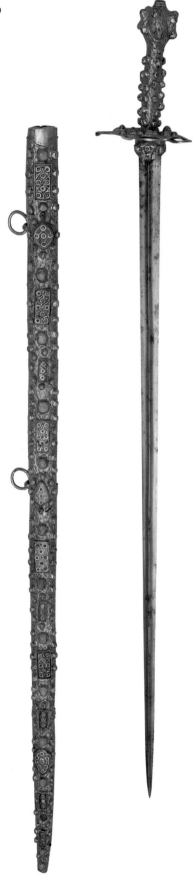

The history of the origin of this type of edged weapon is still unknown. In the opinions of some experts the name *konchar* comes from the Turkish *khanjar* – a sword or dagger. However, in the Slavonic languages the word *konchar* sounds like forms of the word *konets*, which can mean 'sharp'. In Russian a *konchaty'* knife is a sharp one; in Czech *konietz* is a rapier, a stabbing weapon with a long, thin blade. If this is the case the Hungarian term for this weapon *hegyestör*, meaning 'slitting (piercing) sharp' (Fasmer 1976: 316) has a strong similarity to *konchar*.

Two types of *konchari* are known: military ones, with long blades and, as a rule, sabre hilts, and also ceremonial ones decorated with precious metals and stones, with blades of lesser dimensions. One of the basic distinguishing characteristics of *konchari* is that they are not carried in a sword belt, but are attached to the horse's saddle. As a consequence the decoration of *konchari* used during ceremonies had to blend in with the equestrian attire. For this reason the hilt guards of ceremonial *konchari* were not decorated on the outside, as is usual in other types of edged weapons, but on the inside, which is visible to spectators when the horse moves.

The displayed *konchar* is one of the ceremonial types. Its four-sided blade is of steel. The hilt and scabbard are overlaid with silver gilt with stamped stylized foliage ornamentation, decorated with turquoise in large mounts and jade plates encrusted with gold wire.

36 | SABRE AND SCABBARD WITH BELT

IRAN, 1ST HALF 17TH CENTURY

Steel, wood, gold, silver, jasper, precious stones, braid
Forging, carving, stamping, black enamelling, inlay, gold
  embossing, enamelling
Overall length 1,010 mm
OR - 197 (*Opis'* ch. 4, kn. 3 no. 5907)

This sabre is a beautiful example of eastern parade weapons. Its blade, with a characteristic fine silver design against a dark background is forged of Damascus steel. Its quality is confirmed by the presence of the famous lion seals of the Iranian shah's masters. Under the seal the Arabic inscription 'the possessor will be illustrious' is picked out in gold. The hilt is made of a dark green jasper with red veins. The pommel and guard of the hilt and also the scabbard fittings (the throat, chape and five rings) are decorated with turquoise mosaic, rubies and emeralds on the outside. In the centre of each scabbard ring there are gold plaques with small faceted diamonds. The belt is woven from thin silver-gilt wire and on the inner side padded with silk braid. The belt fittings, the buckles and brackets, are decorated with the coloured enamel characteristic of Iranian mid 17th-century jewellery.

The sabre was given to Tsar Alexei Mikhailovich on 29 September 1646 by Prince Yakov Kudenetovich Cherkasskii. He came from a Cherkassian aristocratic family. He began serving at Tsar Mikhail Fyodorovich's palace after his baptism in 1625. He attained his highest state positions during the rule of Tsar Alexei Mikhailovich. He was in charge of the activities of the Musketeers (*Streletskii*) Office and the Foreigners' Office, which controlled all the Russian army's infantry regiments and foreign military specialists. During the Russo–Polish war of 1654–66 Cherkasskii was First Military Commander of the Great Regiment, i.e., was commander-in-chief of the Russian army. Troops under his command took the towns of Orsh, Kovno, and Grodno and on 29 July 1655, after a swift engagement with the great Lithuanian hetman Janus Radziwill, also took the Lithuanian capital city, Vilnius. He occupied the same post during the siege of Riga in 1656. During the Russian troops' retreat from the city the rearguard under his command resisted all attempts by the Swedes to rout the Russian army. He died on 8 July 1666. His gift to the Tsar could be connected with either of two events: first, Alexei Mikhailovich's coronation, or second with the award to Prince Cherkasskii of the highest serving rank, that of boyar. Both events took place in late 1645. It is known that during the coronation ceremony Prince Cherkasskii was 'first before him' and that he sat at the Tsar's table during the banquet in the Faceted Chamber.

The sabre had a remarkably high status within the tsars' arms treasury. In the 1687 *Inventory* it was included as 'sabre of the great costume' number 2. In Tsar Alexei Mikhailovich's Field Armoury of 1654 it occupied first place. It is entirely possible that this very sabre was with the saddle of the Tsar's horse during the triumphal entry to Moscow after the capture of Smolensk in the winter of 1655.

37 | MATCHLOCK GUN OF MASTER OF THE ARMOURY PRINCE BOGDAN YAKOVLEVICH BELSKII

TURKEY, 2ND HALF 16TH CENTURY

Iron, steel, copper, wood
Forging, engraving, chasing
Overall length 1,515 mm, length of barrel 1,200 mm, calibre 15 mm
OR - 3305 (*Opis'* ch. 5, kn. 4 no. 6416)

This gun has been put in the exhibition because it is an example rare in Russian collections of an early Turkish firearm of the late 16th century. It has an eastern type of matchlock with a figured copper pan cover. The barrel is of Damascus steel, forged at the muzzle in the shape of a serpent's head with soldered copper eyes. Analogous types of barrel decoration are often encountered in Turkish and Russian long guns of the 16th and 17th centuries. At the breech three pentagonal marks are stamped, all containing the Arabic inscription 'Made by Mahmud'.

This gun is first mentioned in the Armoury Chamber *Inventory* (short list) of 1647. According to this document, and also the 1687 *Inventory*, where it is entered as number 39, the gun belonged to Boyar and Armourer Bogdan Yakovlevich Belskii. Coming from a non-aristocratic clan Belskii had a brilliant career at the court of Tsar Ivan IV, 'the Terrible' (1547–84). His name is first met with in documents of 1570. He occupied the insignificant post of *poddatnya* (assistant) to the Tsar's boar spear guard. However, as early as 1573 he began to fulfil the duties of armourer of the Sovereign's Great Regiment, and in 1578 was officially given this position for outstanding conduct during the Tsar's campaign into Livonia. He remained an armourer right up to his death in 1610. In 1584 the dying Ivan the Terrible made him one of the four regents for his weak and sickly son, the Tsarevich Fyodor Ivanovich. Clever, vicious and unprincipled, Belskii participated in practically all the palace intrigues and plots which took place during the reigns of Tsars Fyodor Ivanovich and Boris Godunov (1598–1605). Therefore, he was exiled from Moscow or sent to serve in distant garrisons more than once, but even there, in the words of his contemporaries, every plot at court felt the experienced hand of this man.

The documents are silent about how a gun belonging to Armourer Belskii ended up in the Russian sovereigns' arms treasury. During the Time of Troubles (1605–13) the Moscow Kremlin Armoury Chamber was completely razed by Polish interventionists. It is possible that this gun is one of the few pieces from the 16th-century collection still surviving in the Kremlin. It is not impossible that the gun could have ended up in the Kremlin after the owner's death, or it might be that it was obtained from Belskii himself by a member of the future royal Romanov family.

38 | CUIRASS (BREAST AND BACKPLATE)

HOLLAND, FIRST HALF 17TH CENTURY

Iron, copper alloy, leather
Forging, etching, engraving
Breastplate 530 x 345 mm; backplate 540 x 405 mm
Weight 4,565 g
OR - 1509 (*Opis'* ch. 3, kn. 2 no. 4747)

In the collections of the Moscow Kremlin Museum there are several western European suits of armour which belonged to 16th- and 17th-century Russian tsars and members of aristocratic families. Because of the quality of their workmanship and excellent decoration some of them must undoubtedly be placed among the first rank of work by western European masters of the time. However, the inventories in the Armoury Chamber's archive quite frequently do not enable us to link a particular piece of armour with specific historical events or characters. Sometimes complete sets of armour were divided up when they came into the Armoury and their individual parts were stored, and as a result listed, separately from each other (helmets, cuirasses, vambraces, leg defences, etc.). No references to the origins of these separated items can be found in the 17th-century inventories. Only if we use the really very brief notes in the receipt books can we form any idea about the possible time and method of acquisition of some of these treasures.

In the Archive a note has been preserved stating that on 26 August 1614 Russian ambassadors Ushakov and Zaborovskii handed Tsar Mikhail Fyodorovich a present from Maurice, Prince of Orange, (1585–1625) on their return from travels to west European countries. It was an armour – a cuirass, helmet and arm defences (*naruchi*). The note mentions the fine qualities of this armour: gilded rivets and images of 'people on horseback'. Only one of the decorated 17th-century cuirasses preserved in the Museum has figures of horsemen on it as the centrepiece of etched ornamental compositions. On this basis L P Yakovlev decided that it constituted the gift of 1614. This cuirass is on display in the exhibition.

If Yakovlev's hypothesis is correct, we have in front of us evidence of the first official contact between Russia and the Netherlands, which laid the basis for long and close diplomatic relations the two countries and, what is more, at a time of severe competition between Dutch and English merchants for the Russian market.

It must be pointed out, however, that there are another two cuirasses preserved in the Armoury Chamber, very similar in construction and decoration to the one described. One of them has traditionally been linked with the name of master Nikita Davydov (*Opis'* ch. 3, kn. 2 no. 4748; *cf* Cat. no. 1), and the other has a Dutch symbol: a lion standing over a wall with a bundle of arrows and sabres (*Opis'* ch. 3, kn. 2 no. 4747). The reports of the Dutch ambassadors Albert Burkh and Johann van Feltril indicate that in 1630–1 among the gifts presented to the Russian Tsar were two cuirasses (one of them 'proof against bullets') and also another 150 sets of armour for arquebusiers (Doneseniya 1902: 35). Clearly, by giving such presents to the tsar the Dutch were demonstrating their willingness, expressed more than once, to sell Russia military hardware, the export of which was usually forbidden.

39 | CEREMONIAL MACE
BOHEMIA, PRAGUE, EARLY 17TH CENTURY

Silver, iron, rock crystal, garnets
Carving, chasing, enamelling
Length 580 mm
OR - 253 (*Opis'* ch. 4, kn. 3 no. 5183)

A mace with a head of faceted rock crystal and a handle overlaid with silver and decorated with filigreed foliage ornament, blue- and green-coloured enamel and bands of red garnets, the only example of such a weapon in the Armoury Chamber's collection, made by the hand of a west European master. It was first referred to in the 1687 *Inventory* under the title 'small mace of Turkish work'.

Its listing as Turkish in the 17th-century document is not an accident. Such maces formed part of stylized 'eastern' *ensembles* (sword, sabre, equestrian equipment with saddle) in line with the 'Turkish fashion' which developed in the early 17th century at the courts of Vienna, Dresden, Munich and Prague. The *ensembles* were used during festive costumed 'hussar tournaments', where the participants were dressed in 'Turkish' or 'Hungarian' costumes and armed with 'eastern' weapons. *Ensembles* of this type are preserved in the Dresden *Rüstkammer*. One was made in Prague in 1612 by master Johann Michael on the order of the Kurfürst of Saxony, Christian II (1591–1611) (Dresdner Rüstkammer 1992: 99, no. 33). The work was completed after the death of the Kurfürst.

It is not known how the mace on display at the exhibition came to be in the Armoury Chamber. It is not impossible that it was part of a great *ensemble*. The Armoury Chamber's collection contains a bridle and chest straps made in a similar manner. They were presented to Tsar Mikhail Fyodorovich in 1634 by the embassy from Holstein described in Adam Olearius's well-known notes about Russia. Unfortunately, neither in the embassy's documents nor in the Armoury Chamber's archive have any references to the mace been found.

40 | SWORD

GERMANY, SOLINGEN, MID 17TH CENTURY

Steel, wood, silver
Forging, carving, gilding, silvering, engraving
Overall length 1,090 mm
OR - 1061 (*Opis'* ch. 4, kn. 3 no. 5749)

For a long time it was thought that the widespread use of European swords as military and parade weapons in Russia only began with Peter I's military reforms at the end of the 17th century. However, as written sources inform us, Russian infantry regiments were armed with swords as their main edged weapons instead of sabres from the beginning of the 17th century. Indeed this is valid not only for regiments of soldiers organized and armed along European lines, but also for the 'old' traditional Russian regiments of fusiliers. In the 1650s the Arms Office stores contained tens of thousands of swords, made at the Tula arms works or purchased abroad. The contemporary museum collection contains only a small group of sword blades manufactured, judging by the marks on them, in Germany in the mid 17th century.

The sword on display at the exhibition is the sole surviving example of this type of weapon from the Russian sovereigns' 17th-century arms treasury. It was included as no. 1 in the 1687 *Inventory*, which indicates its high status. The inscription 'Sebastian Hernanter' and the date '1588' is engraved in narrow fullers on both sides of the blade. However, this is unlikely to be the work of the famous Spanish armourer Sebastian Hernandos the Elder. The mistake in writing the master's name and the existence of the mark of the Solingen armourers – a little wolf – proves that this is a German copy. The sword's wooden grip is covered with twisted silver wire. The pommel and guard, consisting of a knucklebow and shell guard with a ring for the index finger is made of steel and decorated with cut relief foliage ornament. The guard and pommel retain traces of the original gilding and silvering. In its construction the sword belongs to the so-called 'Walloon sword' type which attained widespread distribution in European countries in the mid to late 17th century. The type of decoration leads to the assumption that the sword was made in Holland or North Germany in the mid 17th century.

Unfortunately so far no information has been found about when and how this sword arrived in the Armoury Chamber or what it was used for.

41 | FLINTLOCK SPORTING GUN
ENGLAND, LONDON,
1ST QUARTER 17TH CENTURY

By Henry Burrows (?)
Mark: on the barrel above the breech and on the lock plate
  HB under a helmet. It is possible that this is the mark of the
  gunmaker Henry Burrows who worked in London in about
  1618–23 (Blackmore 1986: 65).
Steel, wood, mother-of-pearl, ivory
Forging, engraving, gilding, carving, inlay, gold engraving
Overall length 1,226 mm, length of barrel 877 mm,
  calibre 11.5 mm
OR -4292 (*Opis'* ch. 5, kn. 4 no. 7477)

This is an early example of an English long-barrelled gun. For a third of its length the barrel is five-sided, and the rest, beyond the gold-decorated transverse mouldings, is circular. At the muzzle the barrel has the multifaceted bell mouth characteristic of English firearms. At the breech a v-shaped sight is mounted. The whole surface of the barrel is covered in a pattern in gold inlay consisting of extended figured frames filled with delicate and graceful gold scrolls and circles.

The Anglo–Dutch-type snaphaunce lock is fitted with a safety device in the form of a catch fixed immediately behind the cock. On the circular pan fence there is a depiction of a man's head in a helmet. An analogous profile was engraved on the ivory fore-end of an English musket, dated 1588, in the Royal Armoury in Sweden. A very similar image decorates the medallion of a silver cup in the Kremlin Museum collection (no. M3–650. London, 1557–8). It is known that goblets decorated in the centre with miniature busts in classical armour and emblems came into fashion in England in the second half of the 16th century. Depictions in medallions of busts of warriors of antiquity in profile exist among the sketches of gold and silver vessels drawn by Hans Holbein the Younger for the marriage of Henry VIII and Jane Seymour. The artist worked at Henry VIII's court and as well as portraits, he drew sketches for the construction of parade weapons, jewellery and gold and silverware on the King's orders. The lock plate is ornamented with gilt engraving to match the barrel.

The beech stock has a flat musket butt (sometimes called a 'fish tail') and is inlaid with scrolls of silver wire and engraved mother-of-pearl plates including engraved panels with images of running dogs, hares and birds. On both sides of the butt two-headed eagles with unicorns on their breasts are rather naively engraved in oval plates.

The gun exhibited in the exhibition is one of a pair from the collection. Its English provenance is beyond doubt. Both in the 1687 *Inventory* and in all the other arms inventories of the 18th and 19th centuries it is described as English. Unfortunately we have not found any information about when and for whom these elegant guns were brought to Russia, but we believe that they were intended as a gift for the Russian sovereign. On the breech part of the barrel the Russian state symbol – a two-headed eagle surmounted by three crowns – is depicted. On the eagle's breast in a figured shield is an image of a unicorn. This iconography was well known in England. The unicorn was introduced as a state symbol by Ivan IV, 'the Terrible', around 1582, and appeared on the Tsar's great seal of state. Boris Godunov sent his letters to the English sovereign using the same seal.

42 | PAIR OF HUNTING ARQUEBUSES
GERMANY, 1640s

Silver, iron, steel, copper, wood
Forging, casting, gilding, engraving, inlay, chasing
Overall length 1,290 mm; length of barrel 1,000 mm; calibre 11 mm
OR - 477, 478 (*Opis'* ch. 5, kn. 4 nos. 6454–5)

It is known that Prince Alexei Mikhailovich L'vov presented a pair of German arquebuses to Tsar Mikhail Fyodorovich in 1644. He was a distinguished Russian statesman in the second half of the 17th century. He entered court service as early as 1607. In 1612 he took part in the freeing of Moscow from the Polish interventionists among the troops of the national militia. His signature is on the deed witnessing to Mikhail Fyodorovich Romanov's election to the throne. From 1634 to 1644 he participated in the foreign affairs of the Russian state, heading important diplomatic missions to Poland, Lithuania and Denmark. In 1644 the Prince received the title *dvoretskii*. The whole state treasury was under the control of this palace rank. It is possible that the gift presented to Tsar Mikhail Fyodorovich was connected with this particular appointment.

The arquebuses are superb examples of the gunmaker's art. Their decoration is characteristic of the German school of the 1640s, when inlaying gun stocks with ivory and mother-of-pearl was gradually giving way to engraved, cut silver plates and overlaid cast silver figures.

The decoration of the arquebuses includes a composition of decorative subjects and allegories, which have in the present case a deliberate aim: to wish the owner success in love, fullness and joy in life, and the blessing of the highest deities. On the pierced plates which decorate the stock the planetary gods in their constellations are depicted: Mars, Jupiter, the Moon, Venus and Mercury. On the arquebus stocks are plaques representing Classical goddesses and personifications of virtues: Athena, the goddess of wisdom and just war; Ceres, goddess of agriculture and fruitfulness, with a horn of plenty; Iustitia, the goddess of justice with her attributes, a sword and scales; Fides, the goddess of virtue and fidelity; a half-naked female figure with a flagon and cup, evidently the goddess Temperance, symbolizing moderation. On a plate with the inscription Fortitude is a personification of bravery and strength of soul with a broken column in her arms. On one of the plates are three naked female figures with the engraved inscription Caritas. In Greek mythology the Charities, daughters of Zeus, were beneficial goddesses, embodying a good, joyful and an eternally youthful life.

The arquebuses are fitted with wheellocks. On the massive cock an openwork cartouche is fitted, on which is depicted a fantastic dragon, and on the lock plate is a pierced plate depicting two horsemen in combat, armed with long lances. The trigger is cast in the shape of a naked female half-figure.

In the 1687 *Inventory* these are listed as arquebuses of the first rank, that is the very best.

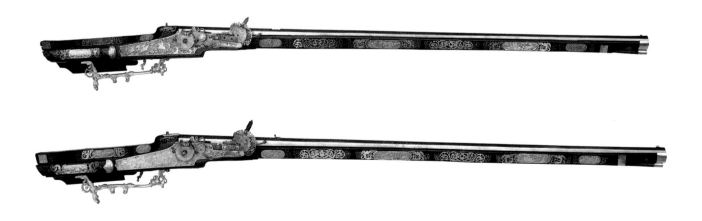

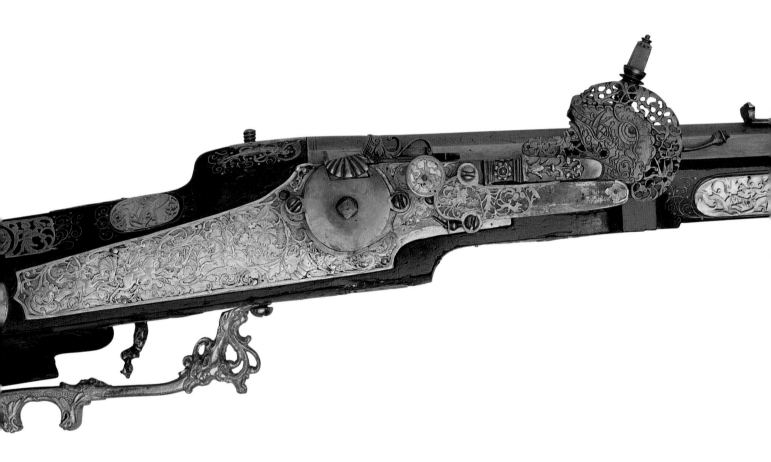

43 | FLINTLOCK CARBINE
HOLLAND, UTRECHT, 1640~50

Steel, ebony, copper
Forging, engraving, carving, casting, gilding
Overall length 1,035 mm; length of barrel 705 mm; calibre 16 mm
OR - 1040 (*Opis'* ch. 5, kn. 4 no. 7053)

This hunting gun is one of the most significant examples of baroque design in weapons. Its decorative appearance is demonstrative of the emphatic, bulky plasticity which characterized this stylistic movement. The surface of the barrel is gilded and decorated with chiselled, stylized foliage ornament on a background, textured with small circles.

The decoration of the Anglo–Dutch type of lock is extremely varied. On the heel and upper part of the cock two dolphin heads are carved among fantastic interwoven reliefs. The cock screw is executed in the form of a pine cone. The cock buffer is chiselled with the face of a bewhiskered, bearded man. The sliding cover and fence of the pan have masks carved on them. The surface of the lock plate with a hollowed-out lower section is decorated with engraved foliage ornament, and its rear is carved like a dolphin's head.

The gun is also outstanding for its beauty and elegant proportions and the carefully engraved decoration with delicate work on the surface of the reliefs. A particularly decorative effect is attained in this true masterpiece of Dutch craftsmanship thanks to the contrast between the polished ebony and the glistening gilding. The fore-end has the head of a sea monster carved on it. The small of the butt has a mask framed in large acanthus leaves. On both cheeks of the butt fantastic creatures with the heads of dolphins and serpents' bodies are depicted in spirals. The gun's mounts are decorated with applied figures against a background of carved foliage ornament to match the barrel. On the butt plate there is an image of a horseman with a sword (possibly depicting St George), and below it the figure of a man in long clothes and a sword in his hand.

A similar carbine from a hunting set is housed in the State Hermitage, St Petersburg (nos ZO 7994 and 5734). This set was from the collection of the Counts Sheremetev.

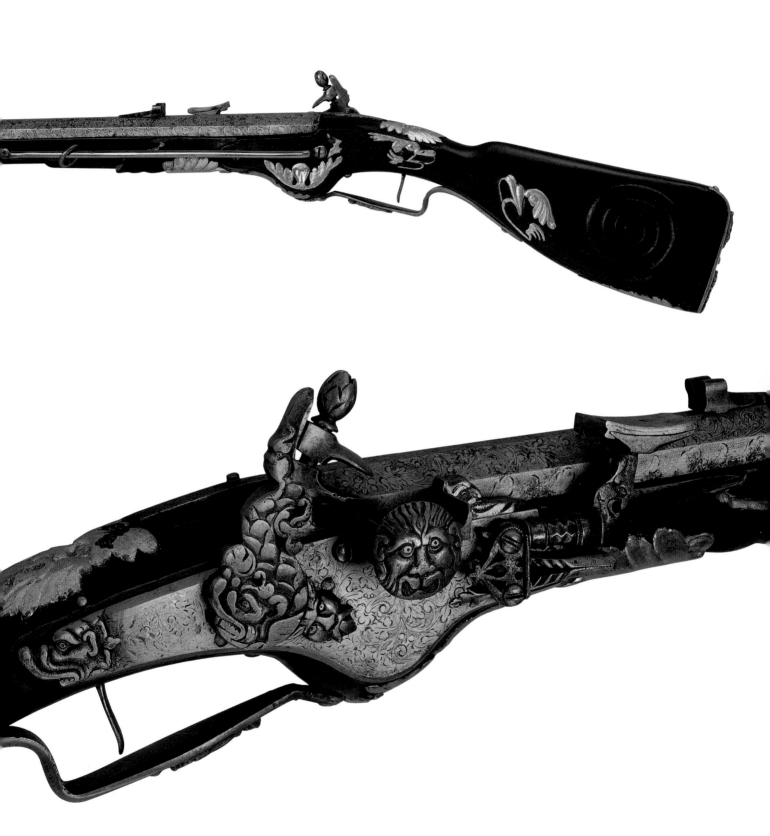

44 | PAIR OF THREE-BARRELLED PISTOLS
HOLLAND, UTRECHT, 1650s

By Jan Knoop

Steel, bronze, wood

Engraving, carving, gilding, forging, casting

Overall length 603 mm; length of barrel 409 mm; calibre 12.5 mm

OR - 3046, 3047 (*Opis'* ch. 5, kn. 4 no. 8343)

The Armoury Chamber's collection includes a significant group of Dutch weapons from the 17th century to the first third of the 18th century the construction of which is sophisticated for their time (Yablonskaya et al. 1996: 128–9). These weapons demonstrate a certain stage in the evolution of firearms technology and the level of sophistication of Dutch arms manufacture, but they also throw a distinctive light on the great interest shown by the Russian aristocracy of the time in the technological innovations of the western European arms industry.

The manufacture of weapons with complex construction was undertaken by only very few of the 17th century's most able and talented masters, among whom we must include the outstanding Utrecht gunmaker Jan Knoop.

It is not impossible that the pair of three-barrelled revolving pistols made by Jan Knoop was presented to Tsar Alexei Mikhailovich by Boyar B I Morozov during the Smolensk campaign of 1654. There is a note in the inventory of the sovereign's field arms treasury: 'pair of pistols with three revolving barrels. Walnut stocks, locks iron gilded of French type. Boyar Boris Ivanovich Morozov humbly presented to sovereign on campaign in year 5162 in May on the thirtieth day'.

These are the only three-barrelled pistols in the collection, their butts terminating in pommels in the form of cast masks (the traditional name is *lichina*). The safety catches are gilded iron decorated with engraved foliage ornament; the flintlocks are of the French type, or *barabarskii*, as this construction was called in 17th-century Russia. At the breech the barrels are joined in a rotating cylindrical block which is covered in a steel jacket. The block can be turned when the trigger guard is pulled backwards.

45 | AMBASSADORIAL AXE

RUSSIA, MOSCOW ARMOURY CHAMBER, 1ST HALF 17TH CENTURY

Steel, silver, turquoise
Forging, chasing, gold embossing, gilding
Overall length 1,280 mm
OR - 2241 (*Opis'* ch. 4, kn. 3 no. 5275)

The first mention of the *ryndy* – bodyguards of the tsars armed with axes – occurs in the mid 16th century (Levykin 1997: 57). In 16th- and early 17th-century documents these axes were called 'golden' or 'tsars'. The appearance of the term 'ambassadorial axe,' it seems, is connected with the fact that throughout the 17th century a guard of honour composed of *ryndy* was an obligatory part of all ambassadorial ceremonial. Both Russian and Turkish ambassadorial axes have been recorded in the Armoury Chamber's documents. Identical in their functions and construction, they differ from each other somewhat in their time of manufacture, their shape and in the character of the heraldic devices on them. The present example belongs to a group of four axes made by masters at the Armoury Chamber. The exact date of manufacture is unknown.

The axe blade is broad, like a crescent moon, forged in Damascus steel, and over the whole surface it is decorated with inlaid gold foliage ornament. The socket is hexagonal. The facets are separated from each other by narrow ribs and are decorated with gold foliage ornament. Two 'apples' are joined to the head. The first, a decorative one, consists of eight welded hoops, smooth gilded ones interspersed with others inlaid with gold. The second, solid, onion-shaped, of Damascus steel, has six similar twisted sections on its surface, and is clearly capable of delivering a blow. The haft is wooden, overlaid with silver gilt and decorated with deeply incised stylized foliage ornament.

The engraved lower section of the silver facing on the handle imitates the texture of leather. The axe's special status is underlined by the added images. In a circular medallion on both sides of the middle of the blade is an engraved gold Russian coat of arms – the double-headed eagle under three crowns. On one side the eagle has a unicorn in a figured shield on its breast, on the other side is the emblem of the Muscovite grand princes ('a prince on a steed overpowers a serpent with a lance'). To the sides of the blade images of lions have been executed using the same technique. The style used for the coat of arms is entirely consistent with the first half of the 17th century. However, one's attention is drawn to the presence of certain archaic elements. For instance, Ivan the Terrible's seal contained a combination of the insignia of Moscow and the unicorn. It is believed that the unicorn was this tsar's personal symbol. The technique used for the engraved gold foliage ornament also indicates an earlier origin for the axe. It is quite possible either that the axe was made at the end of the 16th or the beginning of the 17th century, or that 16th-century axes served as its model. The ambassadorial axes in the Armoury Chamber's collection are unique and have no equivalents either in Russian collections or in the major museums of other countries.

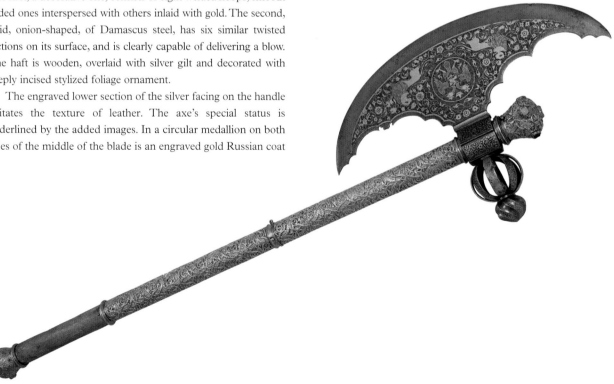

46 | UNIFORM CAFTAN (*TERLIK*)
RUSSIA, MOSCOW, 2ND HALF 17TH CENTURY

Velvet, damask
Needlework
Length 1,230 mm
TK - 2616 (*Opis'* ch. 2, kn. 3 no. 3673)

The *terlik* is a rare example of 17th-century Russian court uniform. It was stored in the sovereign's treasury and was given out only for official ceremonies. Various groups of people working at the tsars' court wore the *terlik*: *ryndy*, who stood beside the throne and accompanied the tsar during ceremonial excursions, the court officials (*dvoryane-zhil'tsy*) who met foreign ambassadors and participated in official receptions, and coachmen who took part in the tsars' campaigns. Documents of the 17th century refer to *terliki* of various colours of velvet and a variety of brocade materials. Only five have survived to the present day. They are all in the Armoury Chamber's collection.

This *terlik* is made of smooth crimson velvet. Its cut is very distinctive. It is a knee-length caftan with a separate waist-length body, with a gathered, split lower part with separated flaring skirts. The collar is short but upright, the concealed fastening on the body is hidden by a broad figured flap, the sleeves are in two parts. The hem of the *terlik* is decorated with a broad band of uncut deep-pile velvet, simulating fur. The Russian coat of arms – the two-headed eagle below a crown – is embroidered on the front and back of the caftan in gold and silk threads in low relief. On its breast in a lozenge is a depiction of the ancient emblem of the Muscovite princes – 'a prince on a steed overpowers a serpent with a lance'.

47 | CAPARISON (*CHALDAR*)
RUSSIA, MOSCOW KREMLIN WORKSHOPS, MID 17TH CENTURY

Velvet, taffeta, gold and silver threads, braid
Embroidery, needlework
Dimensions 2,000 x 1,600 mm
TK - 1496 (*Opis'* ch. 6, kn. 5 no. 8946)

Caparisons constituted a very important part of equestrian parade gear. Their purpose, and consequently their shape, varied. Some caparisons were to cover the chest and hindquarters of the horse, others were placed under the saddle, and a third type was placed on top of the saddle. During ceremonial occasions a single horse could have several different types of cloth on it simultaneously. Parade caparisons were stored in a special repository at the Stables Office in the Moscow Kremlin, from which they were issued for different official ceremonials.

In the exhibition is a large cloth which covered not only the horse's quarters, but also its chest. In Russia the eastern name for such cloths (*chaldar*) was used. The front sections of *chaldary* were usually cut out separately and then sewn together. The cloth is made of smooth crimson velvet. At the edges it is decorated with two-headed eagles below a crown, embroidered in low relief with gold and silk threads. On their breasts in lozenges is the ancient emblem of the Muscovite princes – 'a prince on a steed overpowers a serpent with a lance'.

48 | BADGE OF THE MOSCOW GUNNERS (*ALAM*)
RUSSIA, MOSCOW ARMOURY CHAMBER, 17TH CENTURY

Iron, engraving
Diameter 300 mm
OR - 85 (*Opis'* ch. 3, kn. 2 no. 5177)

In February 1664 an inspection of troops took place on the Devichee Polye near Moscow, the Sovereign's Regiment, palace servants, the Cannon and Stables Office and masters of the Arms Office taking part. Charles Howard, Earl of Carlisle, was present as leader of the first English embassy to Russia after the restoration of the Stuarts.

In the inventory of arms prepared for this inspection by the Armoury Chamber there is mention of pairs of tin, copper and iron disks worn by the Moscow gunners on their chest and back. This is the first mention found in Armoury Chamber documents about a special type of ceremonial armour for the Moscow artillerymen, which also served as a mark distinguishing the type of troops (in the literature these insignia are most often called *alamy*). The text of the document notes the numerical superiority of the purely decorative tin disks with painted figures of eagles with cannon in their jaws, and gilded copper disks with the same design. Erik Palmqvist, a Swedish diplomat and military agent, saw similar disks on the Moscow artillerymen in 1674. The 1664 inventory includes only one iron pair of *alamy* with lions' heads

with cannon in their jaws. Clearly, given their rarity, and also because of the highly protective nature of these *alamy*, we can infer that they were made significantly earlier than 1664.

The use of the lion theme in Russian artillery symbols is also attested by other documents. At the Moscow Cannon Court (the state casting factory which had existed from the end of the 15th century) in the 1710s there were still copper castings of lions' heads with rings and 'lion people' forged of copper (Historical Archive VIMAIV and VS fond 2, opis' 1, no. 7, ff. 177). A 17th-century warrant (*prapor*) preserved in the Armoury Chamber also has emblems of lions with cannon in their mouths (*Opis'* ch. 4, kn. 3 no. 4197).

In the 1686 *Inventory* the gunners' insignia are not included; perhaps they were in the Cannon Court at that time. The first Armoury Chamber museum inventory of 1808 includes the insignia on display at an exhibition as 'newly discovered'. It is probable that they came to the Museum after the Cannon Court was dismantled in 1802.

49 | ARTILLERY LINSTOCK
RUSSIA, MOSCOW, 17TH CENTURY

Iron, wood
Forging, carving
Overall length 2,220 mm
OR - 76 (*Opis'* ch. 5, kn. 4 no. 8417)

Both the construction and the decoration of this linstock are extremely interesting. The head has five match clamps instead of the usual one or two. The clamps themselves are fastened in the beaks of five flat cut-out halves of eagles. Added to its neighbour each one makes the Russian coat of arms – the two-headed eagle. In the 1687 *Inventory* this linstock is included in the list of *protazany*, which emphasizes its parade, ceremonial character.

In describing one of the Tsar's ceremonial excursions, Adolf Lizek, secretary to Emperor Leopold's 1675 embassy to Tsar Alexei Mikhailovich, referred to such a linstock in the hands of a gunner with the parade cannon.

50 | BARREL OF ³/₄ POUND PARADE CANNON

RUSSIA, MOSCOW, 17TH CENTURY

Iron
Forging, carving
Overall length 1,225 mm, calibre 37 mm
ART - 783 (*Opis'* ch. 5, kn. 4 no. 8416)

The tradition of exhibiting cannon on the main squares of Moscow, either trophies or Russian ones outstanding because of their beautiful workmanship or large dimensons, is known from at least the 16th century. In the second half of that century huge Russian cannon lay on specially constructed daises on Red Square in front of the Kremlin. Among them was the 40-ton Tsar-cannon cast by Master Andrei Chokhov in 1586. Inside the Kremlin, around the Belfry of Ivan the Great, guns seized by Ivan the Terrible's troops from fortresses in Lifland were exhibited. In the 17th century the Moscow artillerymen and their cannon participated in ceremonial greetings of foreign ambassadors and celebrations in the tsars' palace. Parade artillery batteries were established at the entrance to Moscow and within the Kremlin. In 1673 several specially selected forged iron cannon were gilded and silvered under the direction of Grigorii Vyatkin (see Cat. nos. 1 and 26). In the 18th century twelve such

guns were transferred from Moscow first to the Troitse-Sergiev Monastery and then to the St Petersburg Dostopamyatnyi hall, on the basis of which deposit an artillery museum was established there in 1868.

The cannon on display at the exhibition was included in the Armoury Chamber *Inventory* of 1835 (Kremlin Museum, Department of manuscripts, printed and graphic fonds, fond 1, opis' 1, delo 5 no. 6120). It is most likely that it came to the Museum from the Artillery Department around 1810. In its construction and decoration it is very close to a series of parade ordnance in the Artillery Museum (*Catalogue of the material section of the nation's artillery* nos. 301, 302, 307). The noteworthy unusual decorative elements are: the applied fretted plates imitating forged ornament on bronze barrels, and two apertures through the cascabel, encountered in 17th-century breech-loading guns, but in the present case serving purely decorative purposes.

51 | Dish with stand (*Rassol'nik*)

England, London, 1663

By Master TN

Hallmarks: city, assay, year (Jackson, 1989: 52), name

Silver

Embossing, gilding

Height 90 mm; diameter 425 mm

Weight 1,931.1 g

M3 - 646 (*Opis'* ch. 2, kn. 2 no. 1284)

The smooth bottom of the dish which stands on a short, squat base is framed by a band of high-relief decoration. A dog, a wild boar, a lion and a deer are depicted among poppy and tulip flowers. The originality of the English silversmiths' treatment of the floral ornament consists in their including images of animals as an integral part of the foliage.

On the underside of the base an inscription has been engraved denoting in letters its state number, weight and the source from which it came into the tsars' treasury.

In England such objects were used as an early type of tray and were intended for fruit. Often they were made in a pair with two-handled cups (porringers). In Russia such vases were used for various pickled items such as berries and fruits, and hence they were called *rassol'nik* vases (*rassol'nik* being soup containing pickled cucumber).

This dish formed part of a presentation to Tsar Alexei Mikhailovich brought by the first embassy after the English civil war. The embassy was headed by Charles Howard, Earl of Carlisle. Information about this is preserved not only in the inscription engraved on the dish itself : 'The English King sent it to the Sovereign as a gift in 172 (1664)', but also in the 1676 inventory of the tsar's treasure in the Treasury Palace and in the 1663–4 *Ambassadors' book* (Goldberg 1954: 491 (the mark is described inaccurately)).

52 | FLAGON (*STOPA*)
ENGLAND, LONDON, ABOUT 1610

By Master RP
Silver
Embossing, casting, gilding
Height 420 mm
Weight 2,258 g
M3 - 662 (*Opis'* ch. 3, kn. 2 no. 1684)

The collection of English tankards includes nine items and contains very interesting examples dating from 1585 to 1663 (Goldberg 1954: figs 47–51). They are all of the Hanse type: long-proportioned cylindrical tankards were popular in the maritime towns of the Baltic region linked to the Hanseatic League. In Russia, regardless of their proportions, vessels of this shape were called *stopy*.

The long cylindrical body of this *stopa* with its smooth triangular spout, S-shaped handle and opening lid, is decorated all over with a lightly embossed English national design of dogrose flowers and leaves on twisting stems reminiscent of contemporary embroidery (Goldberg 1954: 496, fig. 48). The presence of a spout on the flagon shows that unlike the other tankards its use was not for drinking but for pouring.

On the underside of the base letters have been engraved denoting its weight and that it belongs to the tsar's treasury.

53 | PITCHER (*VORONOK*)

ENGLAND, LONDON, 1606~7

By Master TS
Silver
Embossing, casting, gilding, engraving
Height 385 mm
Weight 1,979.1 g
M3 - 701

The high-profiled base, pear-shaped body with opening lid and S-shaped handle are embossed in shallow relief with smooth foliage shoots forming circles and rhomboids, ending in bunches of grapes, daisies and Tudor roses (Siselina 1991: 130, 160, no. 100). The ornament includes an engraved monogram of King James I (1603–25). In Russia vessels like this were called *voronki*.

The pitcher displays a harmony of form and decoration, and the exceptionally careful execution characteristic of English renaissance silverware. The national distinctiveness of the pitcher is expressed fully in the 'carpet' principle of decoration: the whole surface is covered with foliage shoots forming geometrical figures, flowers and grapes.

On the underside of the base an inscription has been engraved denoting in letters that it belongs to the treasury and its weight.

Goldberg suggested that the *voronok* had been presented as a gift to Tsar Mikhail Fyodorovich from James I in 1615 during the embassy of John Merrick, then had been handed over to the Patriarch's Treasury as a gift from a tsar to one of the patriarchs (Goldberg 1954: 471, fig. 10 (the inscription is recorded incorrectly)), but in 1920 it returned to the Museum.

54 | GOBLET

ENGLAND, LONDON, 1613~14

By Master TS
Hallmarks: city, assay, year (Jackson 1989: 51), master
 (Jackson 1989: 107)
Silver
Embossing, casting, gilding
Height 510 mm
Weight 2,033.2 g
M3 - 619 (*Opis'* ch. 2, kn. 1 no. 1122)

The goblet belongs to a number of vessels widespread in the early Stuart period with a characteristic egg shape and decoration distributed equally over the whole surface.

The body of the goblet is embossed with bluebell flowers, shoots of foliage in a fence and round pumpkins among acanthus leaves. The stem is designed like a vase with grotesque handles. The pillar-shaped base is Ionic and decorated with acanthus leaves and shells.

On the smooth lower part of the base are engraved Russian letters denoting the weight and the mark of the 17th-century tsars' treasury.

As Goldberg (1954: 482) established the goblet was presented as a gift to Tsar Mikhail Fyodorovich from James I in 1620 during the embassy of John Merrick.

55 | FLASK (*SULEYA*)
ENGLAND, LONDON, 1619~20

By Master IS
Hallmarks: city, assay, year (Jackson 1989: 51), master's name
  (Jackson 1989: 111)
Silver
Embossing, casting, gilding
Height 485 mm
Weight 2,785.3 g
M3 - 655 (*Opis'* ch. 2, kn. 2 no. 1535)

This flask is one of six similar examples in the Armoury Chamber's collection, dated 1580–1663 (Goldberg 1954: figs 50–52). With the exception of the latest 1663 specimen, they all make up the only known group of vessels with this rare conical shape with a long neck on a high base with richly ornamented surfaces.

On the body of the flask depictions of sea beasts are embossed in shallow relief in oval strapwork cartouches, with clusters of fruit and large acanthus leaves. Lions' head masks with rings are attached to the sides linked by a chain which garlands the flask and is also fastened to the lid by two grotesque scrolls (Siselina, 1991: 127–8, 170–3, no. 104).

On the underside of the base an inscription has been engraved denoting in letters that it belongs to the tsars' treasury in the Treasury Hall and giving the flask's weight.

Thanks to the peculiarities of their shape, these flasks were imitated in later vessels, and right up to the 19th century they were used as diplomatic and memorial gifts. In Russia vessels of this shape were called *sulei*. Filimonov (1893: 25, no. 87) has proposed that this flask or *suleya* was presented as a gift to Tsar Mikhail Fyodorovich from King James I in 1620 during the embassy of John Merrick, with another identical to it. Goldberg (1954: 501, fig. 55) has succeeded in confirming this proposition; Charles Oman (1961: fig. 23) shared this opinion.

56 | PAIR OF BELT PISTOLS
ENGLAND, LONDON 1600s

Steel, wood, mother-of-pearl
Carving, gold inlay, gilding, engraving, inlay, forging
Overall length 712 mm, length of barrel 478 mm, calibre 13 mm
OR - 2800, 2802 (*Opis'* ch. 5, kn. 4 nos 8243–4)

Undoubtedly this pair of belt pistols is among the most exquisite of the products of the early English gunmaker's art to have survived.

The tradition which has grown up connects these pistols with the arrival of the English ambassador Sir Thomas Smith and the gifts which he brought for Tsar Boris Godunov and his son the Tsarevich Fyodor (Sobolev and Ermolaev 1954: 425–6).

In 1603 a change of royal dynasty occurred in England. With the death of Elizabeth I (1558–1603) and the accession of James I (1603–25) the house of Tudor was replaced by the house of Stuart. Sir Thomas Smith, governor of the East India Company, was sent to Russia to announce the accession of the new king. He headed the great British embassy to Moscow of 1604–5.

The 1604 documents in the Ambassadors' Office provide a detailed description of the arrival of the ambassador and the gifts which he brought to the Russian sovereign from himself and his monarch. Sir Thomas Smith presented the Tsarevich Fyodor Borisovich with 'two short *samopal* guns'. Despite the fact that the term 'pistol' was known in Russia in the 16th century, in the early 17th century this type of hand-held firearm with a lock mechanism to ignite the charge was called 'a short *samopal* (selfshooter)'. However, since the document contains not the slightest description of the guns, we cannot identify the reference to the items on display. The high level of craftsmanship and the artistic beauty only permit us to suggest that they were intended as a gift to a person of tsar's rank.

The dating of the pistols is based on the construction methods and elements of the decoration, which are characteristic of English firearms of the late 16th and early decades of the 17th century.

The finish of the pistols is remarkable. The barrels which are pentagonal at the breech end have the bell muzzles characteristic of English firearms. Their surface is decorated with gold relief foliage ornament depicting beasts and hunting scenes against a dark background, which gives the whole composition a sense of depth. On the upper facets of the barrel the ornament is constructed in candelabra, with grotesque Mannerist figures, canopies, vases, etc. At the breech end of the barrel there is a raised band with a sight notch, which is also a characteristic of English guns of the period.

The pistols are fitted with Anglo–Dutch-type snaphaunce locks. The surfaces of the lock fences are decorated with fine arabesque designs, inlaid in gold. The safety mechanisms are mounted on the surface opposite the lock. The belt hooks are also mounted here.

The butts are of red wood, ending in 'apple' pommels, which are rather extended in form with decorative concave facets. The surfaces of the butt are inlaid with engraved mother-of-pearl plates in the shape of birds, butterflies, serpentine beasts, snails, stylized leaves and flowers. The background here consists of elegant leaflets on delicate stems like a *millefleur* trellis, executed in flattened silver wire. Images of birds, insects, fantastic monsters and sea beasts were a characteristic of the Mannerist decorative arts in northern European countries in the 16th and 17th centuries. The contours of the butts are inlaid with straight strips of mother-of-pearl, which are engraved with basketwork ornament. The pistol furniture is iron. The barrel bands are decorated with gold engraving, and the belt hook and rectangular ramrod pipes are chiselled and gilded in keeping with the barrel.

The stock of a sporting crossbow from the Royal Armouries has analogous decoration (IX. 295).

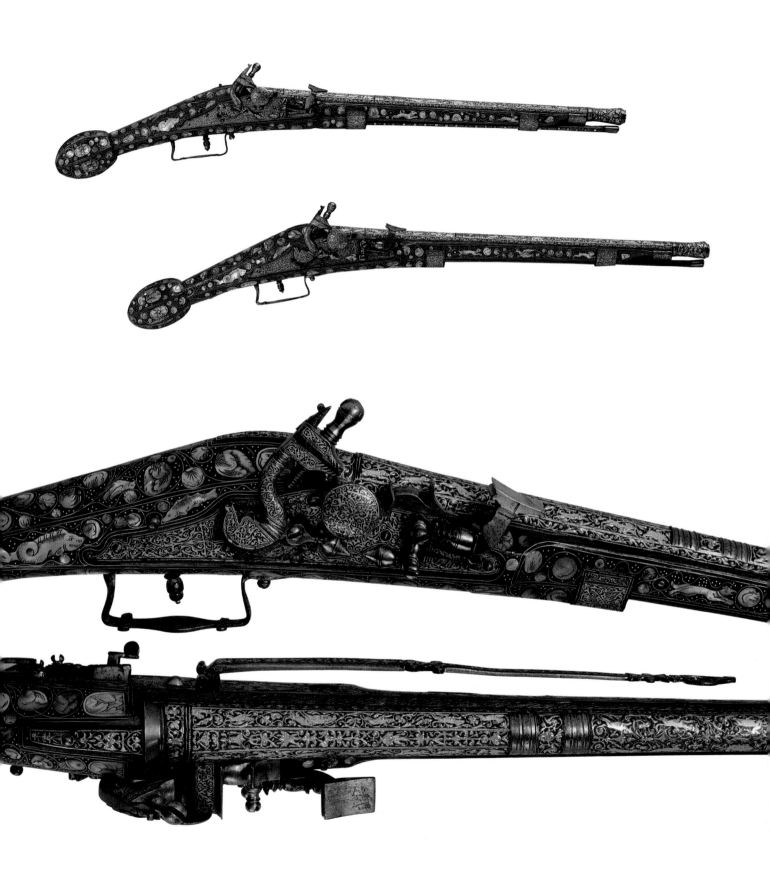

57 | PARADE MUSKET
HOLLAND, 1620s

Mark: underneath barrel, thrice repeated flower on a stalk,
  on the lock a T beneath a crown
Steel, wood, mother-of-pearl
Engraving, inlay, silvering, gilding, forging, carving
Overall length 1,617 mm; length of barrel 1,244 mm;
  calibre 19 mm
OR - 272 (*Opis'* ch. 5, kn. 4 no. 6783)

Muskets – heavy, large-calibre long guns – were the main infantry arms of many European states including Russia. Generally early muskets were fitted with matchlocks, and more rarely wheellocks or flintlocks.

The parade musket on display in the exhibition is furnished with an interesting and rare form of Anglo–Dutch flintlock. The cock is S-shaped. Its lower end is cut into the shape of a dolphin's head. The steel is right-angled in shape and joined to the pan cover. However, the pan has a separate swivelling cover attached to the pan, as in matchlock muskets. An external safety device is mounted on the lock plate. The lock plate and the lock are decorated with chiselling, and retain traces of gilding and silvering.

The beech stock is inlaid with figured mother-of-pearl plaques, and the butt plate is covered with a sheet of elephant ivory.

There is every reason to believe that the musket was presented to Tsar Mikhail Fyodorovich on the occasion of his wedding in January 1625 by an English trading agent, Fabian Ulyanov Smith, governor of the Muscovy Company in London. The Treasury Office's *Receipt book* for 1625 records two *samopal* (selfshooter) guns among the gifts presented by Smith. They were valued at 16 roubles and came to the Armoury Chamber from the Treasury Hall where the valuables of the tsars' treasury were housed.

A rather long patriotic inscription, connected with the stormy events of the 16th century Dutch revolution, is incised into the barrel of this musket: NOCH WAERT BETER TE STRIDEN MET ORANIE INT VELT DAN GEBRACHT MET LIST ONDER HET SPAEN GHEWE[LT] (Better to fight in the field with (the Prince of) Orange than to fall under Spanish rule). This is the only musket with an inscription on its barrel. It is noteworthy that the presence of the inscription and the link with Fabian Ulyanov are noted in the 1687 *Inventory*, in which the musket is recorded among the first class, that is the best, arquebuses and described thus: 'German musket arquebus, on the barrel Latin words inscribed, back sight copper, stock beech, engraved on it are shells, a carved English castle, the tray was silver, Fabian's... valued at 50 roubles'.

58 | PARADE MUSKET
HOLLAND, 1620s

Mark: under the barrel – five-petalled flower on stalk,
   stamped three times
Steel, wood, ivory, mother-of-pearl
Carving, engraving, inlaying
Overall length 1,770 mm; length of barrel 1,392 mm;
   calibre 20 mm
OR - 273 (*Opis'* ch. 5, kn. 4 no. 6784)

The barrel of this musket is of octagonal section. At the breech end of the barrel a back sight in the shape of a slit shield has been fitted. The surface of the massive Anglo–Dutch flintlock is decorated with engraved ornament. The steel is rectangular in shape and joined to the pan cover, which also has a separate hinged cover. The beech stock and fore-end, the whole length of the barrel and the short, flat musket butt are inlaid with tiny scrolls and small circles of ivory, which form the background for larger mother-of-pearl plaques, decorated with engraving.

It is possible that this musket was presented by the English trading agent Fabian Smith at the same time as the musket with a patriotic inscription (cat. no. 57).

59 | BELT PISTOL

ENGLAND, LONDON, 1640s

By Warner Pin

Steel, wood, silver, ebony

Forging, carving, inlay, engraving

Overall length 381 mm; length of barrel 225 mm; calibre 12 mm

OR - 3483 (*Opis'* ch. 5, kn. 4 no. 8260)

The pistol barrel is of pentagonal section on top and circular underneath. The fore-end bells out a little by the thickening of the walls at the muzzle. At the breech end of the barrel there is a raised section with a back-sight slit. The lock is of the English type. The lock jaws are engraved with the parallel vertical lines characteristic of 17th-century English locks. The ebony butt is inlaid with pierced figured silver panels. At the ends of the scrolls the heads of fantastic birds are engraved. A chevron ornament is carved at the rear of the barrel.

Until 1883 the Armoury Chamber held a pair of these pistols, but in that year 'on the proposal of the Ministry of the Imperial Palace one of them was transferred to the Museum of the Imperial Tula Arms Factory'.

The remaining pistol is of great interest. It is the only English pistol in the Kremlin which in the shape of the barrel and butt, lock construction, general proportions and type of decoration date from the 1640s. The initials WP in a shield under a crown are stamped on the breech (Blackmore, 1986: 59). According to Blackmore this mark could have belonged to Warner Pin. Born in Germany, Pin settled in London and began to work as a master locksmith and inlayer. In 1625 he was making matchlock muskets and flintlock carbines for the Office of the Ordnance. In 1640 Pin was elected an Assistant of the Worshipful Company of Gunmakers, and in 1641 he was granted the title of Gunstock Maker-in-Ordinary to Charles I (1625–49).

The Armoury Chamber collection also has a brass-barrelled hunting gun which has the same mark on it (*Opis'* ch. 5, kn. 4 no. 7476). The stock of this gun has a 'Scottish butt' and is decorated with inlaid brass plates. It is identical in character to the silver decoration of the pistol butt. If the mark mentioned above really belonged to Charles I's gunmaker, then we can assume that the gun and pistol were among the gifts for Alexei Mikhailovich brought to Moscow in 1664 by the embassy of King Charles II (1660–85) headed by Charles Howard, Earl of Carlisle. These guns were among the first gifts presented, and their significance as memorials was emphasized during the speech made by the ambassador during the presentation: the gun had belonged to Charles I, who was executed on 30 January 1649, and Charles II was himself armed with the pistols during his triumphal entry to London in May 1660.

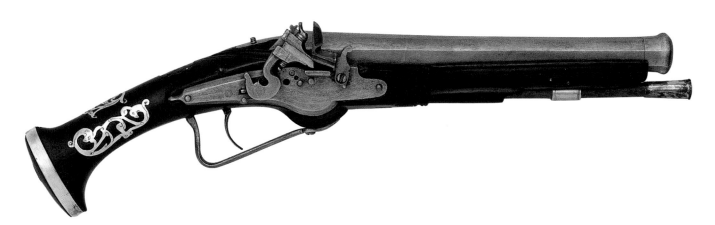

2 | THE ST PETERSBURG CABINET OF ARMS IN THE 18TH CENTURY

60 | PAIR OF PISTOLS

MOSCOW, ARMOURY CHAMBER WORKSHOPS, EARLY 18TH CENTURY

Iron, silver, ivory, mother-of-pearl, wood
Forging, engraving, embossing, black enamelling, carving, gilding
Overall length 680 mm, length of barrels 478 mm, calibre 12 mm
OR - 2861–2 (*Opis'* ch. 5, kn. 4 no. 8306)

Every detail of this fine pair of pistols is a real work of art. The whole length of the faceted barrels is engraved and gilt. The design includes foliage patterns, images of angels and human figures and the Russian two-headed eagle under a stylized crown with a cross. The French-type flintlocks are decorated with engraved foliage patterns. Stylized masks are included at the bottom of the lock plate. The smooth pan is engraved and gilt with depictions of a galloping horseman and a half-woman–half-bird with spread wings. The side plates are pierced iron; on them a foliage design marvellously intertwines with images of dogs and birds which form an organic part of it. The ramrod pipes and fore-ends are silver decorated with black enamel and gilt foliage patterns.

Particularly striking are the ebony butts with small oval mother-of-pearl plaques near the fore-end, elegant carved chimeras near the lock and impressive ivory pommels. The pommels are cut from single pieces of elephant ivory in the shape of a man's and a woman's head with laurel wreaths. It is traditionally held that these are portraits of Tsar Peter I and his consort Catherine.

Unfortunately we still do not know where, when and by whom these pistols were made. The type of decoration of the barrels and locks and the use of traditional Russian methods for decorating the silver details on the furniture (black foliage designs are often used by the Moscow masters in gun decoration) point to the Cabinet of Arms in the late 17th and early 18th century. A certain conventionality and naivety is evident in the heads carved on the knobs. Their carver was clearly not a professional artist. In this connection, it is interesting to note that Tsar Peter I liked lathe work and ivory carving. His possessions are now preserved in several Russian museums.

61 | OFFICER'S SWORD
RUSSIA, OLONETS, 1711

Steel, iron, copper
Forging, chiselling, chasing, engraving
Overall length 1,280 mm
OR - 1021 (*Opis'* ch. 4, kn. 3 no. 5759)

This sword is an example of the new standardized arms which began to be used for supplying the Russian army during Peter I's reforms in the course of the Northern war with Sweden. Its blade is straight, double-edged, with deep, narrow fullers along its whole length. On the upper fuller is the engraved inscription OLONETS 1711 and a miniature mark in the shape of two serpents. On the reverse side of the blade the word VIVAT is engraved three times. The grip is of wood, covered with thick braided copper wire. The steel guard consists of a knucklebow, straight quillons and a shell guard. The only element of decoration on the hilt is a thin gold ornamented strip inlaid around the perimeter of the guard and continued on the top of the hilt. Judging by the large dimensions of the blade, this is a cavalry weapon. The powerful, heavy blade could be used with equal effect both for thrusting and cutting. The heavy Swedish sword (Drabant's sword model 1701) supplied for Charles XII's personal bodyguard, the Drabants, was used as the basis for its design (Nordström 1984: nos. 64–66). The Russian type of sword differs from the Swedish first by the material used for the hilt – steel instead of brass – and second by the construction of the blade – narrower and with a fuller along the centre.

The sword was manufactured in 1711 at the Olonets Arms Factory, which had been founded by order of Tsar Peter I in 1702–3. Blades forged at the Olonets Arms Factory had the special inscription 'Olonets' engraved in Cyrillic or roman letters, and the production date. Edged weapons were produced at Olonets only during the 1710s.

The sword's owner is not known. Until 1737 it was housed in the Empress Anna Ivanovna's collection, where it was included with weapons originating in the *Kamer-tsalmeister*'s bureau. The sword was acquired by the Armoury Chamber in 1810 together with the collections of the Imperial Cabinet of Arms.

62 | DRAGOON'S BROADSWORD
RUSSIA, OLONETS, 1710

Steel, wood
Forging, chiselling, engraving
Overall length 910 mm
OR - 4149 (Opis' ch. 4, kn. 3, no. 5720)

Regiments of dragoons appeared among Russia's armed forces as early as the first half of the 17th century. They belonged to the so-called 'troops of foreign formation,' that is, they were armed and trained according to the example of similar regiments in western European states. During the Northern War the dragoons constituted Russia's main cavalry. Dragoon regiments played a significant role in the victories of the Russian army over the troops of the Swedish king Charles XII at Lesnoi in 1708 and at Poltava in 1709, foreshadowing the outcome of the war which was favourable to Russia.

The broadsword on display in the exhibition was the main weapon of the Russian dragoons. Its blade is straight and single-edged with a broad fuller. The point is rounded, attesting to the fact that this broadsword's principal use was for cutting. On the outer part of the blade an image of two hands coming towards each other from clouds is engraved, accompanied by the inscription TRUST BUT MISTRUST ALSO and the date 1710. On the other side are engravings of images of two hands with swords coming towards each other from clouds, intertwined with myrtle branches, with the inscription I AM FOR WAR AND PEACE, and also an indication of where the blade was made, OLONETS. The origin of this engraved symbolism was the book *Selecta Emblemata et Symbola*, published in 1705 in Amsterdam, Holland, for Russia on the order of Peter I. The emblems and symbols in it were taken from two books by the French publisher Daniel de la Feuille, *Devises et emblèmes anciennes et modernes, tirées des plus célèbres auteurs…* (Amsterdam, 1691) and *Devises et emblèmes d'amour* (Amsterdam, 1696). The first Russian edition came out in St Petersburg in 1721. It should be pointed out that the engravings in this book were actively employed in Russian heraldry in the early 18th century in the development of town coats of arms and regimental insignia (Soboleva 1981: 179).

The sword hilt combines both eastern and western European elements in its construction. The grip is made of birch, carved and thicker towards the top. The back of the grip is steel, which is smoothly rounded to form a flattened pommel. The guard consists of a crossguard, a knucklebow and a guard plate to protect the outer part of the hand. A ring for the index finger has been welded to the left side of the crossguard. Various designs of broadsword similar to this were widespread in the territories of Poland, Hungary, Germany and Sweden in the second half of the 17th and early 18th centuries.

Unfortunately, the name of the owner is unknown. The type of decoration on the blade, and also the use of the noble Karelian birch to make the grip give grounds for the assumption that it was not simply a dragoon trooper. Until 1737 the broadsword was housed in the Empress Anna Ivanovna's collection, where it was included with weapons originating in the *Kamer-tsalmeister*'s bureau. The sword was acquired by the Armoury Chamber in 1810 together with the collections of the Imperial Cabinet of Arms.

63 | MUSKETOON

RUSSIA, EARLY 18TH CENTURY

By Konstantin Avvakumov

Iron, wood

Forging, engraving, carving

Overall length 1,255 mm, length of barrel 835 mm,
  calibre 26.5 mm

OR - 626 (*Opis'* ch. 4, kn. 5 no. 7035)

In the early 18th century musketoons were among a group of unofficial (*neshtatnyi*) military weapons in use by the Russian army. It differed from the official issue flintlock in having a shorter barrel, a bigger calibre and a conical powder chamber. Musketoons were used for arming individual infantry detachments, and also as officers' firearms (Makovskaya 1992: 58–9). They were produced in state factories located in Moscow, Tula, Olonets and Lipetsk. Until 1715 they had particular patterns, which were then superseded by special templates and designs defined in the Tsar's edict (*ukaz)* of 24 May 1715.

The musketoon on display in the exhibition was manufactured in Moscow, possibly in the old Arms Office. In the centre of its smooth barrel is the engraved inscription MOSKOVIA. The iron lock is of French type with light engraving on the lock plate and on the lower cut the inscription KONSTENTN *(sic)* AVVAKUMOV.

Konstantin Avvakumov is recorded as an arms master in documents of 1671 (Zheleznov 1907: 1), and from the beginning of the 18th century to 1711 he was inspector of arms in the Armoury Chamber.

In all probability this musketoon was an officer's weapon, as the presence of engraved decoration on the barrel and lock and the beautifully designed walnut stock with its carved decoration would seem to indicate.

The musketoon is first recorded in an inventory of the Empress Anna Ivanovna's weapons compiled in 1737 as having come from the *Kamer-tsalmeister*'s bureau. It was acquired by the Armoury Chamber in 1810 together with the collections of the Imperial Cabinet of Arms.

64 | CARBINE (*SHTUTSER*)
RUSSIA, OLONETS, 1708

By Ivan Ivanov
Iron, copper, wood
Forging, carving, engraving
Overall length 1,050 mm, length of barrel 692 mm,
 calibre 15 mm, grooves – 8
OR - 2203 (*Opis'* ch. 4, kn. 5 no. 7697)

The *shtutser* – a short, rifled, large-calibre gun, was intended for sport shooting at targets and hunting large game. In the 18th century it was among the arms of the *chasseur* regiments of a series of European states. At the time of the 1700–21 Northern War there were no regiments of *chasseurs* in the Russian army, therefore *shtutsers*, just like musketoons, were only used as unofficial officers' firearms, and by a few infantry detachments (Makovskaya 1992: 71).

The barrel of the *shtutser* on display in the exhibition has the inscription OLONETS 1708 on the upper surface of the breech. The sight consists of a slit copper fore-sight and a divided back-sight. The lock is of the French type. On its smooth plate is engraved the name of the master IWAN IWANOW. The fact that the master's name is written in roman letters promotes the suggestion that it was not a Russian gunmaker, but a foreigner who made the lock. The furniture is iron, and bears simple decoration. The side plate is made in the form of a dragon. The stock is of birch root and has an attractive grain, which goes from the fore-end right along the barrel to the butt.

The *shtutser* was manufactured in the State Petrovskii works at Olonets. The factory was established in 1703 and specialized in the production of military weapons for the Russian army. A large group of masters invited from abroad and Swedish prisoners of war worked at it. The factory existed until 1724, when it was closed owing to the exhaustion of iron ore deposits in the vicinity.

The *shtutser* is first recorded in an inventory of the Empress Anna Ivanovna's weapons compiled in 1737 as having come from the *Kamer-tsalmeister*'s bureau. It was acquired by the Armoury Chamber in 1810 together with the collections of the Imperial Cabinet of Arms.

65 | FLINTLOCK MUSKET
RUSSIA, SESTRORETSK, 1725

Iron, steel, brass, wood
Forging, chasing, engraving, gilding
Overall length 1,510 mm, length of barrel 1,125 mm, calibre 16.7 mm
OR - 4955 (*Opis'* ch. 4, kn. 5 no. 7227)

This gun was made at the Sestroretsk Arms Works, founded in 1714 not far from St Petersburg where the Sestra river flows into the Gulf of Finland (hence the name). At first the factory produced anchors and weapons for the navy. In 1724 a personal edict (*ukaz*) of Peter I ordered the transfer of the masters from the State Petrovskii works at Olonets to the Sestroretsk works. From that time onwards the factory produced both service and parade weapons.

The gun on display in the exhibition is an early type of weapon made at the Sestroretsk works. At the breech end of the barrel is a monogram under an imperial crown, possibly of Peter I, executed in high-relief carving on a stippled gilt base. On the smooth upper facet of the barrel the inscription SUSTERBEEK 1725 is engraved. This is the Swedish name for Sestroretsk. Until 1769 the gun was in Emperor Peter III's arms collection, the Oranienbaum Cabinet of Arms. In 1810 it was transferred to the Armoury Chamber from the Imperial Cabinet of Arms.

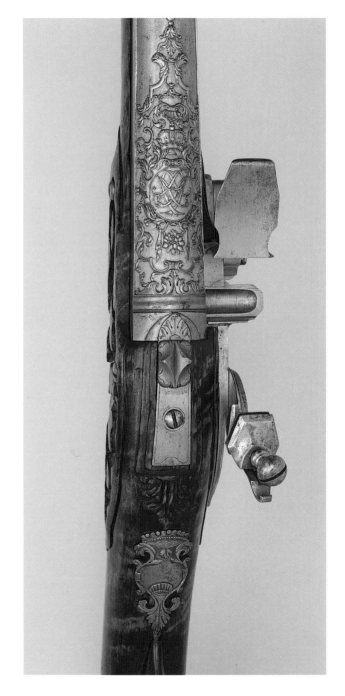

66 | HUNTING HANGER (*KORTIK OKHOTNICHII*)
RUSSIA, OLONETS, 1718

Steel
Forging, carving, gilding, engraving, embossing
Overall length 740 mm
OR - 4387 (*Opis'* ch. 4, kn. 3, no. 63221)

Hunting swords with short blades, found in many European countries under differing names (*jagdsabel* and *hirschfanger* in Germany, hunting hanger in England, and so on), were called *kortiki* in Russia. Such weapons were not used in Russia before the 18th century. Their appearance is associated with the changes brought about in Russian life during the period of Peter I's reforms. The old forms of organization of the tsar's hunt, which had existed in the 16th and 17th centuries, gave way to new ones adopted from the courts of European monarchs. Hunting weapons and equipment changed as well. The hunting *kortik* on display at the exhibition is the earliest of the surviving examples of this type of weapon made in Russia. In addition it is one of the first examples of 18th-century Russian parade weapons decorated in the new European manner.

The hanger's blade is steel, of flattened hexagonal section. The upper part of the blade, oval in section, is gilded and decorated on one side with an image of a sailing boat. On the other side a complex monogram consisting of the Cyrillic letters for A, D, and M under a prince's crown is executed in the same technique. Over the monogram there is the inscription OLONEZ with the date 1718 placed beneath it. The hilt and guard are of steel. The outer side is decorated with carved ornament consisting of twining stems, flowers and images of animals – deer and hounds. The background of the ornament is covered with thick gilding. The centrepiece of the decoration of the hilt is a monumental obelisk, crowned with an orb and cross. The base of the obelisk is framed with banners. On the shell guard there is the same monogram as the one on the hilt.

The combination of the monogram and the grand prince's crown suggests that it belonged to Prince Alexander Danilovich Menshikov (1672–1727). Prince of the Holy Roman Empire,

generalissimo, supreme privy councillor, reichsmarshal, president of the Military Collegium, Admiral of the Red Flag, governor of St Petersburg, member of the Royal Society (the patent being signed by Isaac Newton) – this is but a short resumée of the titles borne by this very close associate of Peter I, who participated in all the great Russian ruler's reforms. According to legend, Menshikov was born into a non-aristocratic family, and before he entered service with Tsar Peter I in 1691 he sold pies on the streets of Moscow. In 1702–3 he was granted the title of Prince of Izhor Land, on which territory is found the town of Olonets, whose first coat of arms was a ship under sail (Soboleva 1981: 186). A similar ship was included in Prince Menshikov's coat of arms. From 1704 Menshikov directed the Olonets State Petrovskii works where, according to the inscription on the blade, this *kortik* was made.

After the death of Peter I in 1725 Menshikov concentrated immense power in his hands. In 1726–7 the Prince was extremely close to the nephew of Peter I, the future Emperor Peter II, and married his daughter to him. However, as a result of palace intrigues he was arrested on 8 September 1727 and exiled to Siberia, to the town of Beryozov, where he died. How the hanger came to be in the Russian emperors' arms collection is not known. Perhaps it was confiscated together with the Prince's extremely valuable possessions after his arrest. It could also have been a gift to Emperor Peter I or Emperor Peter II.

According to the inventory of the Empress Anna Ivanovna's weapons, before 1737 the hanger was stored in the court *Kamer-tsalmeister's* bureau, which was in charge of the movable items from the imperial palaces in Moscow and St Petersburg. It was acquired by the Armoury Chamber in 1810 together with the collections of the Imperial Cabinet of Arms.

67 | STAFF OF THE KING OF SWEDEN, CHARLES XII
SWEDEN, EARLY 17TH CENTURY

Silver, copper
Engraving, embossing, carving
Overall length 440 mm
OR - 4795 (*Opis'* ch. 4, kn. 3 no. 5204)

It is not impossible that the staff on display in the exhibition is one of the main trophies of the Northern War seized by Peter I during the rout of the Swedish army in 1709 at the battle of Poltava. The Swedish king Charles XII (1697–1718) somehow managed to evade captivity. With a small detachment of his personal bodyguard, the Drabants, he fled to the Ottoman Empire. Up to 1849 the staff was in the collection of Peter I's Cabinet in the Kunstkamera in St Petersburg. It was sent to the Armoury Chamber in 1849 at the personal request of Emperor Nicholas I.

The staff now consists of a wooden body, cylindrical in shape, overlaid with plates of silver, with a handle and a round pommel. It is quite possible that originally there was no wooden body, and the staff consisted of a hollow silver cylinder with a screw-top handle. The upper part of the body has a silver overlay depicting the coat of arms of the King of Sweden Gustavus Adolphus (1594–1632). A monogram is engraved on the coat of arms, consisting of the letters G, A, R for Gustavus Adolphus Rex. On the staff is a small mark in the form of a figured shield. An analogous mark belonged to a famous Danish master who worked in Copenhagen in the early 17th century (Rosenberg 1925: 111, no. 5643). Thus although in Russian documents the staff is connected with the name of the Swedish King Charles XII its provenance is earlier. Perhaps it was an important military relic of the Swedish royal family, the Vasas.

68 | KEY

RIGA, 1710

By Johann Georg Eben
Gold
Forging, chiselling, black enamel
Length 220 mm
Weight 619.9 g
OR - 247

After the rout of Charles XII's armies at Poltava, Tsar Peter I and the Polish and Danish kings allied with him stepped up military activities on the territories of northern Germany, Poland, Estland and Lifland. In October 1709 Russian troops arrived at Riga, a rich trading city and Sweden's main stronghold in the Baltic. The siege and bombardment continued for eight months, and only on 4 July 1710 did the Swedish garrison capitulate. The commander of the Russian forces, General Fieldmarshal B P Sheremetev, fulfilled Peter I's order to spare the city: he did not allow his troops to enter it and left Riga all its previous rights and freedoms. During the triumphal entry to the city the grateful mayor presented him with two identical symbolic gold keys to Riga. One of these is on display in the exhibition.

Boris Petrovich Sheremetev (1652–1719) came from an ancient aristocratic family. A boyar since 1682, even before the beginning of Peter's reforms he gained fame as a skilled diplomat and talented military commander. During a trip to Europe in 1697–8 he was received by the Polish King August II, the Emperor Leopold I, Pope Innocent XII, and the head of the Maltese Order, who bestowed the cross of a Commander of the Order on him. At the beginning of the Northern War Sheremetev was promoted to the rank of General Fieldmarshal and gained a number of victories over Swedish troops in the Baltic region. During the Poltava campaign he was officially appointed Commander-in-Chief of the Russian army, though he continued to act as a unit commander. After the seizure of Riga he commanded troops in Ukraine and northern Germany.

The English ambassador Charles Whitworth described Sheremetev as the most polite and cultured man in Russia, noting his valour and his feeling of respect for him, and also the splendour of the Fieldmarshal's lifestyle (Whitworth 1758: 72–3).

The keys presented to Sheremetev were made in a very short time as a special gift to the Russian military commander. On each of them is an inscription in black enamel: RIGA DEVICTAE OBSEQUIUM A SUPREMO TOTIUS ROSSIAE CAMPI PRAEFECTO COM: BORIS SCHEREMETJOFF // EQUITE ORDIN : MALT : ST. APOSTOL ANDREAE ETC : A : SALUTIS MDCCX : DIE XIII / XXIV JULY.

The keys were transferred to the Armoury Chamber from the storeroom of the Moscow Jewellers' Association in 1926.

69 | Uniform *CAFTAN*, hat and gloves of Emperor Peter II

Russia, 1727~30

Cloth, velvet, gold galloon, copper, felt, coarse linen, kid
Needlework, braiding, moulding
Caftan length 1,020 mm; hat height of top 100 mm; gloves length 220 mm
TK - 1979, 2755, 224 (*Opis'* ch. 1, nos. 232, 258, 260)

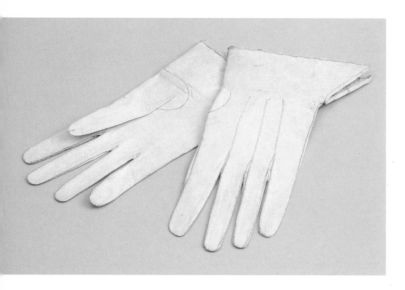

These garments came to the Armoury Chamber in 1766 as part of the wardrobe of the Emperor Peter II. This is the only set which has survived practically intact. It contains his coronation, parade, uniform, domestic and sleeping attire, and also his underwear and accessories.

The *caftan*, hat and gloves form part of the uniform of an officer of the Semyonovskii Life Guards Regiment. In 1720 all guards officers received identical green cloth *caftans* with turndown collars and skirts, embroidered along the edges of the hem, collars, cuffs and pocket flaps with officers' uniform galloon. Galloon covering the edges of uniform jackets was a distinguishing characteristic of the Semyonovskii Regiment's clothes.

Guards officers' uniform jackets were made of high-quality imported cloth, and the linings, judging by Peter II's coat, were made of green velvet. The uniform also included knee-length deerskin breeches, red stockings, leather shoes with long tongues, boots or jackboots. The black felt tricorn hat is also edged with uniform galloon, and the white kid gloves have hard, sharp angled cuffs.

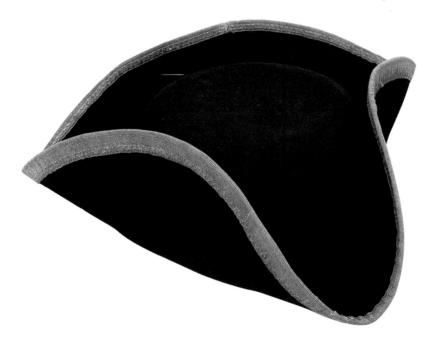

70 | SMALLSWORD AND SCABBARD
Russia, 1727~30

Steel, silver, wood, leather
Forging, carving, engraving, gilding, chasing, stippling
Overall length 943 mm
OR - 4031 (*Opis'* ch. 4, kn. 3 no. 5796)

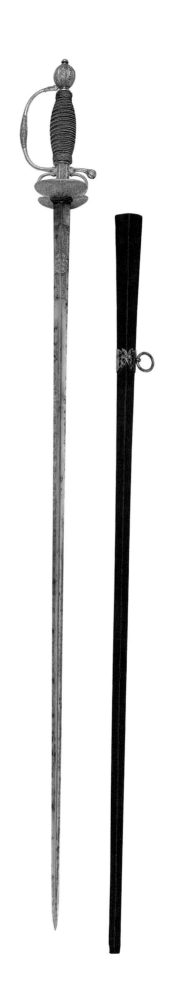

From the beginning of the 18th century a European smallsword with a narrow blade and an elegant hilt became an essential accessory to Russian court costume. The sword on display in the exhibition has a straight triangular-section hollow-ground blade. The upper part of the blade is decorated on both sides with engraved gold ornament consisting of twining stems which form circular cartouches containing the French inscription HONI SOIT QUI MAL Y PENSE, the motto of the English Order of the Garter. The grip of the sword is wood, covered with braided silver wire. The pommel had been lost, and was replaced by a new one during restoration in 1998. The guard is silver gilt, decorated with carved ornament. It consists of a knucklebow, a crossguard and two shell guards. On the inner side of the shell guard the ornament includes a stylized monogram of the letters P, S, and the Roman numeral II, which can be read as Peter II Ruler.

The sword belonged to the grandson of Tsar Peter I, Emperor Peter II. The presence of the imperial monogram indicates that it was made in Russia between 1727 and 1730. The son of Tsarevich Alexei Petrovich, executed by his father Peter I in 1718, Peter II was born on 12 October 1715. He became emperor at the age of 13 at the end of 1727, after the death of Catherine I. During his reign he spent the majority of his life from 1728 to 1730 in Moscow, where he died a sudden death from smallpox on 19 January 1730.

The sword was transferred to the Armoury Chamber from the palace Hofintendant's Bureau at the personal request of Empress Catherine II on 16 February 1766.

7I | FLINTLOCK SPORTING GUN
RUSSIA, TULA, 1728

Iron, steel, copper, horn, wood
Forging, engraving, etching, casting, inlay, carving, gilding
Overall length 1,560 mm, length of barrel 1,185 mm, calibre 16 mm
OR - 4891 (*Opis'* ch. 4, kn. 5 no. 7152)

The first settlement of state master armourers in Tula appeared in 1595 under Tsar Fyodor Ivanovich. In the 1630s the Dutchmen Marselis and Akemaja founded the first firearms manufactories in Russia. At the end of the 17th century over 200 state blacksmiths were working in Tula. The arms were taken to Moscow where the tsars' best armourers, like Nikita Davydov and Grigorii Vyatkin, inspected their quality. After rigorous testing good barrels and locks were placed in the state storehouse, and the poor ones were returned to Tula to be reworked. In 1712 the Tula Arms Factory was founded by order of Peter I. After the Moscow Armoury Chamber ceased production, the Tula Factory became the main centre of arms production in 18th-century Russia. After the conclusion of the Northern War in 1721 the Tula masters more and more frequently fulfilled orders from the imperial court and Russian aristocracy to construct and decorate hunting guns.

The gun on display in the exhibition is one of the earliest surviving examples of decorative Tula guns. The barrel is of Damascus steel covered with a precise wavy pattern. At the breech end of the barrel there are gilded images of two deer and birds, in round shields imitating proofmarks. Higher up in a figured mark there is a gilded depiction of the Russian imperial coat of arms – the two-headed eagle under the imperial crown. The coat of arms is placed in a small oval shield, supported on the sides by a unicorn and a crowned lion. Over the shield is a gilded image of the insignia of the Order of St Andrew the First Called under an imperial crown, surrounded by laurels. On the upper facet of the barrel against a gold background is the inscription 1728 TULA. The foresight fixed on the muzzle end of the barrel is silver. The breech tang is engraved with a mask, and the decorative bands dividing the sections of the barrel are silvered. The lock is of the French type, with a brass lock plate on which are engraved a huntsman with a bear spear and a hunting horn, a running dog and a mythical deer framed by stylized foliage ornament. The side plate has a united composition on it, in which there is an artilleryman putting the match to a cannon and a warrior with a curved sabre and shield in his hands, astride a horse with the head of a fantastic sea monster, killing a dragon. Classical figures adorn the gilt brass furniture. Especially interesting is the depiction of an antique bust, untraditionally placed in a circular shield on the breast of a two-headed eagle on the wrist of the butt.

In all probability this beautiful gun, which contains decoration of various styles and varied elements was made for Emperor Peter II. The 13-year-old boy was a hunter passionate beyond his years and spent most of his life in the chase with companies of his friends.

The gun was first mentioned in the inventory of Empress Anna Ivanovna's weapons prepared in 1737. It came to the Armoury Chamber from the Imperial Cabinet of Arms in 1810.

72 | HUNTING HANGER (*KORTIK OKHOTNICHII*)
RUSSIA, OLONETS, FIRST QUARTER 18TH CENTURY

Steel
Forging, gilding, engraving, carving
Overall length 700 mm
OR -3957 (*Opis'* ch. 4, kn. 3 no. 6224)

In its construction, materials and method of decoration this *kortik* is like the one belonging to Prince A D Menshikov (cat. no. 66). On the outside of its hexagonal blade it has a similar gilded impression of a ship under sail and the inscription OLONETS. However, on the reverse side instead of the Prince's monogram the coat of arms of the Russian Empire – the two-headed eagles under three crowns with a sceptre and orb – is engraved. On the breast of the eagle is a monogram consisting of the letters A and I. Their combination with the imperial coat of arms suggests that the *kortik* belonged to Empress Anna Ivanovna (1730–41). However, the Olonets factory ceased production in the late 1720s before the Empress's coronation. It is possible that the sword belonged to Prince A D Menshikov before his arrest and exile. Therefore it is not impossible that the *kortik* (or its blade) was made in the 1710s, and that the coat of arms and monogram were added later, in the early 1730s. It is noticeable that the engraving of the imperial coat of arms is of poorer quality than the engraving of the ship on the outside of the blade.

The *kortik* was first mentioned in the inventory of Empress Anna's weapons. According to this document it was kept in Moscow until 1735. It came to the Armoury Chamber from the Imperial Cabinet of Arms in 1810.

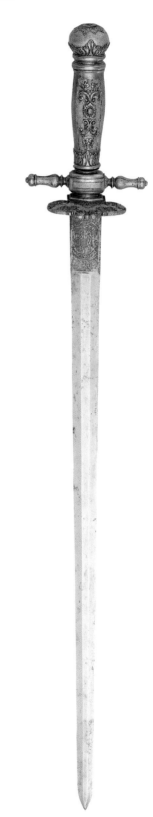

73 | HUNTING HANGER (*KORTÏK OKHOTNÏCHÏÏ*)

BLADE, GERMANY; HILT, RUSSIA, FIRST HALF OF 18TH CENTURY

Steel, silver
Forging, carving, gilding, engraving
Overall length 700 mm
OR - 4388 (*Opis'* ch. 4, kn. 3 no. 6233)

The blade is clearly of German origin. It is straight, single-edged, but sharpened at both sides at the point, with a saw-toothed back edge. The ricasso is covered in gilding and decorated with engraved ornament representing a wild boar and a deer. The grip and the guard, which consists of a knucklebow, quillons and shell guard, are silvered and decorated with deeply incised stylized foliage ornament and military trophies against a chased background. In the centre of the composition on the grip is an eagle with an imperial crown in its beak and a monogram in its talons. The monogram consists of the combined roman letters A, I and C for Anna Ivanovna Cesarina. On the shell guard, framed with trophies of war, is the Russian coat of arms – the two-headed eagle under three crowns with a sceptre and orb in its talons. On the eagle's breast is the ancient coat of arms of Moscow.

The hanger belonged to the Empress Anna. Formerly the work was attributed to the Tula masters (*Opis'* ch. 4, kn. 3 no. 6233; Shedevry tul'skikh oruzheinikov 1981: 14). However, in all probability it was made in Moscow in 1730–2 during the time when the Empress resided there. In 1735 it was transferred to St Petersburg with her other hunting weapons, and from 1737 was housed in the *Ober-egermeister*'s chancellery.

The *kortik* came to the Armoury Chamber collection from the Imperial Cabinet of Arms in 1810.

74 | FLINTLOCK SPORTING GUN
RUSSIA, SESTRORETSK ARMS FACTORY, 1735

Iron, steel, silver, wood
Forging, engraving, gilding, burnishing, carving
Overall length 1,554 mm, length of barrel 1,155 mm, calibre 15.8 mm
OR - 4956 (*Opis'* ch. 4, kn. 5 no. 7955)

This gun is a beautiful example of the decorated Russian hunting guns produced at the Sestroretsk arms factory in the 1730s to the order of the imperial court at St Petersburg. The barrel is bright steel with an engraved silver fore-sight. The breech is decorated with a carved, gilded representation of the coat of arms of the Russian Empire – the two-headed eagle under crowns. On the eagle's breast in a shield is a monogram consisting of a combined A and I. Under the eagle is a gilded coat of arms of St Petersburg – two crossed ships' anchors – and the date 1735. Above the eagle there is an inscription in Russian on a gold chased background: HER IMPERIAL HIGHNESS GRACIOUSLY CONSENTED TO DO WORK ON THIS MUSKET WITH HER OWN HANDS AT THE SESTRORETSK WORKS, and below on a ribbon FEBRUARY THE 24TH DAY. The lock is of the French type. The gilded lock plate is decorated with ornament carved in relief and a representation of Neptune. The stock is of fine walnut. The furniture is cast silver decorated with engraving.

The gun was finished on 24 February 1735 to commemorate one of the Russian Empress Anna's visits to the factory. According to the documents this was her first visit to Sestroretsk. She spent two days at the works and, as the inscription witnesses, personally participated in the process of manufacturing this gun. It is the only item of similar type in the present day Armoury Chamber collection, though there is no doubt that the 'work' done by the Empress was purely symbolic.

A niece of Peter I, Empress Anna Ivanovna, who reigned for a decade, was a passionate huntswoman and a fine shot. It was during her reign that the court *Ober-egermeister*'s chancellery was established, as well as the imperial gun collection (the St Petersburg Cabinet of Arms), from which the gun passed to the Armoury Chamber collection in 1810.

75 | PAIR OF FLINTLOCK PISTOLS
RUSSIA, ST PETERSBURG, 1733~7

By Johann Illing

Iron, steel, copper, wood

Forging, engraving, carving, casting, embossing, gilding

Overall length 515 mm, length of barrels 330 mm, calibre 14.6 mm

OR - 4949–50 (*Opis'* ch. 4, kn. 5, no. 8116)

This pair of pistols is noteworthy because of the high quality of workmanship in every detail. The breech ends of the barrels have chased, stylized ornamentation under a *baldachino* with bunches of grapes. Above is a figured heraldic shield displaying hands with a sceptre issuing from a cloud. The emblem is taken from the publication *Symbols and emblems*, popular in Russia in the first half of the 18th century; its motto is 'Foresee and provide with this'. Above the shield is a large imperial crown supported on both sides by cupids. One cupid is holding an orb, the other a sceptre. Flat strips along the whole length of the round barrels contain the inscription I. C. ILLING. The lock is of the French type. The lock plate contains images of a horseman armed with a sword in front of a military camp and a cupid amid military equipment. The pistol furniture is of carved, gilded bronze. Particular attention should be paid to the massive bronze pommels on the pistol butts. On both sides they include representations of the Russian coat of arms, and in the centre in prominent medallions the monogram of the Empress Anna under the imperial crown.

According to the inscriptions on both pistols they were made by Johann Christopher Illing. A Swede by nationality, he came from a family of armourers. His father, Christopher Illing, was still working in Stockholm in 1724 (Heer 1978: 571). Johann Christopher Illing entered Russian service in 1731 on a four-year contract. His responsibilities included 'The repair of all the guns in the Imperial Armoury Chamber and always keeping them in good order' (RGADA fond 1239, no. 35206). The reference here was not to the old Armoury Chamber, but to a collection of new guns which were used in the organization of imperial hunts in Moscow between 1728 and 1732. In 1735 these weapons were transferred to St Petersburg and were housed in the former home of the Tsarevich Alexei Petrovich. Illing's contract was extended, and he remained the chief court armourer until his death on 7 April 1737. After his death the first inventory of the imperial arms collection was compiled.

The present day collection in the Armoury Chamber contains 33 rifles and pistols made by Johann Christopher Illing. They came to Moscow in 1810 from the Imperial Cabinet of Arms.

76 | FLINTLOCK SPORTING GUN
FRANCE, PARIS, 1720~40

By le Hollandois (Adrien Reynier II)
Silver, diamonds, steel, wood
Carving, casting, embossing, gold damascening, burnishing, gilding
Overall length 1,442 mm, length of barrel 1,035 mm,
  calibre 16 mm
OR - 406 (*Opis'* ch. 5, kn. 4 no. 7471)

On the lock plate of this gun there is an inscription 'le hollandois à Paris aux galleries', and the gold monogram LH is engraved on the burnished barrel above an image of trophies of war. This is how the celebrated French gunmaker Adrien Reynier signed his work. In 1723 he received the title of Armourer to the King, and in 1724 was accorded the greatest distinction for French artists: to have an apartment in the Galleries du Louvre. The son of a famous gunmaker, just like his father he signed himself 'le Hollandois,' thus signifying his Dutch ancestry. The work of this celebrated early 18th-century French gunmaker is represented in the Armoury Chamber collection by 12 hunting guns, one of them double-barrelled, and a pair of pistols. There is documentary evidence that hunting guns were bought in Paris for the Empress Anna Ivanovna (Kutepov 1902: 52). Four Adrien Reynier guns in the Armoury Chamber have the Empress's monogram on them. Unfortunately, the silver monogrammed shield has been lost from the gun on display.

Light, with an elegantly shaped butt, the gun has a French type of flintlock, with silver furniture decorated with engraved ornament and depictions of hunting trophies. We can assume that the decoration was supplemented by precious stones at the court diamond shop in Russia. Right at the end of the silver butt plate a strap has been fitted with an image of the two-headed eagle under a crown with an orb, sprinkled with diamonds.

LE
HOLLANDOIS A PARIS
AVX GALLERIES

77 | LANCE WITH INSIGNIA OF ORDER OF ST CATHERINE

RUSSIA, 18TH CENTURY

Silver, diamonds
Forging, gilding, enamelling
Overall length 1,026 mm
OR - 4450 (*Opis'* ch. 4, kn. 3, no. 6319)

This lance is a small silver, originally gilt, spear with a handle and a small leaf-shaped point. Two enamelled medallions are attached near the grip, one with the insignia of the Order of St Catherine, the other with a monogram of the Empress Anna. Both medallions are set around with small diamonds. Near them are the remains of fittings for other medallions.

The Order of St Catherine, the only women's order in the Russian Empire, was founded by Peter I in 1714 in honour of his wife, Catherine I, who accompanied her husband during his unsuccessful campaign against the Ottoman Empire in 1711 and played an important role in ensuring that the treaty with Turkey was concluded on conditions favourable to Russia. By tradition all Russian empresses were awarded this order.

The significance of the lance is as yet unknown. It is quite possible that it was used as a staff of office during the Order's celebrations, which were held at the Russian imperial court. Until 1796 it was preserved in the court Diamond Shop. The lance was handed over to the Armoury Chamber with the collection of the Imperial Cabinet of Arms in 1810.

78 | GRENADIER'S CAP
Russia, 1755

Gold, leather, kid, taffeta
Casting, engraving
Height 190 mm, overall length 370 mm
TK - 2759 (*Opis'* ch. 3, kn. 2, no. 5045)

The grenadier's cap is made of black leather decorated with gold embossed overlays in the shape of garlands of woven palm branches. On the vertical front peak is a golden two-headed eagle under crowns and two burning grenades. Over the rear horizontal peak a tube for a cockade is fitted, covered with a gold shield depicting the monogram of the Empress Elizabeth.

The cap is designed like the everyday headgear of the *Leib-kampaniya*, a special guards detachment organized from the old grenadier company of the Preobrazhenskii Regiment, which took a most active part in the palace revolution of 25 November 1741, as a result of which Peter I's daughter, Elizabeth, came to the throne. She accorded them many privileges in return. All ranks of the detachment received ennoblement and large monetary rewards. A special parade uniform was designed for them distinguished by a large quantity of gold galloon embroidery. Annually on 25 November, in commemoration of her accession to the throne, the Empress received the men of the *Leib-kampaniya* in the palace and rewarded them personally. Then they would have a special parade dinner in a separate room, during which Elizabeth, who had adopted the rank of Captain of the *Leib-kampaniya*, sat at the same table with the company's officers and NCOs. The grenadiers were seated in the same room, but at separate tables. During the toasts cannon fired a salute from the Admiralty fortress, and there were illuminations and fireworks around the palace.

The *Leib-kampaniya* dined in the parade uniforms given to them by the Empress. There is no information about what Elizabeth wore on these occasions. However, maybe the grenadier's cap at the exhibition throws some light on the matter. On its white kid lining the cap has a date denoting the time when it was made: 25 November 1755. The gold overlays indicate its special ceremonial significance and doubtless the fact that it belonged to the Empress herself. Judging from this Elizabeth received the *Leib-kampaniya* and sat with them at the festive board wearing this hat.

Documents indicate that in 1797 the Imperial Cabinet of Arms collections contained a gold mounted *Leib-kampaniya* cap belonging to Elizabeth which had come from the Diamond Shop. There are grounds to believe that this grenadier's cap was subsequently preserved in the St Petersburg Artillery Museum, from which it was transferred to the Armoury Chamber in 1873.

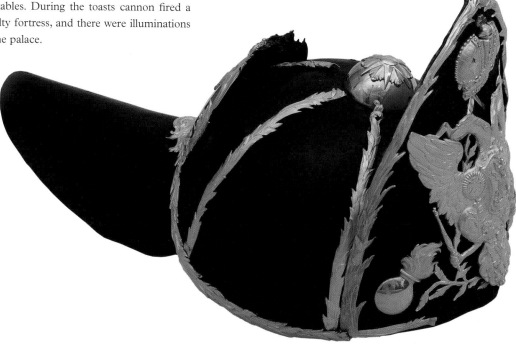

79 | COURT SWORD
RUSSIA, SESTRORETSK, 1752

Silver, steel, agate
Forging, carving, gilding, engraving, etching
Overall length 890 mm
OR - 3999 (*Opis'* ch. 4, kn. 3, no. 5807)

Straight and hexagonal in section, the blade of this sword is decorated over half its length with deep, gilded, engraved ornament consisting of stylized scrolls, buds and pots of flowers. On the central facet of both sides of the blade there are engravings within the ornament. On the exterior side is 'for God and country', and on the interior 'long live Elizabeth the Great'. The seal of the Sestroretsk arms works, consisting of the combined letters S and B (Susterbeek is the Swedish name for Sestroretsk), is similarly engraved on the outside of the forte. On the inside is the date 1752.

From the mid 18th century to 1797 the sword was kept in the palace Diamond Shop in St Petersburg where, apparently, its agate hilt decorated with carving and rows of faceted steel jewels in silver settings was made.

It is probable that this sword was made either for the Empress Elizabeth herself, or for her nephew Pyotr Fyodorovich, the future Emperor Peter III. It seems likely that such swords were ordered as rewards for the higher command of the Russian army.

It came to the Armoury Chamber collection in 1810 with the collection of the Imperial Cabinet of Arms.

80 | FLINTLOCK SPORTING GUN
Russia, St Petersburg, 1740~50s

By Pyotr Lebedev

Iron, steel, silver, wood

Forging, carving, stippling, burnishing, chasing, embossing

Overall length 1,523 mm, length of barrel 1,123 mm, calibre 16 mm

OR - 4998 (*Opis'* ch. 4, kn. 5, no. 7164)

An elegant hunting gun with eye-catching engraved, burnished Spanish barrel. At the breech the mark of the noted Madrid barrel master Diego Venturi (Heer 1979: 1324) can be clearly seen. Spanish barrels enjoyed great popularity in Russia in the 1740s–50s.

The lock is of the French type. On the lock plate a scene of wild boar and deer hunting is depicted in high-relief carving over an engraved gilded background. Along the lower edge of the lock plate are the gold inlaid letters: SANKT: PITER: BURKH: PETR: LEBEDEV. The stock with a short fore-end and elegantly curved butt is of fine, light walnut. The gun furniture – butt plate, trigger guard, side plate and ramrod pipe – are of steel. On every part of the furniture there are extremely realistic hunting scenes framed in stylized foliage ornamentation with rococo scrolls.

The first mention of Arms Master Pyotr Lebedev occurs in the 1740s. In 1744 he was promoted from Undermaster to 'Gun and Stock' Master. In 1755 he was appointed Arms Master. His activity ceased in the 1760s.

The gun came to the Armoury Chamber in 1810 from the Imperial Cabinet of Arms.

81 | FLINTLOCK SPORTING GUN

RUSSIA, ST PETERSBURG, 1747~62

By Pyotr Lebedev
Damascus steel, iron, wood, copper, horn
Forging, engraving, embossing, inlay, chasing, stippling,
  gilding
Overall length 1,015 mm, length of barrel 949 mm,
  calibre 14.9 mm
OR - 1089 (*Opis'* ch. 4, kn. 5, no. 7149)

In its construction and decoration this gun is extremely close to the other gun by master P Lebedev (cat. no. 80). It is distinguished from the latter first by its smaller dimensions and second by the fact that a Russian barrel forged in Damascus steel was used for it. At the breech it is decorated with a cut relief scene depicting a resting hunter smoking a pipe, with a shot deer and resting hounds. The lock is of the French type. The lock plate, cock and the outer part of the steel are decorated with chased ornament on a gilded background depicting dogs and hunting trophies. On the lower right edge of the lock plate is inscribed PETR LEBEDEV. On the lock escutcheon is a scene of a deer chase. On the steel buttcap is depicted a remarkably expressive scene of hunting wild boar with a large boar spear.

On the cheek butt is a carved shield in the shape of the two-headed eagle under the imperial crown with a sceptre and orb in its talons. The eagle's feathers, as well as the symbols of imperial power, are inlaid with gold wire. On the eagle's tail is an inlaid gold image of the cross of the Order of St Andrew. On the eagle's breast in a figured shield is engraved a monogram containing the roman letters P and F. There is no doubt that this is the monogram of Grand Duke Pyotr Fyodorovich. The son of Princess Anna Petrovna and Duke Karl Friedrich of Holstein, he was also the grandson of two irreconcilable enemies: the Russian Emperor Peter I and the Swedish King Charles XII. On the invitation of his aunt, the Empress Elizabeth, he came to Russia on 7 November 1742 and was officially proclaimed heir to the Russian throne. In August 1745 he was married to Sophia Augusta Frederika of Anhalt-Zerbst (the future Empress Catherine II). After the death of Elizabeth on 25 December 1761 he was proclaimed emperor. However, on 28 June 1762 as a result of a palace revolution organized by his wife Catherine he was ejected, and murdered a fortnight later.

Until 1769 the gun was in the arms collection of Emperor Peter III, the Oranienbaum Cabinet of Arms. The inventory number of that collection 'no. 7' is engraved on the buttplate. It came to the Armoury Chamber from the Imperial Cabinet of Arms in 1810.

82 | PAIR OF FLIПTLOCK PISTOLS

RUSSIA, TULA, 1750

Iron, steel, horn, wood
Forging, chasing, stippling, carving, gilding
Overall length 458 mm, length of barrels 294 mm, calibre 15.8 mm
OR - 2354–5

The production of decorated arms really flourished in Tula between 1740 and 1750, when Peter I's daughter, the Empress Elizabeth, was on the throne. At this time there was a huge demand for luxury products, and decorated Tula weapons were especially sought-after. The richest grandees in Russia considered it a matter of prestige to have items of Tula workmanship in their collections of hunting weapons. The basis for the inimitable craftsmanship of the Tula armourers was first-class weapons finishing, and although the masters followed the general European styles which dominated the applied arts, they nonetheless created their own distinctive style. The craftsmen mastered the most difficult systems and methods of metal and wood working, giving the world of arms examples of luxurious decoration. The universal attraction towards France and its art in aristocratic circles led to an active French influence on the products of the Tula armourers.

These 1750 pistols have been constructed with consummate skill: extremely fine chasing work decorates the barrels, which are completely covered in foliage patterns with military armour and the Empress Elizabeth's insignia, consisting of the roman letters E and P under a large imperial crown. The breech ends of the barrels are engraved in gold with TULA 1750. The French-type locks with external safety devices in the form of bolts are decorated with chased patterns on a gilded background. The pistol furniture is made of wood, which occurs extremely rarely in Russian firearms. The most fragile parts of the furniture, the trigger guards, have been lost. The wooden parts of the furniture – the pommels, lock escutcheons and ramrod pipes – stand out against the light surface of the stocks which are covered with carving imitating artistic metal working, and covered in dark paint. The heraldic shields, shaped like two-headed eagles on whose breasts are incorporated the monogram of the Empress Elizabeth, are also made of wood.

Until 1769 the pistols were in the arms collection of Emperor Peter III, the Oranienbaum Cabinet of Arms. They came to the Armoury Chamber from the Imperial Cabinet of Arms in 1810.

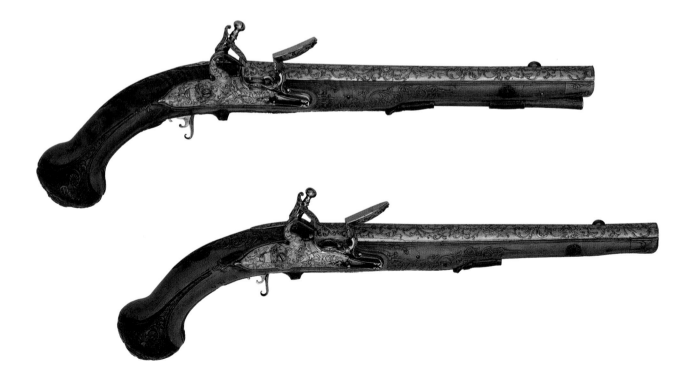

83 | Airgun
Russia, St Petersburg, 1740s~60s

By Pyotr Lebedev
Steel, iron, wood
Carving, gilding
Overall length 1,318 mm
OR - 1180 (*Opis'* ch. 5, kn. 4, no. 7596)

Compared with most European countries, airguns were not widely used in Russia in the 17th and 18th centuries. They were more of a curiosity than having a functional significance, although the definite value and superiority of airguns was that they fired practically noiselessly without sparks or smoke. Some compressed airguns could fire seven or eight shots without recharging. Their range exceeded 100 paces.

There were various sorts of early airgun. In one type the air was stored in a reservoir round the barrel, in another it was kept in a spherical metal reservoir screwed to the barrel. This one has an air reservoir mounted inside the butt, which screws off the stock.

This air rifle is the only example of an airgun made by a Russian master. According to an inscription on the breech, it was made by Empress Elizabeth's court armourer, Pyotr Lebedev (see cat. nos 80–81). It is possible that the gun was specially made for the gun collection of the heir to the throne, the Grand Prince Pyotr Fyodorovich. Until 1769 it was kept in the Oranienbaum Cabinet of Arms. It came to the Armoury Chamber from the Imperial Cabinet of Arms in 1810.

84 | POWDER FLASK
RUSSIA, MID 18TH CENTURY

Gold
Casting, embossing, stippling, engraving
Height 150 mm, width 110 mm
Overall weight 409 g
OR - 369 (*Opis'* ch. 4, kn. 5, no. 8364)

A unique gold powder flask, designed in the form of a small flask with a narrow, high neck fitted with a burnished steel measuring cap. The body of the flask is decorated with rococo ornament. On the outer side a representation of the Russian imperial coat of arms is inscribed; on the verso there is a monogram of the Empress Elizabeth, consisting of the letters E, P and the roman numeral I. Apart from its main use, this powder flask was a decorative accessory to the imperial hunting costume. It was carried on the right-hand side on a special cord.

This is one of two gold powder flasks in the Armoury Chamber's collection today. Their dimensions, shape and character are identical. They only differ in the techniques used for executing the imperial monograms. On the flask in the exhibition they are carved; on the other one they are inlaid with diamonds. They came to the imperial arms collection in 1769 together with Peter III's Oranienbaum Cabinet of Arms. It is likely that Empress Elizabeth presented the powder flasks to her nephew, Grand Prince Pyotr Fyodorovich, and his consort Ekaterina Alexeevna (the future Emperor Peter III and Empress Catherine II). There is a document in the files of the Oranienbaum bureau, dated 17 April 1747, relating to the transfer of two gold powder flasks to Oranienbaum from the Cabinet of Her Imperial Highness. The name of the master who made them is unknown. It is possible that they were made by Georg Friedrich Ekkert. He was numbered among the gold and diamond masters at the palace Diamond Shop in the 1740s–60s (Kuznetsova 1995: 59). Between 1747 and 1751 he was responsible for decorating a number of arms and pieces of hunting equipment with gold and diamond ornament.

The powder flasks came to the Armoury Chamber from the Imperial Cabinet of Arms in 1810.

85 | BREECH-LOADING, FLINTLOCK MAGAZINE GUN

GERMANY, DANZIG, EARLY 18TH CENTURY

Master Daniel Lagatz
Iron, wood
Forging, inlay, engraving, carving
Overall length 1,440 mm
OR - 1164 (*Opis'* ch. 5, kn. 4, no. 7561)

All we know about master Daniel Lagatz who made this gun is that he was working in Danzig during the period 1680 to 1720.

The gun was added to the imperial arms collection as an example of rare and complex construction. In making it Lagatz used the Lorenzoni system (Hayward 1963: 317–9). This breech-loading magazine system was developed in the third quarter of the 17th century by the Florentine master inventor Michele Lorenzoni. Later the system was used by masters in various European countries.

The rifled barrel is pentagonal at the breech and circular further along. On the barrel is engraved the inscription DANIEL LAGATZ DANTZIG SCHUS 30. The surface of the French-type lock is decorated with relief foliage ornament. The same inscription as on the barrel is engraved on the lock plate. The walnut stock is inlaid with a pattern of metal filaments.

The gun is designed for 30 shots. Loading occurs at the breech, where there is a vertically screwed breech plug operated by a handle in front of the trigger guard. There are two magazines contained in the butt, one for balls and the other for powder. On the butt plate there are two special openings to fill them, with the corresponding inscriptions: HIER PULVER [for powder] and HIER KUGEL [for balls]. The trigger guard pivots at the front to load powder and ball into the barrel. A special magazine for priming powder is located at the breech.

The gun is first mentioned in an inventory of the Empress Anna's weapons compiled in 1737. Until 1769 it was kept in Emperor Peter III's weapons collection, the Oranienbaum Cabinet of Arms. It came to the Armoury Chamber from the Imperial Cabinet of Arms in 1810.

86 | GARNITURE OF BREECH-LOADING FIREARMS
BOHEMIA, CARLSBAD, 1740S

By Leopold Becher

Steel, bronze, wood

Forging, gilding, burnishing, gold embossing, stippling, carving, engraving

Rifle: overall length 1,405 mm, length of barrel 1,000 mm, calibre 16.5 mm; carbine: overall length 1,100 mm, length of barrel 690 mm, calibre 14 mm, grooves 7; pistols: overall length 506 mm, lenngth of barrels 313 mm, calibre 15.5 mm

OR - 2103, 3637, 3567–8 (*Opis'* ch. 5, kn. 4, no. 7564, 7572 and 8329)

The small town of Carlsbad in Bohemia became a spa in the 18th century thanks to the presence of medicinal waters there. The European elite, representatives of the highest society and also members of the Russian imperial family, began to make their way there. Workshops appeared in the town for the construction of luxury items including firearms. It is known that there were 20 gunmakers in Carlsbad in the first half of the century, who with their apprentices and under masters predominantly made hunting guns.

Leopold Becher was without doubt the best-known gun-maker in Carlsbad at the period. This talented master was an exceptional maker interested in technical innovations in the arms business, and he made guns with complicated mechanisms. His work also included fine breech-loading hunting garnitures.

The barrel is hinged at the breech and released by a catch on the front of the trigger guard. There is a removable steel chamber with an integral frizzen and pan. The numbers of chambers vary from 6 to 12.

All decorative elements are in the same style, with identical subjects on the decoration of the lock plates and gilded bronze furniture. On the trigger guards are images of a goddess – the huntress and mistress of wild beasts, Diana. The goddess is depicted armed with a bow, a quiver on her back, accompanied by a dog.

On the butt plates are *genre* scenes including firing horsemen. The cheeks of the butts have eyecatching heraldic shields crowned with the effigy of a horseman. The engraved miniatures on the lock plates, single combat on horseback, are copied from an album of designs for decorating firearms engraved by the great French artist Claude Simonin. Two of his albums, *Plusieurs pièces et ornaments d'arquebuserie*, published in 1685 and 1693, were very popular in the 18th century. They were widely used as examples by master armourers in many European countries. The burnished barrels of the set contain the engraved and gilt name of the master, Leopold Becher. The mode of decoration is typical for this period and very characteristic of Carlsbad as a Bohemian arms centre. The decoration contrasts in colour with the dark burnished barrels, the fruit wood of the stocks and the furniture of brightly glinting gilt bronze.

Until 1769 the set was kept in Emperor Peter III's weapons collection, the Oranienbaum Cabinet of Arms. It came to the Armoury Chamber from the Imperial Cabinet of Arms in 1810.

87 | AIRGUN CANE
ENGLAND, LONDON, 1741

By John Lawrence Kolbe
Gold, steel, copper, leather
Carving, engraving, casting, embossing
Overall length 960 mm, length of barrel 655 mm,
  calibre 9 mm
OR - 401 (*Opis'* ch. 5, kn. 4, no. 7601)

This rare airgun cane with its superb pure gold carved handle dated 1741 appears to have been a diplomatic gift from the British government to the Empress Elizabeth.

Two coalitions formed in Europe during the struggle for the Austrian succession in the 1740s. Prussia acted in alliance with France, Bavaria and Spain against the Holy Roman Empire and Britain. On 11 December 1741 an Anglo–Russian political union was concluded in Moscow. It is possible that this event found an echo in the weapon's decoration. Thus, on the handle two allegorical female figures are represented, one sitting on a lion, the other on a bear. These effigies most probably symbolize Britain and Russia. The poses of the figures are instructive, as well. Two of their hands are strongly clasped together, the other two support a crown. The inscription on a shield under the emblem is: LE UNION DE NOS ARMES EST NOTRE SOUTIEN [the union of our arms is our support].

The construction of this gun is very interesting. Its barrel is finished in brass cladding covered in black leather. There is a space between the barrel and the cladding into which air is forced. Lower down a copper cap is screwed onto the cladding.

The lock is also mounted in the copper cladding, with a tube which enters the barrel. On its surface is engraved the inscription KOLBE INV T, which indicates the London armourer John Lawrence Kolbe (Blackmore 1986: 128). The gold handle screws on to the stick. Under it is the spherical head of the pump with an opening. The surface of the handle is decorated in relief rococo ornament and stylized foliage designs. On both sides of the shoulder stock are depicted naval battles near fortress walls. Under the image of the fort is inscribed 1741, evidently the date when the gun was made. Neptune with a trident, sitting astride a dolphin, is depicted on the top of the shoulder stock.

The gun came to the Armoury Chamber from the Imperial Cabinet of Arms in the Oranienbaum collection in 1810.

88 | PAIR OF TURN-OFF FLINTLOCK PISTOLS
ENGLAND, LONDON, 1740s

By William Trelawny
Steel, brass, wood
Forging, engraving, casting, chasing, gilding
Overall length 462 mm, length of barrels 299 mm, calibre 15.5 mm
OR - 3006–7 (*Opis'* ch. 5, kn. 4, no. 8047)

A large number of turn-off pistols, both long-barrelled and pocket-length, were made in England. The pistols on display in the exhibition with turn-off barrels demonstrate a construction in which the lock plate is a continuation of the barrel, and the pan and frizzen are mounted directly on to the breech of the barrel. Since the lock is integral with the breech of the barrel and there is no screw fastening, the side plate has lost its functional significance, and is purely decorative, being enlivened with carved images of military equipment.

The wooden pistol grips are decorated with carved palmettes, images of five-petalled flowers and leaves on long stalks. The pommels are made of gilded brass. In the centre they have masks surrounded by rococo scrolls.

On the pistols is engraved LONDON, the name of the gunmaker,

William Trelawny, the address (Long Acre), and two London proof marks with an F under a crown between them.

On each butt there is a gilt plate bearing a nielloed coat of arms, consisting of three bells framed by the chain of the Order of St Andrew The First Called. It was traditionally held that this was the coat of arms of Count Otto von Brummer. He was a protégé of the heir to the Russian throne Grand Duke Pyotr Fyodorovich while he was still in Holstein. Otto von Brummer came to Russia on 5 February 1742, was appointed Hof-marshall of the court of Pyotr Fyodorovich and was soon awarded the order of St Andrew The First Called. In 1745 he was expelled from Russia.

Until 1769 the pistols were kept in the Oranienbaum Cabinet of Arms. They came to the Armoury Chamber from the Imperial Cabinet of Arms in 1810.

89 | CEREMONIAL SWORD
RUSSIA, TULA, 1769

Steel, silver, wood
Forging, engraving, carving, gilding
Overall length 1,030 mm
OR - 4384 *Opis'* ch. 4, kn. 3, no. 5818

This sword is a rare example of a Russian edged weapon of the second half of the 18th century. According to the inscription on the blade and lip of the scabbard, TULA 1769, it was made in this oldest of Russian arms centres. Its triangular-section steel blade is made in the French manner. Elements characteristic of the decoration of Russian late 18th-century edged weapons are used – gilded images of trophies, the two-headed eagle under three crowns (the Russian coat of arms), the monogram of Empress Catherine II, consisting of the letters E, A and the roman numeral II – for Ekaterina II Alexeevna – combined with ornamental braiding and vases of flowers. The wooden grip is covered in a gilded copper strip and overlaid with silver wire. The egg-shaped pommel and guard, consisting of a knucklebow, crossguard with scrolled ends and an oval shell guard, are steel, decorated with carved openwork ornament, which incorporates images of military trophies.

No information about the owner of this weapon has survived. It is known that in 1797 the sword was kept in the *Ober-egermeister*'s chancellery. It is possible that it was made in honour of the Russian army's victory in the Russo–Turkish war of 1768–74. The sword entered the Armoury Chamber in 1810 together with the collection of the Imperial Cabinet of Arms.

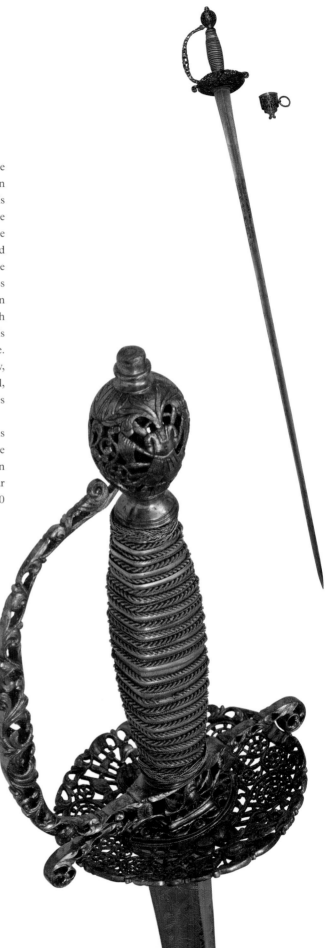

90 | FLINTLOCK SPORTING GUN
RUSSIA, ST PETERSBURG, 1770S~80S

By Gavrila Permyakov
Iron, steel, silver, wood
Forging, engraving, casting, embossing, carving, gilding
Overall length 1,172 mm, length of barrel 722 mm, calibre 21.9 x 10 mm
OR -5008 (*Opis'* ch. 4, kn. 5, no. 7168)

An extremely elegant, light hunting gun having an externally oval barrel with a broad, oval bore. This unusual shape was evidently intended to make the shot spread wider during shooting. Barrels like this are rare in late 18th-century Russian firearms. In its construction the gun is like a musket.

Ornamental schemes popular in Europe in the 1770s–80s were used to decorate the gun. The burnished barrel is decorated at the breech end with a smart gold design of trelliswork and plants, images of birds among flowers, shells and quivers of arrows. In a narrow gold frame in the middle of the barrel is the gold inscription GAVRILA PERMYAKOV SANKT PETERBURG. The polished surface of the French-style flintlock is decorated with relief carving on a gilded engraved background. In the centre of the lock plate also is the name of the master, Gavrila Permyakov, bordered by scrolls. The walnut stock has a carved foliage design and engraved silver furniture.

The son of the wonderful Russian armourer Ivan Permyakov, who directed the palace workshops attached to the *Ober-egermeister*'s chancellery from 1755 to 1773, Gavrila Permyakov is rightly considered one of the best Russian late 18th-century masters. The exact dates of his life are unknown. He began his work as palace armourer to Empress Catherine II in the 1770s. The last mention of Permyakov was in 1797 when he was sent by Emperor Paul I to work at the Cabinet of Arms at Gatchina, a summer palace near St Petersburg. At the present day Permyakov's works are represented in the Armoury Chamber museum collections in Moscow, the Museum at Gatchina and in the State Hermitage in St Petersburg. The Hermitage collection contains an identical gun to this, with a burnished, elliptical-sectioned barrel decorated with gold engraving and a similar inscription (Tarassuk 1971: 179). The similarities in construction, identity of dimensions and decoration lead to the assumption that they were made as a pair.

Although there is no inscription on the gun to identify its owner, there is no doubt that it was made for Empress Catherine II. The gun entered the Armoury Chamber collection in 1810 from the Imperial Cabinet of Arms.

91 | FLINTLOCK SPORTING GUN
RUSSIA, ST PETERSBURG, 1783

By Johann Adolph Grecke

Iron, silver, wood, horn

Forging, engraving, embossing, carving, burnishing, gilding

Overall length 1,174 mm, length of barrel 762 mm,
 calibre 20 mm

OR - 1076 (*Opis'* ch. 4, kn. 5, no. 7155)

This beautiful gun was specially designed for shooting capercaillie. Its long, smooth, burnished barrel with large calibre is decorated at the breech with gilded images of an ornamental vase with flowers and a capercaillie. Along the barrel there is the gilded inscription J. A. GRECKE ST. PETERSBURG ANNO 1783. The plain polished surface of the French-type lock is decorated with gilded, engraved foliage ornament. On the lock plate is the gilded inscription GRECKE. The walnut stock has a long fore-end; the butt has a cheek rest and a patch box. In the 18th century such butts were called 'English'. The furniture – two ramrod pipes, the tail pipe, the trigger guard, the side plate and the butt plate – are silver, carved and gilded.

Johann Adolph Grecke, a member of a Swedish gunmaker's dynasty, was the son of the Stockholm master gunmaker Johann Joachim Grecke (Heer 1978: 456). The earliest St Petersburg gun made by Grecke represented in the Armoury Chamber's collection was made no later than 1762, since it was held in Peter III's Oranienbaum Cabinet of Arms. Perhaps at that time he was not yet a palace master. His other works, including ones made for the Russian imperial court, date from the 1770s–90s. The gun on display in the exhibition was manufactured in 1783 and, more than likely, was intended for Catherine II, since it has a gilded silver heraldic shield with the Empress's monogram.

The gun entered the Armoury Chamber collection in 1810 from the Imperial Cabinet of Arms.

92 | TWO FLINTLOCK RIFLES FROM A HUNTING GARNITURE
RUSSIA, ST PETERSBURG, 1780s~90s

By Johann Adolph Grecke

Steel, iron, silver, wood, horn

Forging, engraving, burnishing, embossing, gilding

First rifle: overall length 1,240 mm, length of barrel 831 mm,
  calibre 18 mm, grooves 8

Second rifle: overall length 1,063 mm, length of barrel 687 mm,
  calibre 9 mm, grooves 7

OR - 5005, 2176 (*Opis'* ch. 4, kn. 5, no. 7154, 7811)

Two hunting rifles of different calibres formed part of a luxurious hunting garniture made for the Empress Catherine II. Apart from the rifles the set included a carbine, a musketoon and a pair of pistols. A pair of pistols with burnished barrels and silver furniture, whose lock plates had the name of master Grecke on them in gold, were mentioned in the inventory of the Imperial Cabinet of Arms in 1810. However, the pistols never arrived at the Armoury Chamber.

All the parts of the set have faceted burnished barrels with an inscription on the top flat J. A. GRECKE ST. PETERSBURG. at the breech, tastefully executed with gilded garlands of flowers. The sights are of gilded silver. The flintlocks also have the name of the master Grecke on the lock plates. The butt cheeks have oval heraldic shields attached to them with a monogram of Catherine II in silver laurel wreaths. The stocks are made from attractive walnut decorated with carving. The rifle's furniture is of chiselled and gilded silver.

The garniture in the Armoury Chamber is unusual. As a rule hunting garnitures consisted of a gun and a pair of pistols, and sometimes they included a long-barrelled gun. It is possible that in this case the set was intended not only for different types of hunting, but for different participants.

The rifles entered the Armoury Chamber in 1810 from the Imperial Cabinet of Arms.

93 | SABRE AND SCABBARD
RUSSIA, ST PETERSBURG, LATE 18TH CENTURY

Blade – Turkey, 16th (?) century
By Khadzhi Sanfar
Steel, gold, silver, wood, snakeskin, carnelian
Forging, casting, embossing, gilding, stone carving
Overall length 1,005 mm
OR - 4458 (*Opis'* ch. 4, kn. 3, no. 5918)

This sabre is a unique example of Russian applied arms art of the late 18th century. According to legend, it was presented to Catherine II by her favourite grandson, the Grand Duke Alexander Pavlovich, the future Emperor Alexander I.

On the blade is an engraved Arabic inscription in gold 'the time of Sultan Suleiman year 957' (1540/41), 'there is no God but Allah', 'supreme God' and 'Allah will protect him who prays'. On the back of the sabre the word 'prosperity' is repeated three times. Using the same technique the Greek inscription 'judge him who harms me, Lord; defeat him who fights me. Crush their arms and shield and come to help me, Herakles' is inscribed in the fuller. Museum collections in Russia, Turkey and Hungary have blades with similar inscriptions, forged in Turkey, but bearing Christian inscriptions or symbols on them. They are usually attributed to late 17th- and 18th-century makers.

The decoration of the hilt and scabbard is executed in a classical style and has a wealth of meaning. The grip is composed of two male figures bound in fetters surrounded by a frame of trophies of war. Over them there rises the bust of a female figure in a helmet carved in carnelian. It is likely that this composition embodies Russia's victory over Turkey and Poland. The quillons are made in the form of a bundle of lictor's fasces surrounded by serpents (a symbol of unity). In the centre of the guard on one side is an effigy of the goddess of victory, Nike, with a garland in her hand, on the other is figure of a woman mourning fallen warriors. The scabbard, covered in green snakeskin, is reminiscent in its construction of scabbards of the ancient world. The silver throat, ring and chape are decorated with embossed images of armour. Along both sides of the scabbard are silver gilt laurel branches.

A peculiarity of the decoration of this sabre is the use of portrait gems in its decoration, possibly taken from Catherine II's famous collection, which is now in the Hermitage. On the facing side of the handle is a gem depicting the Emperor Augustus; on the other is Alexander the Great, which symbolized that Grand Duke Alexander Pavlovich was destined to become Emperor of Russia. It is known that Catherine II saw him rather than her son Paul as the heir to the throne. Profiles of Greek heroes are placed in engraved silver medallions at the throat and chape of the scabbard, representing military prowess and wisdom of state.

Manufactured, in all probability, at the end of the 1780s, until 1797 the sabre was kept in the weapons collection of the *Ober-egermeister*'s chancellery in the Italian Palace. It came to the Armoury Chamber from the Imperial Cabinet of Arms in 1810.

94 | Caparison (*CHALDAR*)
Russia, St Petersburg, 1798~1801

Silk threads, canvas
Needlework, weaving
Dimensions 1,930 x 1,500 mm
TK - 1473 (*Opis'* ch. 6, kn. 5, no. 8957)

This ceremonial caparison displaying the Russian coat of arms and the monogram of Paul I was made at the St Petersburg Tapestry factory. The Russian masters who worked on it not only used every technique of tapestry work, but added embroidery imitating tapestry. The caparison on display in the exhibition is sewn in *garus* (weakly twined silk threads) using various types of stitches (cross stitch, half cross and satin stitch). The rich design around the hem, which imitates the hem of a tapestry carpet, and the illustration of the coat of arms are done in small *Gobelin* stitches (half cross), which permitted the inclusion of details of light and dark, using threads of different shades.

One of the distinguishing characteristics of this horse cloth is the quality of the workmanship in the two-headed eagle with the Maltese cross on its breast. The appearance of the Maltese cross on the Russian coat of arms is not accidental. Fearing the occupation of their island by the French republican troops and the consequent loss of their riches and privileges, at the end of the 18th century the Maltese knights were obliged to seek the protection of various European monarchs. In January 1797 an ambassador of the Maltese Order, Count Litta, arrived in Russia. In November 1797 they signed an agreement with Russia making Paul I a protector of the Order. A year later, in November 1798, Paul I took the title of Grand Master of the Maltese Order. The insignia of the Order – a white Maltese cross – was included in the state coat of arms and the seal of Russia. It remained part of Russian state heraldry until 1803 when it was removed by order of Alexander I.

References

Blackmore, H L 1988 *The H L Visser collection of ivory stocked pistols*. London, Royal Armouries

Blackmore, H L 1986 A *dictionary of London gunmakers 1350–1850*. Oxford

Dresdner Rustkammer Historiches Museum 1992 *Meisterwerke aus vier Jahrhunderten*. Leipzig

Hayward, J F 1963 *The art of the gunmaker, 2 Europe and America, 1660–1830*. London

Jackson, C 1989 *Jackson's silver and gold marks of England, Scotland and Ireland*. Ed. I Pickford, London, 3rd ed.

Heer, E 1978 *Der neue Støkel*. Schwäbisch Hall, vol. 1 1978, vol. 2 1979

Nordström, L 1984 *White arms of the Royal Armoury*. Stockholm

Oman, C 1961 *The English silver in the Kremlin 1557–1663*. London

Rosenberg, M 1925 *Der Goldschiede Merkzeichen*. Frankfurt am Main, Bd III

Siselina, N 1991. *English silver treasures from the Kremlin. Catalogue of the loan exhibition*. London

Whitworth, C 1758 *An account of Russia as it was in the year 1710*. Strawberry Hill

Yablonskaya, E A 1992 17th-century firearms by Kremlin Armoury gunmakers. *Journal of the Arms and Armour Society* **14.1** March: 5–19

Yablonskaya, E A, M N Larchenko, H L Blackmore, A Hoff and H L Visser 1996 *Dutch guns in Russia*. Amsterdam

Гольдберг, Т Г 1954 Из посольских даров XVI-XVII веков. Английское серебро. *Государственная Оружейная палата*. Москва

Гордеев, Н В 1954 Русский оборонительный доспех. *Государственная Оружейная палата Московского Кремля*. Москва

Донесения - Донесения посланников республики Соединенных Нидерландов при русском дворе, 1902. Отчет Альберта Бурха и Иогана фан Фелтриля о посольстве их в Россию в 1630 и 1631 гг. *Сборник Русского исторического общества*. Т. 116. Санкт-Петербург, Текст отчета опубликован на русском и голландском языках и сопровожден комментариями В А Кордта

Железнов, В 1907 *Указатель мастеров*. Санкт-Петербург

Забелин, И Е 1872 *Домашний быт русских царей в XVI-XVII веках*. Ч.1. Москва

Исторический архив ВИМАИВ и ВС - Военно-исторический музей артиллерии, инженерных войск и войск связи, Санкт-Петербург.

Каталог материальной части отечественной артиллерии, 1961. Ленинград

Кирпичников, А Н 1976 *Военное дело на Руси XIII-XV вв.* Ленинград

Кологривов, С Н 1911 Материалы для истории сношений России с иностранными державами. *Вестник Археологии и истории, изд. имп. Археологическим институтом*. Вып. 2. Санкт-Петербург

Кузнецова, Л К 1995 Об авторе табакерки Эстер Гази. *Государственный Эрмитаж. Чтения в память В.Ф. Левинсон-Лессинг*. Санкт-Петербург

Кутепов, Н И 1902 *Императорская охота на Руси*. Т. 3. Санкт-Петербург

Ларченко, М Н 1976 Новые данные о мастерах-оружейниках Оружейной палаты первой половины XVII века. *Государственная Оружейная палата. Материалы и исследования*. Вып. II. Москва

Левыкин, А К 1997 *Воинские церемонии и регалии русских царей*. Москва

Маковская, Л К 1992 *Ручное огнестрельное оружие русской армии конца XVI-XVIII веков. Определитель*. Москва

Малицкий, Г Л 1954 К истории Оружейной палаты Московскокого Кремля. *Государственная Оружейная палата Московского Кремля*. Москва

Музей-заповедник "Московский Кремль". Отдел рукописных, печатных и графических фондов. Ф. 1, оп. 1.

Опись, *Опись московской Оружейной палаты*. Москва, 1884–93

РГАДА - Российский Государственный архив древних актов. Москва

Соболев, Н И & В А Ермолов 1954 Огнестрельное привозное оружие XVI–XVII веков. *Государственная Оружейная палата Московского Кремля*. Москва

Соболева, Н А 1981 *Российская городская и областная геральдика XVIII–XIX вв*. Москва

Тарасюк, Л И 1971 *Старинное огнестрельное оружие в собрании Эрмитажа*. Ленинград

Тимковский, Е Ф 1824 *Путешествие в Китай через Монголию*. Т. III. Приложения. Санкт-Петербург

Фасмер, М Ф 1976 *Этимологический словарь русского языка*. Т.2. Москва

Филимонов, Г Д 1893 *Полный хронологический указатель всех марок на серебре московской Оружейной палаты*. Т. 10, часть 7. Москва

Шедевры тульских оружейников, 1981. Москва

Сокровища Московского Кремля.
Арсенал русских царей

1 **Шлем - "шапка ерихонская".**
Россия, Оружейная палата, 1621 г.
Мастер Никита Давыдов.
Сталь, золото, драгоценные камни, жемчуг, шелковая ткань.
Резьба, ковка, чеканка, насечка золотом, эмаль.
Диаметр - 22.0 см. Вес - 3285.0 г.
ОР-119 (Опись. Ч. 3. Кн. 2. № 4411)

В описях оружия русских царей и аристократов XVII века особо выделяются боевые наголовья, называвшиеся "шапками ерихонскими" или "ерихонками". Купола этих шлемов различны по форме (известны полусферические, конические и сфероконические), однако в каждом из этих случаев к куполу крепились науши, назатыльник и козырек с наносной стрелкой. Еще одним важным отличием ерихонок от других наголовий является их декор, явно парадный по своему характеру. Не исключено, что само название шлема связано с русским глаголом "ерихониться"(важничать).

Представленная на выставке ерихонская шапка царя Михаила Федоровича (1613-1645), основателя династии Романовых, по праву считается одним из шедевров русского оружейного искусства XVII века и вместе с тем - одним из самых известных экспонатов музея Оружейная палата.

Граненый купол этого шлема имеет восточное происхождение, о чем свидетельствует насеченная на нем золотом арабская надпись: "ОБРАДУЙ ПРАВОВЕРНЫХ ОБЕЩАНИЕМ ПОМОЩИ ОТ БОГА И СКОРОЙ ПОБЕДЫ". Документы XVII века, однако, называют в качестве автора ерихонской шапки мастера Никиту Давыдова. Именно он, согласно Приходной книге Казенного приказа 1621 года, "делал" шапку, то есть смонтировал и декорировал ее, за что и получил традиционную в России XVII века царскую награду в виде отрезов ткани (венецианской тафты и английского сукна). Никита Давыдов работал в Оружейной палате с 1613 по 1664 год. Он свободно владел всеми приемами обработки металла и был при этом мастером - универсалом, с одинаковым успехом исполнявшим огнестрельное оружие и доспехи, причем как в русской, так и в западноевропейской и в восточной традициях.

Среди царских ерихонских шапок шлем работы Давыдова занимал особое место. В Росписи походной казны 1654 года (РГАДА. Ф. 396, оп. 1, ч. 5. № 5835) он назван "большой ерихонкой", а в Переписной книге Оружейной казны 1687 года (РГАДА. Ф. 396, оп. 2. Кн. 936) был оценен в огромную цену - 1175 рублей (это чуть меньше, чем общая цена пяти следующих за ним ерихонских шапок).

Видимо, этот шлем был задуман и исполнен как своеобразный царский боевой венец (Левыкин. С. 73). Об этом говорят короны, насеченные золотом на его куполе, рельефное, покрытое цветной эмалью изображение

покровителя русских государей Архангела Михаила и, наконец, необычайно роскошный даже для ерихонок декор, включающий виртуозно исполненный в технике насечки золотом растительный орнамент, нити жемчуга и драгоценные камни - то свободно размещенные на гладкой стальной поверхности в одиночных золотых кастах, то соединенные в искрящиеся полосы (всего на шлеме 95 алмазов, 228 рубинов и 10 изумрудов). В росписи походной казны 1654 года упомянут золотой крест, укрепленный на навершии шлема. Другой, сходный крест хранился вместе со шлемом - видимо, в качестве запасного. По описаниям эти кресты аналогичны крестам на золотых царских венцах.

Особенный по характеру и уровню исполнения декор ерихонки стал, видимо, причиной постоянного интереса к этому памятнику со стороны русских художников и скульпторов XIX века. В том же столетии широко распространилась легенда о первоначальной принадлежности шлема великому князю Александру Невскому (1220-1263). Прославившийся победами над шведами (1240) и Ливонским орденом (1242), не раз тонкой дипломатической игрой спасавший Русь от татарских походов, он был канонизирован Православной церковью и стал одним из самых почитаемых русских святых. На утвержденном в 1856 году Большом гербе Российской империи изображение ерихонской шапки работы Никиты Давыдова (хотя и с некоторыми изменениями) было помещено над гербовым щитом именно в качестве шлема Святого Александра Невского.

2 **Зерцальный доспех.**
Россия, Москва, Оружейная палата, 1616 г.
Мастера Дмитрий Коновалов, Андрей Тирман.
Серебро, сталь, ткань.
Ковка, чеканка, травление, резьба, золочение.
Нагрудник - 54.5 х 67.5 см, наспинник - 60.5 х 69.5 см.
 Вес - 11.015 г.
ОР-124 (Опись. Ч. 3. Кн. 2. № 4570)

Термином "зерцала" в русских документах XVI-XVII веков определяли доспех, состоящий из крупных металлических пластин, соединенных между собой ремнями, тесьмой или кольчатыми перемычками. Чаше всего употреблялись зерцала из двух или четырех пластин, но иногда их число могло доходить до четырех десятков и более. Зерцала могли использоваться как самостоятельно, так и в качестве дополнения к другим доспехам или плотной стеганой на вате боевой одежде. Поверхность пластин часто полировалась, иногда украшалась позолотой или серебрением, а на парадных образцах - даже драгоценными камнями. Сияние таких доспехов сравнивалось русскими летописцами с сиянием серебра. Сам термин "зерцало" в русском языке XVI-XVII веков означал также "зеркало".

Представленный на выставке доспех, изготовленный в 1616 году для царя Михаила Федоровича, - один из шести сохранившихся в Оружейной палате сложных зерцальных доспехов. Он состоит из тридцати шести пластин (17 на нагруднике и 19, включая плечевую защиту, - на наспиннике). С внутренней стороны нагрудник и наспинник подложены стеганной на вате тканью.

Все пластины, кроме круглых центральных и пластин ворота, откованы горизонтальными гранями. Образующиеся между гранями желобки через один декорированы растительным орнаментом, выполненным в технике насечки золотом. При помощи этого декоративного приема мастера имитируют поверхность популярного в средневековой России, а к XVII веку уже почти вышедшего из употребления доспеха, набиравшегося из мелких пластинок. Центральные пластины в этой системе декора играют роль простых круглых зерцал, надевавшихся поверх таких доспехов. Круглый пластинчатый ворот с резным жгутиком по краю свидетельствует о знании русскими мастерами конструкции и декора западноевропейского доспеха. Только трижды встречается такой ворот на сохранившихся в Оружейной палате русских доспехах. Так же как и декор нагрудника и спины, конструкция и декор воротника несколько архаизируют доспех. Возможно, это связано с желанием молодого, только три года назад избранного на царство Михаила Федоровича подчеркнуть древность своего рода и подтвердить преемственность своей власти от власти прежних царей из древней династии Рюриковичей.

С идеями преемственности власти, богоизбранности нового царя, возрождения русской государственности после так называемого Смутного времени связан и декор центральных круглых пластин. Изображение герба России - двуглавого орла - помещено здесь в обрамлении надписи с полным царским титулом, включавшим 31 наименование царств, княжеств и земель (в том числе и фактически неподвластных молодому царю, но упоминавшихся в титулах прежних царей).

На задней круглой пластине помещен и текст с датой изготовления доспеха (29 июля 1616 года) и именами мастеров, - это единственный случай на русских доспехах. Согласно этой надписи, основным мастером был Дмитрий Коновалов, а немец Андрей Тирман декорировал доспех с использованием техник травления и золочения. В документах Оружейной палаты, однако, сохранилась запись за октябрь 1616 года о награждении трех мастеров за привоз какого-то зерцального доспеха царю. Вместе с Андреем Тирманом здесь упоминаются мастера-зерцальщики Поспел Леонтьев и Алексей Иванов. Учитывая сходство дат и высокую цену награды, можно с большой долей вероятности утверждать, что в изготовлении зерцала 1616 года принимали участие еще два мастера.

Зерцала упоминаются в росписи походной казны царя Алексея Михайловича 1654 года. Роль этого доспеха в царском церемониальном арсенале была столь велика, что новые зерцала, исполненные в 1670 году мастером

Григорием Вяткиным (кат. № 26) для царя Алексея Михайловича, были почти полной копией зерцал 1616 года. В Переписной книге 1687 года зерцала Коновалова и Тирмана записаны под первым номером. Несмотря на то, что в их декоре не использованы ни драгоценные камни, ни золото, они были оценены в 1500 рублей - почти в полтора раза больше, чем "большая ерихонка" работы Никиты Давыдова (кат. № 1). Зерцала работы Григория Вяткина оценены в ту же сумму, но записаны в списке вторыми.

3   **Панцирь "вострой гвоздь".**
     Россия, XVI (?) в.
     Железо.
     Ковка, клепка.
     Длина - 62.0 см, ширина с рукавами - 115.0 см, ширина в подоле - 58.0 см. Вес - 8200 г.
     ОР-4708 (Опись. Ч. 3. Кн. 2. № 4493)

Рубаха, сплетенная из металлических колец, была излюбленным защитным вооружением русской дворянской конницы XVI-XVII вв. Описи оружия этого времени достаточно четко выделяют два вида этой одежды - кольчугу и кольчатый панцирь. Кольчуга, появившаяся на Руси еще в раннем средневековье, собиралась из чередовавшихся цельных и склепанных двусторонними заклепками колец. В сечении кольчужные кольца обыкновенно круглые. Панцирь (термин употребляется со второй половины XV века) состоял из склепанных односторонними заклепками расплющенных колец. Преимущество панцирей перед кольчугами заключалось в их меньшем весе при зачастую более плотном плетении (результат уплощения колец) и единообразии в изготовлении и сборке колец. В XVI-XVII веках панцири явно вытеснили кольчугу из комплекса вооружения всадника русской дворянской конницы.

К концу XVII века в кремлевском хранилище царского оружия находилось 60 панцирей. Переписная книга 1686 года, основываясь на некоторых особенностях их конструкций, выделяет среди них несколько групп. Но лишь у пяти панцирей эти особенности оказались настолько характерными, что послужили основанием для получения этими панцирями собственных названий. Среди них - представленный на выставке панцирь "вострой гвоздь"(острый гвоздь). В перечне панцирей 1686 года он занимает шестое место и оценен в немалую сумму - 15 рублей.

Название панциря явно связано с особым способом скрепления колец: необычно длинные заклепки образуют на внешних сторонах колец острые выступы. Судя по толщине скрепленных мест, кольца собирались в горячем состоянии и при склепке сваривались, что увеличивало прочность доспеха. Покрой панциря несколько архаичен и напоминает кольчужный: он имеет округлый ворот с глубоким, без запаха, разрезом спереди и два разреза на подоле (спереди и сзади). Кольца на вороте, подоле и рукавах мельче, чем на груди и спине. Рукава переставлены с другого панциря, возможно - западноевропейского. Заклепки на кольцах рукавов имеют характерную особенность: на каждой из них выбито изображение короны. Аналогичные заклепки есть на кольцах спины и груди другого панциря из собрания Оружейной палаты. На рукавах этого панциря изображений корон, однако, нет. Возможно, именно его рукава были когда-то переставлены на панцирь "вострой гвоздь".

4   Сабля "большого наряда".
Россия, Москва, Оружейная палата, первая половина XVII в., клинок - Турция, 1624 г.
Золото, серебро, сталь, дерево, тесьма, драгоценные камни.
Ковка, резьба, чеканка, эмаль, инкрустация, насечка золотом.
Длина общая - 105.5 см.
ОР-137 (Опись. Ч. 4. Кн. 3. № 5903)

В составе Оружейной палаты XVII столетия хранилось более тридцати сабель, отнесенных в Переписной книге 1687 года к группе "большого наряда". От других образцов подобного оружия они отличались лишь тем, что все детали их рукоятей и ножен были изготовлены из золота и серебра и украшены драгоценными камнями. Словосочетание "большой наряд" в русских документах XVII века использовалось в качестве обозначения драгоценного, церемониального облачения царей и для государственных регалий - венца, скипетра и державы. Таким образом сабли "большого наряда" либо являлись частью церемониального царского облачения, либо относились к комплекту военных регалий российского самодержца.

Представленная на выставке сабля "большого наряда" была названа в книге 1687 года на шестой позиции. Ее клинок, откованный из высококачественной булатной стали, имеет восточное происхождение. С внешней стороны клинка золотом насечено фигурное клеймо с арабской надписью "КРЕПКО УТВЕРЖДАЮ" и с датой изготовления "1024 год", по мусульманскому календарю, что соответствует 1624/1625 году от Р.Х. Рукоять сабли и ножны обложены чеканным серебром, имитирующим фактуру кожи акулы, которую часто использовали в странах Востока и Восточной Европы при изготовлении деталей клинкового оружия. На серебре сохранились следы прежнего золочения. Навершие рукояти, выполненное в виде головы орла, гарда и прибор ножен - золотые, украшены чернью, цветной эмалью и нефритовыми накладками, инкрустированными золотой проволокой, алмазами, рубинами и изумрудами.

При сабле сохранился драгоценный пояс, по конструкции представляющий собой плечевую портупею. Он изготовлен из красно-синей шелковой тесьмы. На каждой из двух круглых больших золотых пряжках пояса в технике цветной эмали выполнены миниатюрные геральдические изображениями двуглавого орла, двух львов и единорога.

Точное время изготовления сабли еще не установлено. Известно только то, что это не могло произойти ранее 1624 года. Однако декор сабли близок к декору таких шедевров мастеров Оружейной палаты, как шлем "шапка ерихонская" работы Никиты Давыдова (кат. № 1) и саадак "большого наряда" (кат. № 5). Не исключено, что сабля "большого наряда" могла быть изготовлена в конце 20-х - начале 30-х годов XVII века для царя Михаила Федоровича и составляла вместе с вышеперечисленными памятниками единый комплект его боевого облачения.

5   Саадак (колчан и налуч) "большого наряда"
Россия, Москва, Серебряный приказ, 1627-1628 гг.
Золото, серебро, драгоценные камни, кожа, ткань, тесьма, шнур. Резьба, эмаль, шитье.
Длина налуча - 78.4 см, длина колчана - 47.5 см.
ОР-144 (Опись. Ч. 4. Кн. 3. № 6331)

В XVI-XVII столетиях под термином "саадак" понимали целый комплект вооружения всадника, в который входили лук, вложенный в налуч, и колчан со стрелами. Еще в XVI веке это было основное оружие воина русской поместной конницы. В XVII веке саадаки были уже в основном вытеснены огнестрельным оружием - седельными пистолетами и карабинами. Как боевое оружие они сохранялись лишь в сторожевых отрядах и национальных формированиях из представителей восточных районов страны. Их применение продолжалось и в качестве охотничьего оружия.

С середины XVI века и на протяжении всего XVII столетия группа из трех саадаков - "большого", "другого" и "третьего" занимала наиболее важное место в комплекте церемониального оружия русских самодержцев. "Большой саадак" был при главном, наиболее знатном рынде. Во всех документах именно с него начинался отсчет всех боевых царских регалий. Помимо колчана и налуча в комплект саадака "большого наряда" входили: тахтуй - шелковый чехол для налуча, лук и стрелы, а также покровец (кат. № 6).

Представленный на выставке, саадак "большого наряда" с 1628 по 1656 год был главной боевой регалией царей Михаила Федоровича (1613-1645) и его сына Алексея Михайловича (1645-1676). Он использовался в оформлении их многочисленных церемониальных походов и объездов, а в 1654 году был включен под первым номером в состав "походной оружейной казны" царя Алексея Михайловича, собранной на время русско-польской войны 1654-1666 годов.

Саадак был сделан в Серебряном приказе, основной царской ювелирной мастерской, - в ноябре 1628 года. В его создании участвовала целая группа иностранных ювелиров: Яков Гаст, Кондратий Фрик, Юлиус Пфальцке, Яков Фрик, Ануфрий Рамздер, Елькан Лардинус, Иоган Болларт, Ян Лент, Индрик Буш и Авраам Юрьев. В 20-х годах XVII века эти мастера участвовали в изготовлении предметов "большого наряда" (скипетр, держава и венец) царя Михаила Федоровича. Хотя в документах их и называют "немецкими мастерами", все они были выходцами из различных европейских государств. К сожалению в документах не сохранилось ни правильного латинского написания их имен, ни данных об их происхождении. Известно только, что указанный первым Ян Гаст был англичанином.

Кожаная основа налуча и колчана саадака обложены золотом и представляют собой единую ажурную резную композицию, состоящую из вьющихся стеблей, листьев и цветов, расцвеченных цветной эмалью, алмазами, рубинами и изумрудами. Государственную значимость саадака подчеркивают геральдические изображения, выполненные в технике цветной эмали. В верхней части налуча в большом центральном круглом клейме помещен герб России - двуглавый орел под тремя коронами. Вокруг него в небольших круглых медальонах изображены: одноглавый белый орел с короной в когтях, грифон с державой, единорог со скипетром и лев, стоящий на задних лапах, с мечом. В нижней части налуча в большом круглом клейме помещена древняя эмблема Великих князей Московских - князь на коне, поражающий копьем дракона. На колчане в круглых медальонах изображены: в верхней части - двуглавый орел, в нижней - единорог.

Согласно Переписной книге 1687 года, саадак был оценен в фантастическую для того времени сумму - 2905 рублей.

**6   Покровец саадачный "большого наряда".
     Россия, Москва, Оружейная палата, XVII в.**
Ткань, серебряная нить, жемчуг.
Шитье.
Длина - 150.0 см, ширина - 100.0 см.
ТК-170 (Опись. Ч. 4. Кн. 3. № 6356)

Саадачный покровец - обязательная часть комплекта царского церемониального саадака (кат. № 5). Функции покровца не совсем ясны. Возможно, он использовался в качестве драгоценного покрова саадака и в ходе торжественных церемоний и при его хранении в оружейной казне. Однако имеется точка зрения, что во время царских церемониальных маршей саадачные покровцы "большого наряда" несли в развернутом виде перед русским самодержцем.

По своему внешнему виду саадачный покровец "большого наряда", представленный на выставке, являлся настоящим штандартом русского царя. В его центральной части вышит большой двуглавый орел под тремя коронами с эмблемой Великого князя Московского на груди. Вокруг герба обведена красная кайма, на которой в клеймах вышиты гербы царств, княжеств и земель, входивших в состав Русского государства в XVII веке: Казанского, Астраханского, Сибирского и Болгарского царств; Новгородского, Тверского, Псковского, Нижегородского, Рязанского и Ростовского княжеств; Пермской и Вятской земель.

Этот покровец впервые упоминается в Переписной книге 1687 года под первым номером. По всей видимости, он был изготовлен в 50-е годы XVII века для саадака "большого наряда", приобретенного в 1656 году в Турции для царя Алексея Михайловича (Опись. Ч. 4. Кн. 3. № 6333).

**7   Седло.
     Турция, Стамбул, середина XVII в.**
Золото, серебро, драгоценные камни, жемчуг, бархат, дерево, кожа, тесьма.
Шитье, ткачество, чеканка, золочение.
Длина - 40.0 см, высота передней луки - 32.0 см.
К-229 (Опись. Ч. 6. Кн. 5. № 8522)

2 августа 1656 года греческие купцы Аврам Родионов и Дмитрий Константинов преподнесли царю Алексею Михайловичу и его наследнику, царевичу Алексею Алексеевичу (1654-1670) два турецких шитых золотом седла с характерной отличительной особенностью - золотыми пластинами с рубинами и изумрудами, которые были "по сторонам обнизаны жемчугом". Пометы в Приходных книгах царской казны указывают, что седла были взяты в Конюшенный приказ (Кологривов. С. 148, 151). Возможно, перед нами одно из них.

Седло имеет классическую форму, отличавшую изделия лучших мастеров Стамбула середины XVII столетия. Взлетающая вверх узкая передняя лука переходит в плавную линию сидения. У седла низкая округлая задняя лука и овальные полы - "крылья". Луки седла украшают фигурные тисненые золотые пластины с рубинами и изумрудами, обрамленные рядами мелкого жемчуга. С этими истинно царскими украшениями прекрасно сочетается золотное шитье по гладкому малиновому бархату, которым обито седло. Крупное остроовальное клеймо на сидении и кайма, вышитая по краю крыльцев, заполнены стилизованным растительным орнаментом из побегов, листьев, цветов и плодов граната и артишока.

Подпруга из кожи и пестрой тесьмы с опаянными серебром пряжками, служившая для закрепления седла на спине лошади, изготовлена мастерами Конюшенного приказа. В XVII веке у седла имелись медные стремена, покрытые позолотой.

В Описи разным конюшенным вещам 1687/1706 года (РГАДА. Ф.396, оп. 2, ч. 2. № 1022) записано под пятнадцатым номером в главе "Седла золотые" как "седло турское" (турецкое).

**8   Комплект сбруи: оголовь и паперсть.
     Турция, ранее 1634 г.**
Золото, серебро, драгоценные камни, кожа, тесьма, железо.
Золочение, чеканка, чернь, резьба.
Оголовь: длина - 107.0 см, паперсть: длина ремней - 73.0, 73.0, 68.0 см.
К-237, К-224 (Опись. Ч. 6. Кн. 5. № 8689)

Комплект сбруи царя Михаила Федоровича входит в

число тех памятников, которые удалось датировать по архивным документам XVII века. В книге поступлений в царскую казну за 1634 год имеется запись о том, что 28 сентября в Кремле, в Золотой палате на приеме у царя Михаила Федоровича был посол турецкого султана Мурада IV (1623-1640) Муслы ага, а также турецкие и греческие купцы. Среди купцов были тезки - два Онтона. "Онтон другой" преподнес государю комплект сбруи, состоящий из оголовья с мундштучным железом (bridle with a bit) и паперсти. По описаниям в Приходной книге царской казны и позднейших Переписных книгах Конюшенной казны комплект удалось узнать. В Описи 1687/1706 года он записан под № 27 в главе "Мундштуки" (bridles with bits) без указания даты поступления в казну и места изготовления.

Оголовье состоит из трех ремней - головного (основного, к нему был прикреплен снятый впоследствии железный мундштук с поводьями из шелковой тесьмы), налобного ремня и ошейка с тремя резными подвесками. В центре налобного ремня - массивная круглая пластина из чеканного золота, украшенная рубинами, изумрудами и пятью крупными зелеными перидотами. Такие же, но меньшие по размеру золотые пластины помещены в местах соединения налобного и головного ремней.

Паперсть составлена из двух ремней с железными золочеными крюками на концах, которые крепились к седлу спереди, и третьего, заканчивающегося петлей, который крепился к подпруге под седлом. Центральная пластина паперсти серебряная, золоченая, прорезная, с драгоценными камнями.

Широкие ремни оголови и паперсти унизаны серебряными позолоченными пластинами двух видов - квадратными с драгоценными камнями и узкими прямоугольными. Под ажурные пластины с изысканным резным и черневым орнаментом подложена золотная тесьма, мерцающая под прорезным узором. Обилие драгоценных материалов, а главное - сложность и совершенство техники исполнения послужили причиной того, что в 1634 году комплект был оценен в очень значительную для того времени сумму - 240 рублей и взят в царскую казну.

9   Стремена.
      Турция, XVII в.
      Железо, золото, драгоценные камни.
      Ковка, чеканка.
      Высота - 14.0 см.
      К-958 (Опись. Ч. 6. Кн. 5. № 8449)

В России в XVII веке высоко ценились турецкие стремена - массивные и очень нарядные. Их использовали и с турецкими и с русскими седлами. Форма представленных на выставке стремян наиболее типична для Турции - у них удобные для всадника широкие прямоугольные основания и фигурные дужки. Стремена выкованы из железа и позолочены. С внешней стороны они окованы листами золота с чеканным узором, на котором сверкают рубины и изумруды. Когда-то стремена были обиты изнутри золотистой турецкой тканью - алтабасом (ткань не сохранилась).

В собрании Оружейной палаты сохранилось 8 пар турецких окованных золотом стремян XVII века с рубинами и изумрудами. Три пары подобных стремян датируются 1656 годом, когда в казну царя Алексея Михайловича была взята большая группа конского снаряжения из привоза греческих купцов (Кологривов. С. 144, 148, 151).

К сожалению, сведения источников не позволяют определить, к какому именно привозу относятся стремена, представленные на выставке. Наиболее раннее известное нам описание данных стремян содержится в Описи 1687/1706 года.

10   Подшейная кисть ("науз").
      Россия, Москва, мастерские Конюшенного
      приказа, первая половина XVII в.
      Серебро, дерево, шелк, тесьма, нити золотные.
      Чеканка, резьба, литье, шитье, ткачество.
      Длина - 77.0 см
      К-1059 (Опись. Ч. 6. Кн. 5. № 9001)

Подшейные конские кисти как символы репрезентации власти известны в России с XVI века. Еще на Царь-пушке, отлитой по царскому указу в 1586 году на Московском Пушечном дворе, царь Федор Иванович (1584-1598) изображен верхом на лошади с подшейной кистью. В описи имущества Бориса Годунова 1593 года (тогда еще боярина) названы четыре подшейных конских кисти, а в седельной казне царя Василия Шуйского 1610 года большинство конских уборов имели подшейную кисть - "науз" из шелка и серебра или "боболев хвост" из конского волоса. На протяжении XVII века подшейные кисти были обязательной принадлежностью "большого конского наряда", на их изготовлении специализировались особые мастера Конюшенного приказа.

Из 20 подшейных кистей, вошедших в Описи 1687/1706 года, шесть имеют датировку. Наиболее ранние "боболевы хвосты" в собрании Оружейной палаты относятся к 1615-1617, а наузы - к 1621-1622 годам. Данный науз упоминается в Описи 1687/1706 года под № 5 без указания на время поступления в казну.

В центре деревянного круга закреплено серебряное навершие, по краям - длинные нити, скрученные из шелка и серебра, образуют большую кисть. С помощью малиновой шелковой тесьмы науз присоединялся к узде и свешивался под шею лошади. Деревянный круг обтянут сверху красным атласом с характерным для русских наузов узором в виде вышитой серебряной канителью сетки, снизу - редкостной иранской шелковой тканью XVI века.

Навершие в виде кубка и двух львов на подшейной кисти уникально. Но на других предметах конского снаряжения, выполненных в кремлевских мастерских, изображения львов встречаются неоднократно: на конских цепях, попонах, седлах. Изображения львов, иногда в сочетании с изображениями единорога, грифона, двуглавого орла характерны для седел, выполненных в Кремлевских мастерских в первой половине XVII века. Так например, изображения львов имеются на седлах царя Михала Федоровича (Опись. Ч. 6. Кн. 5. № 8501, 8507). Науз со львами следует также отнести к ранним памятникам музея.

11 Решма ("узденица").
Турция, середина XVII в.

Золото, серебро, драгоценные камни.
Чеканка, резьба.
Высота - 9.0 см.
К-1093 (Опись. Ч. 6. Кн. 5. № 9005)

Изогнутая фигурная пластина на переносье лошади с цепочкой, охватывавшей морду, соединялась с уздой и дополнительными поводьями из тесьмы. Она служила более строгому управлению лошадью. Из-за функционального назначения эту деталь конской сбруи в России в XVII веке называли "узденицей" (маленькой уздой).

В сокровищнице московских царей хранились узденицы не только русской работы, но и турецкие. Сверкающая золотая или серебряная пластина на переносье коня была заметна издали, и мастера придавали особое значение тщательной отделке этой детали конской сбруи. Ювелиры Стамбула превращали узденицы в настоящие ювелирные украшения.

На чеканной поверхности золотой узденицы закреплены драгоценные камни прямоугольной огранки. Крупный изумруд в центре окружен тремя рядами чередующихся рубинов и изумрудов. На гладкой оборотной стороне - резное клеймо характерной остроовальной формы, повторяющее своими очертаниями контуры узденицы. Центральное клеймо и орнаментальная полоса по краю пластины заполнены тончайшим растительным орнаментом. Узденицу использовали для украшения царских выводных коней во второй половине XVII века. Впервые упоминается в Описи 1687/1706 года в главе "Узденицы золотые" под № 6.

12 Цепь.
Россия, мастерские Московского Кремля, XVII в.

Серебро.
Чеканка.
Длина - 286.0 см. Вес - 3271.2 г.
К-107 (Опись. Ч. 6. Кн. 5. № 9062)

Цепь на царскую лошадь длиной почти в 3 метра и весом более 3 килограммов выкована из серебра и украшена тщательно проработанным чеканным растительным узором.

Серебряные конские цепи - главный элемент Большого конского наряда. Именно цепи, поводные и гремячие, чаще всего упоминаются в Дворцовых разрядах XVII столетия при описании церемониальных процессий.

Репрезентативная функция цепей была двоякой. Массивные украшения из драгоценного металла, многие из которых украшены геральдическими изображениями, служили наглядной демонстрацией блеска и величия государства. Не менее важной была функция репрезентативного шума, создаваемого звоном многочисленных серебряных цепей на лошадях с царской конюшни.

Звенья гремячих цепей делались из широких серебряных полос, изогнутых в форме цифры "8". В Описи 1687/1706 года вошло 96 серебряных конских цепей - золоченых через звено или серебряных белых, украшенных чеканкой, гравировкой, тиснением. Согласно пометам в старых описях, цепи, отличавшиеся особенно искусной обработкой металла, были изготовлены не мастерами Конюшенного приказа, а ювелирами Серебряной палаты Кремля. Большинство цепей состояли из 19 звеньев. С помощью кожаных ремней они закреплялись на лошади таким образом, что 5 центральных звеньев образовывали ожерелье - "ошеек", а две боковые части цепи, каждая из 7 звеньев, тянулись к седлу. Но лишь некоторые цепи дошли до нас в первоначальном виде. Последние упоминания об использовании конских цепей в торжественных процессиях относятся к 1720-м годам: во время церемонии погребения Петра I в Петербурге (1726) и при въезде Петра II в Москву на коронацию (1728) (РГАДА. Ф. 396, оп. 2, ч. 2. № 1260). Впоследствии цепи чинили и переделывали при подготовке к коронациям Российских императоров: во время коронационных торжеств древние цепи из Конюшенной казны украшали Грановитую палату и залы Большого Кремлевского дворца.

13 Наколенники.
Россия, Москва, мастерские Московского Кремля, XVII в.

Серебро.
Чеканка, золочение.
Высота - 10.5 см.
К-129, К-130 (Опись. Ч. 6. Кн. 5. № 8810)

Широкие серебряные обручи - наколенники были принадлежностью парадного конского снаряжения в России XVI-XVII столетий.
Наколенники сверкают позолотой. Каждый из них состоит из двух изогнутых полос серебра, соединенных штифтом и шарниром. Всю их поверхность чеканщики заполнили растительным орнаментом из вьющихся стеблей с листьями, четко выделяющимся на углубленном фоне. По краям наколенников видны небольшие отверстия, служившие для прикрепления подкладки из бархата, тафты или шелка, делавшиеся для того, чтобы не повредить ноги коню.

В дворцовых архивах XVII века сохранились указания на то, что в ходе подготовки к различным торжественным процессиям в нескольких кремлевских мастерских - Конюшенного приказа и Серебряной палаты -

изготавливались десятки пар конских наколенников. Так, в 1679 году в Серебряной палате делали "серебряные позолоченные обручи на 100 лошадей" царя Федора Алексеевича (1676-1682).

14 Попона ("чалдар").
Турция, середина XVII века.
Бархат, серебро, рубины, жемчуг, атлас.
Ткачество, чеканка, шитье (вышивка).
174.0 x 155.0 см.
ТК-2620 (Опись. Ч. 6. Кн. 5. № 9084)

Предметы парадного конского убранства и, прежде всего, разнообразные попоны составляли значительную часть посольских и торговых привозов из Турции. Представленная на выставке попона была привезена в Москву в XVII веке. Близкая ей по описанию значилась среди подарков грека Дмитрия Астафьева, бывшего в составе турецкого посольства 1654 года. Попона выполнена из темно-красного бархата и украшена золочеными серебряными прорезными запонами с рубинами, помещенными среди стилизованных предметов и зубчатых листьев, вышитых жемчугом.

15 Булава парадная боярина и оружничего Г.Г. Пушкина.
Россия, середина XVII в.
Дерево, серебро.
Резьба, чеканка, гравировка, золочение.
ОР-132 (Опись. Ч. 4. Кн. 3. № 5192)

Булава вплоть до XVI века являлась обычным оружием русской кавалерии (Кирпичников. С. 27-29). В XVII столетии это грозное ударное оружие превратилось в символ воинской власти. В коллекции Оружейной палаты хранятся несколько булав, согласно надписям на них, принадлежавших русским воеводам (начальникам гарнизонов крепостей и командирам крупных воинских соединений) и руководителям приказов.

Булава, представленная на выставке, принадлежала известному русскому государственному деятелю первой половины XVII века, оружничему, боярину Григорию Гавриловичу Пушкину, о чем свидетельствует надпись, отчеканенная на поддоне рукояти: "БОЯРИНА И ОРУЖНИЧЕГО ГРИГОРИЯ ГАВРИЛОВИЧА ПУШКИНА". Дата рождения Г.Г. Пушкина неизвестна. Он происходил из знатного древнего московского рода. Именно из этой среды на протяжении двух столетий и назначались руководители Оружейной палаты. Свою службу он начал в 1616 году. Неоднократно назначался воеводой различных полков русского войска и городов, участвовал в трех крупных посольствах в Польшу и Швецию. Высший служилый чин при дворе - боярин - он получил 15 августа 1645 года, а еще через несколько месяцев был назначен оружничим. Умер в 1656 году.

Таким образом, булава могла быть изготовлена между

1646 и 1656 годами. Ее шарообразное навершие покрыто гладким золоченым серебром, украшенным тремя гравированными растительным орнаментом клеймами. Рукоять булавы деревянная, обложена серебряными золочеными трубками. Это было личное оружие вельможи, и потому не хранилось в царской казне. В Оружейную палату булава поступила в 1690 году из Приказа розыскных дел (государственное учреждение, осуществлявшее в XVII веке расследование государственных и уголовных преступлений) вместе с конфискованным имуществом князя В.В. Голицына (подробнее см. кат. № 32).

16 Панцирь московский.
Россия, Москва, XVII в.
Железо.
Ковка, клепка.
Длина - 80.0 см, ширина с рукавами - 96.0 см, ширина в подоле - 62.0 см. Вес - 11480 г.
ОР-4749 (Опись. Ч. 3. Кн. 2. № 4521)

Среди панцирей, перечисленных в Переписной книге 1687 года, в качестве особой группы выделены московские панцири. Основанием для выделения группы послужило, однако, не место производства: в число шестнадцати московских панцирей включен один, названный в перечне немецким, однако сходный с остальными пятнадцатью по конструкции.

Московские панцири отличаются от других панцирей перечня ("черкасских", "немецких", "русских", "коробчатых") прежде всего очень плотным, почти не оставляющим зазоров между кольцами плетением. Сами кольца, как правило, невелики по диаметру, но при этом достаточно толстые, до 1.5 мм. Число колец в московских панцирях превышает 50000, в то время, как, например, в немецких - около 20000 (Гордеев. С. 89, 92). Сборка панцирей проходила, вероятно, при сильном нагреве колец, чем обеспечивалась их прочность. Еще одна особенность московских панцирей - их большой вес (в среднем вдвое больший, чем у немецких или черкасских). Последовательность сборки московских панцирей также весьма своеобразна: в большинстве случаев рукава набраны из других, нежели у самих панцирей, колец и приплетены позднее.

В XVI веке свободный вывоз оружия и защитного вооружения из России был воспрещен. Известность русских панцирей была, однако, столь высока, что с просьбами об их присылке или о разрешении на их приобретение к русскому царю обращались иранские шахи, крымские и ногайские ханы, немцы (видимо, рыцари Ливонского ордена). В дипломатических документах при этом неоднократно отмечается, что панцири из России не пробиваются стрелами.

Представленный на выставке панцирь - самый тяжелый из известных московских панцирей. К характерным особенностям его кроя можно отнести трапециевидную форму ворота с очень длинным и без запаха разрезом спереди. Спереди и сзади на подоле - разрезы. Передняя часть подола несколько длиннее задней. Особое внимание обращает на себя превосходное качество плетения мелких колец панциря.

17 **Зерцала.**
   Россия, XVII в.
   Железо, медь, ткань.
   Ковка, золочение.
   Длина нагрудной пластины - 28.5 см, длина наспинной пластины - 22.7 см. Вес - 2820.0 г.
   ОР-4183 (Опись. Ч.3. Кн. 2. № 4577)

Это самый простой по конструкции, самый распространенный в России в XVI-XVII веках вариант зерцального доспеха. Четыре металлические пластины (нагрудная, наспинная и две боковые) соединялись сеткой из металлических колец, кожаными ремнями или, как в данном случае, тканой тесьмой. В настоящее время в Оружейной палате хранятся около пятидесяти подобных комплектов, однако лишь некоторые из них декорированы и при этом столь своеобразно.

В центре нагрудной и наспинной пластин - выпуклые сердцевидные щитки с изображением двуглавого орла - герба России. Символика, однако, явно уступает здесь место декоративности. Само тело орла повторяет сердцевидный контур щитка, а покрывающие его перья подчеркнуто нареалистичны. Языки орла, обычно изображавшиеся грозно высунутыми из хищно раскрытых клювов, превращены в растительные завитки. Но особенное удивление вызывает отношение неизвестного мастера к христианской символике: кресты на коронах и даже часто изображавшийся между головами орла голгофский крест он заменил на изображения цветов.

Первоначальный облик зерцала, судя по описанию 1687 года, был еще более декоративным: белое и золоченое серебро изображений и орнаментальных полос высвечивалось на фоне сплошных вороненых пластин, подложенных красным и зеленым сукном и соединенных между собой шелковой зеленой тесьмой.

18 **Шапка железная "ложчатая" боярина Н.И.**
   Романова.
   Россия, XVI в. (?)
   Железо.
   Ковка, гравировка, резьба, клепка.
   Диаметр - 20.5 см. Вес - 1550 г.
   ОР-2060 (Опись. Ч. 3. Кн. 2. № 4430)

В начале XVI века в России широко распространился кольчато- пластинчатый доспех, получивший название "бахтерец" (бехтерец). Он имел вид куртки без рукавов с одним или двумя боковыми разрезами и собирался из нескольких сотен металлических пластин, соединявшихся при помощи панцирных или кольчужных колец. Пластины, частично перекрывавшие друг друга, образовывали два и

даже три слоя металлической защиты, что, в сочетании с амортизирующим действием одевавшейся под бахтерец стеганой одежды, делало этот доспех почти непробиваемым.

В XVII веке бахтерцы почти вышли из употребления, уступив место более простым по конструкции доспехам, однако они продолжали использоваться знатью в качестве парадного вооружения. Два украшенных позолотой бахтерца находились в походной казне царя Алексея Михайловича в походе 1654 года.

Представленная на выставке железная шапка - единственное сохранившееся в Оружейной палате до настоящего времени боевое наголовье с " бахтерцевым подбором". Свое название - "шапка ложчатая" - она получила из-за продольных углублений на колпаке, называвшихся в XVII веке "ложками". В кремлевском пожаре 1737 года шапка серьезно пострадала и, видимо, именно тогда исчезла позолота на "ложках" и бахтерцевых пластинах, а также серебрение на наушах. Упоминаемые в Переписной книге 1687 года атласные завязки - лопасти были утрачены еще раньше.

Владелец шапки, Никита Иванович Романов, приходился двоюродным братом царю Михаилу Федоровичу и, соответственно, двоюродным дядей его сыну, царю Алексею Михайловичу. О его жизни и деятельности известно, к сожалению, очень мало. Ближайший царский родственник, Никита Иванович стал боярином в 1645 году, пройдя все ступени придворной службы (представители некоторых знатных родов становились боярами, минуя эти ступени). Известно вместе с тем, что он оказывал большое личное влияние на своего племянника - царя и одновременно был популярен в среде московских и псковских горожан и служилых людей, что несколько раз давало ему возможность улаживать конфликты между народом и властью. Боярин Никита Иванович Романов интересовался иностранными обычаями и некоторые из них перенимал: ездил на охоту в немецкой одежде, одевал своих слуг в ливреи. Именно ему принадлежал английский бот, в 1688 году найденный молодым царем Петром в подмосковном селе Измайлове и получивший позднее наименование "дедушки русского флота".

Никита Иванович Романов скончался в 1654 году, возвращаясь вместе с царем из победоносного Смоленского похода. Боярин не имел детей, и все его огромное имущество было распределено между царскими и патриаршими хранилищами, роздано по церквям и монастырям. Почти все оружие поступило в Оружейный приказ.

19 **Рогатина.**
   Россия, XVII в.
   Дамасская сталь, дерево.
   Ковка, насечка золотом.
   Длина пера с трубкой - 28.0 см.
   ОР - 891 (Опись. Ч. 4. Кн. 3. № 5627)

Под термином "рогатина" историки русского оружия, как

правило, понимают тяжелое копье с листовидным или ланцетовидным боевым наконечником (пером), который плавно переходил в трубку (тулею), насаживавшуюся на древко (скепище). Согласно сохранившимся описаниям рогатин XVI-XVII веков, к древку приделывалось по два-три сучка для того, чтобы воину было удобнее держать его в бою и оружие не выскальзывало из рук при сильном ударе.

Как основной вид русского древкового оружия рогатина просуществовала со времен Киевской Руси до конца XVII века (Кирпичников. С. 21). Существует мнение, что в Древней Руси особая, украшенная, рогатина была одним из основных символов власти князей (Левыкин. С. 64-69). В XVI-XVII веках рогатина была включена в состав боевых регалий русских царей.

Настоящая рогатина находилась в царской оружейной казне и фигурирует в Переписной книге 1687 года под девятым номером. В документах XVII века термин "красное железо", как правило, использовался для характеристики дамасской стали, изготовленной в России. Использование этого термина при описании рогатины указывает на ее русское происхождение. Это подтверждает и характер насеченного золотом растительного орнамента на нижней части пера и граненой трубке рогатины.

20 Шестопер парадный.
Россия, Оружейная палата, XVII в.
Железо.
Ковка, резьба, золочение, серебрение.
Длина общая - 64.5 см.
ОР-50 (Опись. Ч. 4. Кн. 3. № 5225)

Шестопер - ударное оружие, боевую часть которого составляют шесть металлических пластин - "перьев". Он был широко распространен в России в XV-XVI веках в качестве боевого оружия, рассчитанного на поражение противника, облаченного в мощный защитный доспех (Кирпичников. С. 27-29). В современной коллекции Оружейной палаты сохранились в основном парадные образцы шестоперов, которые использовались в качестве символов военачалия.

Шестопер, представленный на выставке, прекрасно соединяет в себе парадные и боевые качества. Каждая из его шести стальных резных боевых пластин - изображение половины герба России. Каждая пара соседних пластин составляет фигуру двуглавого орла под коронами со скипетром и державой в когтях (всего шесть изображений). Над орлами укреплена большая царская корона. Перья, орлы и большая корона сохраняют на себе следы прежнего золочения. Навершием рукояти шестопера служит небольшая композиция, состоящая из четырех маленьких стальных пластин, вырезанных по форме орлиного крыла, каждая пара которых также составляет изображение герба (всего четыре изображения). Рукоять шестопера выкована из стали в виде круглых и граненых трубок, разделенных между

собой фигурными обоймами. На рукояти сохранились следы прежнего золочения и серебрения.

Характер декора шестопера указывает на его принадлежность к царскому оружию. Однако среди документов Оружейной палаты свидетельств о его использовании не сохранилось.

21 Сабля в ножнах.
Россия, Москва, Оружейная палата, первая половина XVII в.
Сталь, серебро, дерево, кожа, перламутр.
Ковка, золочение, чеканка, насечка золотом.
Длина общая - 93.0 см.
ОР-4564 (Опись. Ч. 4. Кн. 3. № 5927)

Как вид колюще-рубящего оружия с изогнутым клинком, сабля была хорошо известна на территории России еще с домонгольского времени. Уже в конце XV столетия она полностью вытеснила прямой европейский меч и стала основным видом клинкового оружия русской поместной конницы (Кирпичников. С. 26). Согласно документальным описаниям и немногочисленному изобразительному материалу, в XVI - начале XVII века в России были наиболее распространены сабли с мощными широкими клинками, позволявшими с успехом нанести поражение противнику, облаченному в тяжелый защитный доспех. Конструкция рукоятей в основном была близка к восточным типам - турецкому или иранскому.

Представленная на выставке сабля относится именно к такого рода оружию. Ее мощный, широкий изогнутый клинок с ярко выраженной елманью изготовлен из дамасской стали. Острие клинка имеет утолщение и рассчитано на нанесение колющего удара по противнику, защищенному кольчатым доспехом. С обеих сторон полосы клинка для усиления его прочности выбраны по два глубоких дола. Пята клинка и долы украшены искусным насеченным золотом орнаментом. Отсутствие на клинке клейм и каких - либо надписей на арабском языке свидетельствует о том, что он был изготовлен на территории России. Оригинальная рукоять сабли с навершием в виде головы орла была утрачена. Сохранилась лишь гарда в форме крестовины с загнутыми вниз концами, завершающимися головами дракона. Деревянные ножны сабли обложены белой кожей. Прибор ножен - устье, две обоймы с кольцами и наконечник - серебряные, золоченые, украшены чеканным орнаментом.

Сабля была взята в Оружейную палату в 1642 году у Павла Пятого Спиридонова - дьяка (начальника делопроизводства) Разрядного приказа, главного военного ведомства России XVI-XVII веков. К сожалению, документ не поясняет, принадлежала ли сабля ему или выдавалась в пользование. В Переписной книге 1687 года имеется пометка, что прибор ножен и рукоять были изготовлены в Серебряном приказе Московского Кремля при боярине, князе Борисе Александровиче Репнине, который возглавлял Оружейную палату в конце

30 -х - начале 40-х годов XVII века. Известно, что в 1727 году сабля была взята из Оружейной палаты для императора Петра II, находившегося в Москве. Возвращена она была только в 1736 году. Скорее всего, именно в это время и была утрачена первоначальная рукоять сабли.

22 Саадак (колчан и налуч).
Россия, Оружейная палата, 1666 г.
Мастер - Дмитрий Астафьев.
Кожа, ткань, серебро, драгоценные камни.
Шитье, золочение, скань, эмаль.
Длина налуча - 68.0 см, длина колчана - 38.0 см.
ОР-4471 (Опись. Ч. 4. Кн. 5. № 6340)

Настоящий саадак - так называемый "третий саадак" из состава царского церемониального комплекта оружия. Он был изготовлен "строчным мастером" (мастером, изготовлявшим и украшавшим предметы военного снаряжения из кожи) Дмитрием Астафьевым в 1666 году для подношения царю Алексею Михайловичу на праздник Пасхи. Практика изготовления парадного, богато украшенного оружия лучшими оружейниками Оружейной палаты для пасхальных подарков русскому самодержцу была введена в 1656 г. оружничим Богданом Матвеевичем Хитрово и сохранялась вплоть до 80-х годов XVII века.

В Переписной книге 1687 года этот саадак был вписан на восьмой позиции. Он сшит из красного "персидского хза" (вид кожи специальной выработки, которая использовалась на Востоке при изготовлении ножен сабель и военного снаряжения). Налуч и колчан украшены по всей поверхности вышитым стилизованным растительным орнаментом, выполненным серебряными волочеными нитями. В центре композиции изображен герб России - двуглавый орел под тремя коронами. В верхнем углу налуча сохранилась серебряная накладка, украшенная драгоценными камнями и эмалью. На колчане в верхнем углу подобная накладка выполнена в виде геральдического льва, стоящего на задних лапах. Пояс саадака шелковый, с серебряным эмалевым прибором. В документах XVII века сохранилось упоминание, что серебряные украшения саадака были изготовлены в Серебряном приказе Московского Кремля.

23 Пищаль с ударно-кремневым замком.
Россия, Москва, Оружейная палата,
1620-1630-е гг.
Мастер Лучанинов Тимофей.
Сталь, дерево, серебро, перламутр.
Ковка, гравировка, резьба, инкрустация, золочение, серебрение.
Длина общая - 124.8 см, длина ствола - 89.6 см, калибр - 10 мм.
ОР-152 (Опись. Ч. 5. Кн. 4. № 7467)

Пищаль, представленная на выставке, - прекрасный образец русского огнестрельного охотничьего оружия московской

оружейной школы первых десятилетий XVII века. Оно имеет нарезной канал ствола. На поверхности ствола по всей длине вырезана огромная змея, чешуя которой позолочена и посеребрена. Казенная часть украшена рельефным растительным орнаментом, а на прицельном щитке - буквы "ЛТI", возможно, инициалы мастера.

Ружье снабжено замком англо-голландского типа (snaphaunce) с курком S-образной формы и огнивом, укрепленным на стойке. Полка закрывалась скользящей крышкой с предохранительным щитком, укрепленным сбоку. Детали замка оформлены весьма изобретательно: на стойке огнива - резной растительный орнамент, губки курка имеют форму львиной головы под короной, нижний конец курка - в виде звериной головы. На щитке пороховой полки вырезана раковина - гребешок. Поверхность замочной доски позолочена и украшена стилизованным растительным орнаментом.

Исключительно эффектно и украшение деревянной ложи. Она инкрустирована перламутровыми фигурными вставками, серебряной проволокой, гвоздиками и звездочками. Мы не знаем имени мастера-ложевщика, но заметим, что в работе этого анонимного резчика очень заметно влияние европейского оружия, в частности английского и голландского.

В Переписной книге 1687 года дано краткое, но очень точное и яркое описание этого ружья: "ПИЩАЛЬ ВИНТОВАЛЬНАЯ ЗМЕЙ ТИМОФЕЕВА ДЕЛА ЛУЧАНИНОВА. СТВОЛ ПОКРЫТ ЗОЛОТОМ И СЕРЕБРОМ ЧЕРЕЗ ЧЕШУЮ, ОКОЛО ЗМЕЯ ДО КАЗНЫ ТРАВЫ РЕЗАНЫ ЧААДСКИЕ (арабески) ПОСЕРЕБРЕНЫ. ЗАМОК ЧЕКАННЫЙ ЗОЛОЧЕН. СТАНОК (ложа) ЯБЛОНЕВЫЙ, А НА НЕМ ВЫРЕЗАНЫ РАКОВИНЫ (перламутровые вставки), ПО МЕСТАМ НАВОД СЕРЕБРЯН. ДЕЛАНА ПРИ БОЯРИНЕ ВАСИЛЕ ИВАНОВИЧЕ СТРЕШНЕВЕ."
Таким образом, пищаль была изготовлена в период с 1626 по 1639 год. Именно в это время Оружейный приказ возглавлял родственник царя Михаила Федоровича по линии жены Василий Иванович Стрешнев. Автором пищали являлся один из лучших мастеров Оружейного приказа первой половины XVII века Тимофей Лучанинов (Ларченко. С. 24-38). Упоминание его имени в Переписной книге полностью соответствует надписи на прицельном щитке ружья. Он был представителем большой семьи оружейников, работавшей в Оружейной палате. Его имя часто встречается в документах приказа с 1621 по 1634 год в качестве мастера "самопального дела".

24 Пистолет-револьвер.
Россия, Москва, Оружейная палата, около 1625 г.
Мастер Первуша Исаев.
Серебро, сталь, дерево.
Ковка, резьба, чеканка, насечка, золочение.
Длина общая - 57.7 см, длина ствола - 29.2 см, калибр - 11мм.
ОР-160 (Опись. Ч. 5. Кн. 4. № 8351)

На протяжении всей истории стрелкового оружия

талантливые оружейники и изобретатели стремились упростить процесс его заряжения, улучшить баллистические качества и увеличить скорострельность. Достаточно эффективным было появившееся уже в XVI веке револьверное оружие. К нему относят оружие с двумя или большим количеством стволов (до четырех), которые вращались вокруг центральной оси так, что каждый ствол после очередного поворота устанавливался в позицию, из которой можно было произвести выстрел. В другом варианте пяти-шести и более каморный барабан смонтирован на оси за стволом. Барабан поворачивался рукой. При этом каждая камора поочередно устанавливалась к открытому в казенной части стволу.

Сохранилось всего два русских образца револьверного оружия, которые датируются первой четвертью XVII века. Это пятизарядное охотничье ружье (Опись. Ч. 5. Кн. 4. № 7595) и шестизарядный револьвер, представленный на выставке. И пищаль и револьвер были изготовлены мастером Оружейной палаты Первушей Исаевым (Jablonskaya. Р. 10-11). В документах Оружейной палаты с 1613 по 1625 год он упоминается в качестве "замочного мастера". Первой (уменьшительное - Первуша) - имя нехристианское и означает, что он был первым ребенком в семье. Мастер не только изготовлял замки, но и орнаментировал их. Кроме того, время от времени ему поручались и другие декоративные работы по металлу. В изготовлении сложного револьверного оружия Первуша Исаев проявил себя хорошим конструктором и знатоком современной ему европейской стрелковой техники.

О времени изготовления ружья имеется документальное свидетельство в Расходной книге Оружейного приказа по золоту 1625 года, где фиксировалось количество выданного мастерам драгоценного металла для украшения изделия. Сведения о дате изготовления пистолета-револьвера пока не обнаружены. Однако по общему конструктивному устройству и характеру декоративного оформления барабанов на оружии можно предположить, что эти предметы были сделаны в одно время и составляли гарнитур охотничьего оружия, предназначенного для царя Михаила Федоровича.

Важно отметить, что пистолет-револьвер является самым ранним образцом русского огнестрельного оружия, который снабжен кремнево-ударным замком французского типа. На замочной доске выбито клеймо в виде фигурки лебедя. Традиционно принято связывать это изображение с изделиям Первуши Исаева. И пистолет и пищаль работы этого мастера имеют достаточно совершенную для своего времени конструкцию. В отличие от револьверных барабанов, в которых каждая камора имела затравочное отверстие и полку для затравочного пороха со скользящей крышкой, мастер Первуша Исаев изготовил конструкцию с одной пороховой полкой. Внутри этого механизма вставлена специальная трубка, по которой пороховые газы поступали в зарядную камору через запальное отверстие в задней станке барабана. На внешней его поверхности имеются грани, предназначенные для удобства вращения.

Они украшены стилизованным растительным орнаментом, инкрустированным золотом и серебром. Деревянная рукоять пистолета декорирована серебряными накладками в виде цветочных розеток. Затыльник также изготовлен из серебра, чеканный растительный орнамент позолочен.

25 Пищаль с ударно-кремневым замком. Россия, Москва, Оружейная палата, первая половина XVII в.

Дамасская сталь, железо, дерево, перламутр, кость, медь.
Ковка, гравировка, инкрустация, резьба, золочение.
Длина общая - 161.0 см, длина ствола - 125.4 см, калибр - 16 мм.
ОР-414 (Опись. Ч. 4. Кн. 5. № 7466)

Пищаль с длинным массивным турецким стволом относится к лучшим образцам русского парадного охотничьего оружия первой половины XVII века, изготовленным в Оружейной палате Московского Кремля. Ствол ружья в казенной части круглый, далее на одну треть граненый и в дульной части опять круглый. Дульный срез сделан в виде распустившегося многолепесткового цветка. Между хвостовиком и казной закреплен прямоугольный прицельный щиток с прорезью. В основании граненой части ствола выбиты и инкрустированы золотом три пятиугольных клейма с арабской надписью "РАБОТАЛ АХМАТ". Прекрасные прочные стволы из дамасской стали русские оружейники XVII века часто использовали при изготовлении ружей.

Замок крупный англо-голландского типа (snaphaunce) с округлыми очертаниями нижнего края гладкой замочной доски. Детали замка украшают гравированные и прорезные ажурные орнаменты со следами прежнего золочения.

Несмотря на значительные размеры, пищаль не производит впечатления громоздкой благодаря изящной форме мушкетного приклада и серебряной инкрустации, затянувшей дерево тонким ажурным кружевом с включением легких прорезных перламутровых вставок. Особую прелесть отделке придают крошечные звездочки из светлого металла.

26 Пищаль с ударно-кремневым замком. Россия, Москва, Оружейная палата, 1654 г.

Мастер Григорий Вяткин (?).
Железо, сталь, дерево, кость, перламутр.
Ковка, гравировка, инкрустация, резьба.
Длина общая - 145.5 см, длина ствола - 110.0 см, калибр 17.5 мм, нарезов - 8.
ОР-1946 (Опись. Ч. 4. Кн. 5. № 6763)

Толщина стенок этого ружья (11 мм) равна 2/3 калибра. Он украшен гравированными изображениями воинских атрибутов - пушек, алебард, барабанов и знамен. В казенной части на золоченом фоне вырезана надпись: "ЛЕТА 7162 (1654) МЕСЯЦА АПРЕЛЯ В 6 ДЕНЬ ПО

УКАЗУ ЦАРЯ И ВЕЛИКОГО КНЯЗЯ АЛЕКСЕЯ МИХАЙЛОВИЧА ВСЕЯ РУСИИ САМОДЕРЖЦА ЗДЕЛАНА СИЯ ПИЩАЛЬ В ОРУЖЕЙНОЙ ПАЛАТЕ, ДЕЛА MIГВ". Ложа пищали с прикладом аркебузной формы изготовлена из березового дерева и украшена вставками из цветного дерева, кости и перламутра. Общий вес этого ружья-великана - более одиннадцати килограммов. По размеру, калибру и весу пищаль может быть отнесена к группе крепостных ружей. В России XVI-XVII столетий подобный вид огнестрельного оружия, представлявший собой нечто среднее между крупнокалиберным ружьем и мелкокалиберной пушкой, назывался "затинной пищалью". Однако затинные пищали как правило изготавливались в небольших местных гарнизонных мастерских и отличались не очень высоким качеством обработки ствола и ложи. В данном случае мы имеем делом с работой мастера Оружейной палаты. Завершение резной надписи на стволе - "...ДЕЛАЛ М.I.Г.В" - можно интерпретировать как сокращение: "делал мастер Григорий Вяткин". Однако при этом не совсем ясно значение буквы "I". Григорий Вяткин упоминается в документах Оружейной палаты, начиная с 1649 года по 1688 год как самопальный, ствольный и замочный мастер, что говорит о его высокой квалификации. Он делал не только огнестрельное оружие, но и доспехи (кат. № 2). Царь Алексей Михайлович достаточно высоко ценил этого мастера, неоднократно повышая ему жалование. Именно Григорий Вяткин сопровождал царскую оружейную казну в военных походах под Смоленск и Ригу в 1654-1656 годах. Интересно, что это необычное ружье было изготовлено в то же самое время.

Хотя эта пищаль была сделана в XVII столетии в Оружейной палате, в собрание музея она поступила лишь в 1810 году вместе с петербургской Рюст-камерой, куда была передана из Сибири майором Щербачевым. К сожалению, до сих пор неизвестны ни точная дата этого события, ни место, откуда она была передана.

27   Карабин с кремнево-ударным замком.
Россия, Москва, Оружейная палата, XVII в.
Сталь, дерево.
Резьба, гравировка, золочение.
Длина общая - 105.0 см, длина ствола - 78.0 см,
   калибр - 12 мм, нарезов - 8.
ОР-97 (Опись. Ч. 5. Кн. 4. № 7446)

В XVII веке карабинами называли сравнительно короткие, с облегченным прикладом ружья, предназначенные для вооружения всадников. Карабин носили на ремне, для чего с левой стороны на ложе закреплялась металлическая скоба с кольцом. В 30-е годы XVII века в России начинают формироваться новые кавалерийские части - драгунские и рейтарские полки. По примеру армий европейских государств, они были вооружены огнестрельным оружием - пистолетами и карабинами. Согласно "Государеву наказу" 1643 года, карабины и

пистолеты вошли в число обязательного вооружения всех русских всадников. Поэтому потребность в этом виде оружия в середине XVII столетия резко возрастает. Производство карабинов было развернуто на тульских заводах и предприятиях Ствольного приказа в Москве. Однако для вооружения все возрастающего количества рейтарских и драгунских полков (особенно накануне войны с Польшей) их не хватало. Большое количество карабинов с колесцовыми замками приобреталось за границей - в Германии и Голландии. В Оружейной палате изготавливалось лишь незначительное количество богато украшенных карабинов с кремнево-ударными замками, предназначенных для военачальников и царской охоты.

Образцом такого парадного оружия и является карабин, представленный на выставке. Поверхность ствола украшена золоченым резным растительным орнаментом и изображением двуглавого орла в казенной части. Канал ствола нарезной.

Чисто конструктивные детали кремнево-ударного замка (snaphaunce) превращены замочным мастером в нарядные декоративные элементы. Курок на фигурной стойке завершается резной фигуркой сирены. Упор курка представляет собой крылатого фантастического дракона. Подогнивная пружина прикрыта пластиной с весьма реалистичным изображением фигуры мужчины в кафтане.

Ложа изготовлена из красного дерева. Золоченый прибор дополняет нарядный декор карабина.

28   Пистолеты, пара.
Россия, Москва, Оружейная палата, 1660-е гг.
Мастер Осип Алферьев.
Железо, дерево, серебро.
Ковка, гравировка, оброн, скань, эмаль, золочение.
Длина общая - 47.0 см, длина стволов - 31.2 см,
   калибр - 7.5 мм.
ОР-2835, ОР-2836 (Опись. Ч. 4. Кн. 5. № 8274)

Небольшие пистолеты с прекрасными круглыми стволами, вся поверхность которых покрыта четко читаемым рельефным оброным узором из крупных цветов с листьями. В узор включены геральдические изображения: двуглавый орел под тремя коронами в казенной части, стилизованная царская корона в средней и скипетр у дульного среза. Фон узора сохраняет следы прежнего золочения.
Замки ударно-кремневые англо-голландского типа (snaphaunce) с округлой линией нижнего края доски. Детали замка украшены несложной гравировкой. Щиток полки сделан в виде раковины. В нижней части замочной доски находится фигурное пятигранное клеймо с именем мастера "ОСИПЪ" (Гордеев. С. 37). Надпись в клейме расположена в две строки. В Оружейной палате в середине XVII века работал лишь один мастер с таким именем - Осип Алферьев (Железнов. С. 3). В качестве замочного мастера он упоминается в документах Оружейной палаты в 60-е годы XVII века. В современном

собрании музея хранится пять пищалей и пара пистолетов с клеймом этого мастера (Опись. Ч. 4. Кн. 5. №№ 6622, 7373, 7386, 7787, 7788, 8274).

Прибор пистолетов - затыльники, накладки у хвостовиков, шомпольные трубки, наконечники цевья - сделаны из серебра и украшены филигранными растительными узорами с непрозрачной белой, голубой и зеленой эмалью. Подобное сочетание нежных тонов эмалей характерно для искусства московских эмальеров середины XVII века. Известно, что для украшения огнестрельного оружия часто привлекались ремесленники, работавшие в других придворных мастерских Кремля, например, в Серебряном приказе.

29 Пистолеты, пара.
Россия, Москва, Оружейная палата, 1680-е гг.
Мастер Филипп Тимофеев.
Железо, кость, серебро.
Ковка, резьба, скань, насечка, воронение, золочение.
Длина общая - 68.0 см, длина ствола - 48.5 см,
   калибр - 12.5 мм.
ОР-113, ОР-114 (Опись. Ч. 4. Кн. 5. № 7312)

В среде специалистов хорошо известна группа пистолетов XVII века с ложой, выполненной из цельного куска слоновой кости. Центром производства таких пистолетов считается Маастрихт, Голландия. (Blackmore, 1988. P. 5) В современном собрании музея "Московский Кремль" хранятся две уникальные пары пистолетов с ложой из слоновой кости, которые были изготовлены во второй половине XVII века в московской Оружейной палате. Одна из этих двух пар представлена на выставке.

Впервые эти пистолеты были упомянуты в Переписной книге 1687 года под третьим номером в разделе "Пары пистолей первой статьи" (то есть лучшие). Согласно этому документу, их вороненые стволы, по всей поверхности которых насечен золотом исключительно нарядный растительный орнамент, были изготовлены из "свицкого" - шведского железа. Ударно-кремневые замки французского типа (flintlock), декорированные резными узорами, были названы "на брабантское дело" (г. Брабант, Бельгия), то есть изготовленные в России по образцу бельгийского или французского замка. На место их производства указывают и традиционные для мастеров Оружейной палаты изображения герба России - двуглавого орла со скипетром и державой в когтях, выполненные в технике золотой насечки на замочных досках. К сожалению, в книге ничего не говорится о происхождении лож пистолетов. Не исключено, что они были либо специально приобретены заграницей, либо были использованы ложи, снятые с других пистолетов. Имя мастера - оружейника, изготовившего эту пару - Филипп Тимофеев. В документах Оружейной палаты 1677-1687 годов он был причислен к группе иноземцев, как ствольный и замочный мастер. В музее хранится несколько ружей и пистолетов, изготовленных этим оружейником. На некоторых из них на стволах и замках

есть русская надпись "ДЕЛО ФИЛИПА ТИМОФЕЕВА СЫНА УЛЬЯНОВА" (Опись. Ч. 4. Кн. 5. №№ 7409, 7412, 7414).

Прибор лож - затыльники, шомпольные трубки и наконечники костяных шомполов из золоченого серебра - по всей видимости, были изготовлены в Серебряном приказе. Они украшены тонкими филигранными узорами с характерными для русского ювелирного прикладного искусства XVII столетия мелкими колечками из серебряной проволоки.

30 Пороховница ("натруска").
Россия, Москва, Оружейная палата, XVII в.
Дерево, серебро, бирюза, шелк.
Резьба, скань, золочение.
Длина - 17.5 см.
ОР-3707 (Опись. Ч. 4. Кн. 5. № 8369)

Согласно Переписной книге 1687 года, в оружейной казне русских государей хранилась большая группа рогов для крупнозернистого пороха и натрусок для мелкозернистого, затравочного пороха. Одна из них представлена на выставке. Ее корпус изготовлен из дерева - березового капа и обложен ажурной серебряной золоченой оправой с бирюзой. Рычаг дозатора выполнен в виде крылатого дракона. Во время охоты или спортивной стрельбы натруска подвешивалась к поясу на шелковой тесьме с кисточкой и служила дополнительным украшением царского охотничьего костюма.

31 Шлем.
Маньчжурия, начало XVII в.
Железо, камни.
Ковка, резьба, наводка золотом, клепка, золочение.
Диаметр - 20.0 см. Вес - 1570.0 г.
ОР-2057 (Опись. Ч. 3. Кн. 2. № 4407)

Появление этого шлема в царской сокровищнице связано с происходившим в XVII веке активным продвижением русских на восток и освоением Сибири. В первой половине столетия в состав России вошли земли к востоку от Енисея с обитавшими там племенами тунгусов (современное название - эвенки). В 1636 году в качестве дани из Тунгусской земли в Москву был прислан шлем, поступивший сначала в Казенный приказ, а оттуда, пятью годами позднее - в Оружейный приказ. Описи XVII века упоминают о подвешенных к нижнему краю шлема металлических пластинах, обшитых цветным бархатом и шелком. С увеличением царского арсенала и появлением в нем ряда роскошных боевых наголовий этот шлем постепенно отошел по сравнению с ними на второй план и, соответственно, упала его оценка: в Переписной книге 1687 года - всего полтора рубля. Похоже, что царские оружейники XVII века не смогли по-настоящему оценить всех достоинств этого шлема с уникальным навершием, выполненным из цельного куска железа и декорированным сложнейшим прорезным орнаментом (Тимковский. С. I). Не смогли они определить и места его производства, а введенная в декор шлема надпись на санскрите составителями описи 1641 года названа "мусульманской", а в Переписной книге 1687 года - "калмыцкой".

В 1812 году с целью изучения шлем был взят из Оружейной палаты Президентом Императорской Академии художеств А.Н. Олениным. Результатом этого изучения стала блестящая статья, опубликованная в виде письма к известному путешественнику Е.Ф. Тимковскому и посвященная прочитанной Олениным на шлеме буддийской мантре "ОМ МАНИ ПАДМЕ ХУМ" - "om mani padme hum". Оленин определил шлем как монгольский. Им же впервые было опубликовано изображение шлема с тщательно прорисованными надписями.

32   Наручи, пара.
   Турция, XVII (?) в.
   Железо, золото, медь, камни, ткань.
   Ковка, насечка золотом, гравировка, литье, резьба.
   Длина общая - 39.4 см. Вес - 1980.0 г.
   ОР-4142/1- 4 (Опись. Ч. 3. Кн. 2. № 4658. (Описаны как иранские XVI века)

В 1690 году в царскую сокровищницу поступила большая группа вещей (оружия, драгоценной посуды, ювелирных изделий) из имущества князя Василия Васильевича Голицына.

Княжеский род Голицыных - один из нескольких русских аристократических родов, общим предком которых считался великий князь литовский Гедимин (1316-1341). В XVI-XVII веках двадцать два представителя рода стали боярами. Князь Василий Васильевич Голицын (1643-1714) начал свое стремительное восхождение к вершинам власти в 1676 году, когда он в возрасте тридцати трех лет получил боярский чин. Назначенный главой Пушкарского и одновременно Владимирского судного приказов, он вскоре стал одной из важнейших фигур в правительстве царя Федора Алексеевича (1676-1682). После династического и правительственного кризиса 1682 года и провозглашения царями Ивана и Петра Алексеевичей при регентстве их старшей сестры Софьи князь Голицын, фаворит этой царевны, сосредоточил в своих руках огромную власть, став ближним боярином, "царственной большой печати и государственных великих посольских дел оберегателем" и главой нескольких приказов. Дипломатическая деятельность Голицына, сумевшего окончательно вернуть России Киев по "Вечному миру" с Польшей 1686 года, была, однако, более удачной, чем военная (два грандиозных по замыслу, но безрезультатных похода на Крым - 1687 и 1689 годов). Не сумел Голицын и удержать власть. В 1689 году в результате действий сторонников царя Петра царевна Софья была сослана в монастырь, а ее фаворит лишен боярства и вместе с семьей выслан в один из отдаленных

северных городков, где он и умер в 1714 году. Огромное имущество князя поступило в казну.

В.В. Голицын был одним из самых образованных людей своего времени, говорил на нескольких языках, имел прекрасную библиотеку. Его двор сравнивали с дворами итальянских государей. Современники считали князя сторонником прокатолической ориентации в политике и культуре. Интересно отметить при этом, что почти все принадлежавшее В.В. Голицыну и сохранившееся в Оружейной палате оружие имеет восточное происхождение или дизайн. Это ерихонская шапка, два шлема (один типологически близок монгольским наголовьям XIV века), джид - комплект из двух небольших дротиков и, наконец, две пары наручей, одна из которых представлена на выставке и является подлинным шедевром восточного оружейного и ювелирного искусства.

С великолепным мастерством в дамасскую сталь врезаны золотые цветы и травы, восточные надписи: "НЕТ БОГА КРОМЕ АЛЛАХА И МАГОМЕТ ПРОРОК ЕГО. БОГ МОЙ МОЯ НАДЕЖДА", "ОБРАДУЙ ПРАВОВЕРНЫХ ОБЕЩАНИЕМ ПОМОЩИ БОЖИЕЙ И СКОРОЙ ПОБЕДЫ" и "ВО ИМЯ БОГА БЛАГОГО И МИЛОСЕРДНОГО ДАМ ТЕБЕ ПОБЕДУ ЯВНУЮ. ДА ОТПУСТЯТСЯ ТЕБЕ ГРЕХИ, КОТОРЫЕ СДЕЛАЛ ТЫ И СДЕЛАЕШЬ". Поверхность наручей украшена тонкими золотыми пластинками в виде бутонов цветов, листьев и побегов, а также красными камнями и бирюзой в высоких золотых кастах.

33   Пернат парадный.
   Иран, середина XVII в.
   Золото, дерево, бирюза.
   Резьба, инкрустация.
   Длина общая - 52.0 см.
   ОР-187 (Опись. Ч. 4. Кн. 3. № 5241)

В России XVI - XVII вв. пернатом называли ударное оружие, боевую часть которого, в отличие от шестопера (кат. № 22), составляли более шести перьев. Пернаты широко использовались в русской поместной коннице и как грозное боевое оружие, и как символ воинской власти. В коллекции Оружейной палаты представлены пернаты работы иранских и турецких мастеров, попавшие в Россию в качестве посольских даров от восточных владык. Изготовленные из драгоценных металлов - золота и серебра, украшенные драгоценными камнями, они являются настоящими шедеврами ювелирного искусства.

Навершие перната, представленного на выставке, состоит из семи золотых фигурных пластин. Рукоять деревянная, обложена ажурным золотом. Главным элементом декора перната является бирюзовая мозаика, инкрустированная в золотую обкладку навершия и обкладки рукояти.

Пернат был преподнесен в дар царю Алексею Михайловичу от шаха Ирана Аббаса II (1642-1666). Подарок был передан 3 февраля 1658 года шахским послом Ханедекулом во время торжественного приема посольства в Грановитой палате Московского Кремля. В Переписной книге 1687 года этот пернат был поставлен первым в числе подобного оружия, что подтверждает его высокий статус в оружейной казне русских самодержцев.

34   Булава парадная.
Турция, середина XVII в.

Золото, нефрит, дерево, драгоценные камни.
Резьба, инкрустация, чеканка, эмаль.
Длина общая - 64.4 см.
ОР-178 (Опись. Ч. 4. Кн. 3. № 5186)

Данная булава представляет собой прежде всего прекрасный образец турецкого ювелирного искусства XVII столетия: она лишена боевых качеств. Ударная часть изготовлена из цельного куска хрупкой яшмы, инкрустирована золотой проволокой и драгоценными рубинами. Венчает навершие большой изумруд. Рукоять деревянная, обложена золотом, декорирована драгоценными камнями и цветной эмалью.

Как правило, в Оружейную казну русских государей подобные булавы поступали в качестве даров восточных владык или купцов. Однако, как свидетельствуют документы, данная булава была куплена в 1656 году во время похода русского войска во главе с царем Алексеем Михайловичем для осады Риги, принадлежавшей в то время Швеции. Этот поход был предпринят с целью завоевать выход к Балтийскому морю и остановить вмешательство шведов в русско-польскую войну 1654-1666 годов. Осада была неудачной, после нескольких попыток овладеть городом русским войскам пришлось отступить. К сожалению, неизвестно, у кого была куплена эта булава. Это мог быть представитель русской знати, посланник иностранного государства или купец. Булава была записана в Переписной книге 1687 года среди самых ценных вещей под вторым номером, что определяет ее положение в составе царской казны.

35   Кончар в ножнах.
Турция, XVII в.

Серебро, сталь, дерево, бирюза.
Ковка, басма, гравировка, золочение, инкрустация.
Длина общая - 123.0 см.
ОР - 4550 (Опись. Ч. 4. Кн. 3. № 5882)

История происхождения этого вида холодного оружия до сих пор неизвестна. По мнению ряда ученых, название "кончар" образовано от тюркского "khanjar" - меч, кинжал. Однако слово "кончар" у славянских народов созвучно слову "конец" ("konez") в значении качества - "острый". В русском языке "кончатый" нож - это острый нож, в чешском языке "koneiz" - рапира, колющее оружие с длинным тонким клинком. В этом случае к слову "кончар" чрезвычайно близко венгерское название этого оружия - "hegyestör", что означает "разрезающее

(прорывающее) острие" (Фасмер. Т. 2. С. 316.).

Известны кончары двух видов: боевые - с длинным клинком и, как правило, с сабельной рукоятью, а также парадные, декорированные драгоценными металлами и камнями, с клинком меньших размеров. Одна из основных отличительных особенностей кончара заключается в том, что его носили не на портупее, а крепили к седлу лошади. Вследствие этого характер декора кончаров, использовавшихся во время церемоний, должен был соответствовать убранству коня. По той же причине гарда рукояти парадного кончара украшена не с внешней стороны, как это принято у других видов холодного оружия, а с внутренней, обращенной при движении в сторону зрителя.

Данный кончар относится к парадному типу этого оружия. Клинок кончара стальной, четырехгранный. Рукоять и ножны обложены золоченым серебром с тисненым стилизованным растительным орнаментом, украшены бирюзой в крупных кастах и нефритовыми пластинами, инкрустированными золотой проволокой.

36   Сабля в ножнах с поясом.
Иран, первая половина XVII в.

Сталь, дерево, золото, серебро, яшма, драгоценные камни, тесьма.
Ковка, резьба, басма, чернь, инкрустация, насечка золотом, эмаль.
Длина общая - 101.0 см.
ОР-197 (Опись. Ч. 4. Кн. 3. № 5907)

Сабля представляет собой прекрасный образец парадного восточного оружия. Ее клинок с характерным мелким серебристым узором на темном поле выкован из булатной стали. Его качество подтверждается знаменитым клеймом мастерских иранских шахов с изображением льва. Под клеймом золотом насечена надпись на арабском языке: "ВЛАДЕТЕЛЬ ПРОСЛАВИТСЯ". Рукоять выполнена из пирита - темно зеленой яшмы с красными прожилками. Навершие и крестовина рукояти, а также прибор ножен сабли (устье, наконечник и пять обоймиц) с внешней стороны декорированы бирюзовой мозаикой, рубинами и изумрудами. В центре каждой обоймицы ножен закреплены золотые накладки с мелкими гранеными алмазами. Под стать сабле и пояс, сотканный из тонкой золоченой серебряной проволоки и с внутренней стороны подложенный шелковой тесьмой. Прибор пояса - пряжки и накладки - украшены цветной эмалью, характерной для иранских ювелиров середины XVII века.

Сабля была подарена царю Алексею Михайловичу 29 сентября 1646 года князем Яковом Куденетовичем Черкасским. Он был выходцем из знатного черкесского рода. Службу начал при дворе царя Михаила Федоровича после своего крещения в 1625 году. Высших постов в государстве добился во время правления царя Алексея Михайловича: руководил деятельностью Стрелецкого и Иноземного приказов, в ведении которых находились все пехотные полки русской армии и иностранные военные специалисты. Во время русско-польской войны 1654-1666 годов Я.К. Черкасский был Первым воеводой Большого полка, то есть являлся главнокомандующим русской армии. Войска под его командованием захватили города Оршу, Ковно, Гродно, а 29 июля 1655 года, после успешного сражения с великим гетманом Литовским Янушем Радзивиллом - и столицу Литвы город Вильно. В той же самой должности он находился и во время осады Риги в 1656 году. При отступлении от города русских войск арьергард под его командованием отбил все попытки шведов разгромить русскую армию. Умер 8 июля 1666 года. Его подарок царю мог быть связан с двумя событиями: во-первых, с венчанием Алексея Михайловича на царство, во-вторых, с жалованием князю Я.К. Черкасскому высшего служилого чина - боярина. Оба события произошли в конце 1645 года. Известно, что во время церемонии венчания на царство Алексея Михайловича князь Я.К. Черкасский "был первый пред ним" и сидел за царским столом во время пира в Грановитой палате.

Сабля имела чрезвычайно высокий статус в составе царской оружейной казны. В Переписной книге 1687 года она числилась в составе "сабель большого наряда" под вторым номером. В 1654 году в "походной" казне царя Алексея Михайловича она была названа первой. Вполне возможно, что именно эта сабля находилась при седле царского коня во время торжественного въезда в Москву по случаю взятия Смоленска зимой 1655 года.

37   Ружье фитильное оружничего Богдана
Яковлевича Бельского.
Турция, вторая половина XVI в.
Железо, сталь, медь, дерево.
Ковка, гравировка, чеканка.
Длина общая - 151.5 см, длина ствола - 120.0 мм,
калибр - 15 мм.
ОР-3305 (Опись. Ч. 5. Кн. 4. № 6416)

Представленное на выставке ружье - редкий в собраниях России образец раннего турецкого огнестрельного оружия конца XVI века. Оно имеет фитильный замок восточного типа с медной фигурной жагрой. Ствол ружья дамасской стали, в дульной части откован в виде змеиной головы с напаянными медью глазами. Подобный прием декорировки стволов часто встречается на турецком и русском длинноствольном оружии XVI-XVII столетий. На казенной части ствола выбиты три пятиугольных клейма, в которых повторяется восточная надпись "ДЕЛАЛ МАХМУД".

Впервые это ружье упоминается в Росписи (кратком перечне) Оружейной палаты 1647 года. Согласно этому документу, а также Переписной книге 1687 года, где оно обозначено под № 39, ружье принадлежало боярину и оружничему Богдану Яковлевичу Бельскому. Выходец из незнатного рода Б.Я. Бельский сделал блестящую карьеру при дворе царя Ивана IV Грозного (1547-1584). Его имя

впервые встречается в документах 1570 года. Он занимал незначительную должность "поддатня" (помощника) рынды у царской рогатины. Однако уже в 1573 году он начал выполнять обязанности оружничего Большого государева полка, а в 1578 году за отличие во время военного похода царя в Ливонию был пожалован этой должностью официально и оставался оружничим вплоть до своей гибели в 1610 году. В 1584 году он был оставлен умирающим Иваном Грозным одним из четырех регентов при слабом и болезненном сыне, царевиче Федоре Ивановиче. Умный, жестокий, беспринципный Б.Я. Бельский был участником практически всех дворцовых интриг и заговоров, происходивших во время правления царей Федора Ивановича и Бориса Годунова (1598-1605). Поэтому его неоднократно ссылали из Москвы или направляли на службу в дальние гарнизоны, но и тогда, по словам современников, в каждом дворцовом заговоре чувствовалась опытная рука этого человека.

Каким образом ружье, принадлежавшее оружничему Б.Я. Бельскому, оказалось в оружейной казне русских государей, документы умалчивают. В Смутное время (1605-1613) Оружейная палата Московского Кремля была полностью разграблена польскими интервентами. Возможно, это ружье - один из немногих памятников, сохранившихся в Кремле еще со времен XVI столетия. Не исключено, что ружье могло поступить сюда уже после смерти его владельца, а может быть, оно было приобретено кем-то из представителей будущего царского рода Романовых у самого Б.Я. Бельского.

38   Кираса (наспинник и нагрудник).
Нидерланды, первая половина XVII в.
Железо, медный сплав, кожа.
Ковка, травление, гравировка.
Нагрудник - 53.0 x 34.5 см, наспинник - 54.0 x 40.5 см.
Вес - 4565 г.
ОР-1509 (Опись. Ч. 3. Кн. 2. № 4747)

В собрании музея-заповедника "Московский Кремль" хранятся несколько западноевропейских доспехов, принадлежавших в XVI-XVII веках русским царям и представителям аристократических родов. Некоторые из них по качеству исполнения и великолепию декора можно, безусловно, отнести к первому ряду работ западноевропейских мастеров этого времени. Далеко не всегда, однако, описи из архива Оружейной палаты позволяют определенно связать тот или иной доспех с конкретными историческими событиями или лицами: иногда поступившие в царскую оружейную казну цельные комплекты защитного вооружения разбирались, и затем их части хранились и, соответственно, описывались отдельно друг от друга (шлемы, кирасы, перчатки, сапоги и т.д.). Каких-либо указаний на источник поступления этих ставших разрозненными предметов в описях XVII века не встречается. Лишь используя весьма краткие записи в Приходных книгах, можно предположительно говорить о времени и характере поступления некоторых памятников.

В архиве Оружейной палаты сохранилась запись о том, что 26 августа 1614 года возвратившиеся из поездки по странам Западной Европы русские послы Ушаков и Заборовский поднесли царю Михаилу Федоровичу в дар от принца Морица Оранского (1585-1625) доспех - кирасу, шапку и наручи. В записи упомянуты отличительные черты этого доспеха: золоченые заклепки и изображения "людей на конях". Из сохранившихся в музее декорированных кирас XVII столетия только на одной фигуры всадников помещены в центрах травленых орнаментальных композиций. Именно на этом основании Л.П. Яковлев определил ее как дар 1614 года. Эта кираса и представлена на выставке.

Если предположение Л.П. Яковлева верно, то перед нами - свидетельство самого раннего официального контакта России и Нидерландов, положившего начало долгим и интенсивным дипломатическим отношениям между этими странами и одновременно - порой весьма ожесточенной борьбе нидерландских и английских купцов на русском рынке.

Надо отметить, однако, что в Оружейной палате хранятся еще две очень схожие с описываемой по конструкции и декору кирасы, одна из которых традиционно связывается с именем мастера Никиты Давыдова (Опись. Ч. 3. Кн. 2. № 4748; см. также кат. № 1), а вторая несет нидерландскую символику: восстающий над стеной лев с пучком стрел и саблей (Опись. Ч. 3. Кн. 2. № 4747). В отчете послов Нидерландов Альберта Бурха и Иогана фан Фелтриля в 1630-1631 годах среди подарков, поднесенных русскому царю, упомянуты две кирасы (одна из них "непробиваемая пулями") и, кроме того, еще сто пятьдесят доспехов для аркебузиров (Донесения. С. 35). По-видимому, голландцы, поднося русскому царю такие подарки, демонстрировали свою не раз декларировавшуюся готовность продавать России даже обычно запрещенные к вывозу товары военного предназначения.

39   Булава парадная.
**   Богемия, Прага, начало XVII в.**
Серебро, железо, горный хрусталь, гранаты.
Резьба, чеканка, эмаль.
Длина - 58.0 см.
ОР-253 (Опись. Ч. 4. Кн. 3. № 5183)

Булава с навершием из граненого горного хрусталя и рукоятью, обложенной серебром и украшенной сканным растительным орнаментом, эмалью синего и зеленого цветов и поясками красных гранатов - единственный образец подобного вида оружия в коллекции Оружейной палаты, выполненный рукой западноевропейского мастера. Впервые она упоминается в Переписной книге 1687 года под названием "булава маленькая турецкой работы".

Определение ее в документе XVII века в качестве турецкой не случайно. Подобные булавы представляли собой часть стилизованных под восточные гарнитуров (меч, сабля, конская сбруя и седла) в соответствии с

"турецкой модой", которая сформировалась в начале XVII века при дворах Вены, Дрездена, Мюнхена и Праги. Гарнитуры использовались во время праздничных костюмированных "гусарских турниров"(или инвенций), где участники были облачены в "турецкие" или "венгерские" одежды и вооружены "восточным" оружием. Такой гарнитур сохранился в коллекции Дрезденской Рюст-камеры. Он был изготовлен в Праге в 1612 году мастером Иоганном Михаэлом (Johann Michael) по заказу курфюрста Саксонии Христиана II (1591-1611) (Dresdner Rustkammer. P. 99, № 33). Работа была закончена уже после смерти курфюрста.

Источник поступления в Оружейную палату булавы, представленной на выставке, неизвестен. Но не исключено, что она также являлась частью большого гарнитура. В собрании Оружейной палаты хранятся оголовь и паперсть для коня, выполненные в аналогичной манере. Они были поднесены в 1634 году в дар царю Михаилу Федоровичу голштинским посольством, описанным в известных записках Адама Олеария о России. К сожалению, ни в документах посольства, ни в архиве Оружейной палаты упоминаний о булаве еще не обнаружено.

40   Шпага.
**   Германия, Золинген, середина XVII в.**
Сталь, дерево, серебро.
Ковка, резьба, золочение, серебрение, гравировка.
Длина общая - 109.0 см.
ОР-1061 (Опись. Ч. 4. Кн. 3. № 5749)

Долгое время считалось, что массовое использование европейских шпаг в качестве боевого и парадного оружия началось в России только со времени военных преобразований Петра I, в конце XVII века. Однако, как свидетельствуют письменные источники, уже в середине XVII столетия русские пехотные полки в качестве основного клинкового оружия были вооружены именно шпагами, а не саблями, причем это относится не только к солдатским полкам, организованным и вооруженным по западноевропейским образцам, но и к "старым", традиционным русским стрелецким полкам. В 50-х годах XVII века на складах Оружейного приказа хранились десятки тысяч шпаг, произведенных на тульских оружейных заводах или закупленных за границей. В современной коллекции музея сохранилась лишь небольшая группа шпажных клинков, изготовленная, судя по клеймам на них, в середине XVII века в Германии.

Шпага, представленная на выставке, - уникальный сохранившийся образец этого оружия из состава оружейной казны русских государей XVII столетия. В Переписной книге 1687 года она значилась под первым номером, что свидетельствует о ее высоком статусе. В узких долах клинка шпаги с обеих сторон выгравирована надпись: "SEBASTIAN HERNANTER" и дата "1588". Однако это вряд ли работа известного испанского оружейника Себастиана Хернандоса Старшего. Ошибка в написании имени мастера и наличие клейма оружейников Золингена - "волчка" свидетельствует, что это немецкая имитация. Деревянная рукоять шпаги обмотана витой серебряной проволокой. Навершие и гарда, состоящая из дужки и защитной раковины с кольцом для большого пальца руки изготовлены из стали и украшены резным рельефным растительным орнаментом. На гарде и навершии сохранились следы от прежнего золочения и серебрения. По своей конструкции шпага относится к так называемым "валлонским мечам", получившим широкое распространение в странах Европы в середине - второй половине XVII века. Характер декора позволяет предположить, что шпага была изготовлена в Голландии или в Северной Германии в середине XVII века.

К сожалению, какой-либо информации о том, когда и каким образом эта шпага оказалась в Оружейной палате, а также о характере ее использования до сих пор не обнаружено.

41   Ружье охотничье с ударно-кремневым замком. Англия, Лондон, первая четверть XVII в.

Мастер - Генри Бурроус (?) (Henry Burrows).

Клейма: на стволе сверху в казенной части и на замочной доске "HB", в щитке под шлемом. Возможно, это клеймо оружейника Генри Бурроуса, который работал в Лондоне ок. 1618-1623 гг. (Blackmore.1986. P. 65).

Сталь, дерево, перламутр, кость.

Ковка, гравировка, позолота, резьба, инкрустация, насечка золотом.

Длина общая - 122.6 см, длина ствола - 87.7 см, калибр - 11.5 мм.

ОР-4292 (Опись. Ч. 5. Кн. 4. № 7477)

Это ранний образец длинноствольного английского оружия. Его ствол сверху на одну треть длины пятигранный, далее, за декоративными золочеными поперечными поясками, - круглый. В дульной части ствол имеет характерный для английского огнестрельного оружия многогранный раструб. У казенного среза смонтирован V-образный прицел. Вся поверхность ствола покрыта узором, выполненным в технике золотой насечки. Основная орнаментальная композиция состоит из фигурных вытянутых рамок, заполненных тонкими изящными золотыми завитками и кружочками.

Замок англо-голландского типа (snaphaunce) снабжен предохранителем в виде задвижки, укрепленного сразу за курком. На круглом щитке пороховой полки изображена голова мужчины в шлеме. Аналогичный профиль гравирован на костяном наконечнике цевья английского мушкета, датированного 1588 годом (хранится в Королевской Оружейной палате в Швеции). Очень похожее изображение украшает медальон серебряной чаши из собрания Музеев Кремля (Инв. № МЗ-650. Лондон, 1557-1558 гг.). Известно, что во второй половине XVI века в Англии в моду входят чаши, украшенные в центре миниатюрными бюстами в классических доспехах и эмблемами. Изображения бюстов воинов и

антикизирующих профилей в медальонах есть среди эскизов драгоценных сосудов, сделанных Гансом Гольбейном Младшим для свадьбы Генриха VIII и Джейн Сеймур. Художник работал при дворе Генриха VIII и по заказам короля, помимо портретов, выполнял эскизы для изготовления парадного оружия, ювелирных украшений и драгоценной посуды. Замочная доска орнаментирована в технике золотой насечки "en suit" со стволом.

Поверхность буковой ложи с плоским мушкетным прикладом (иногда такую форму приклада называют "рыбий хвост") инкрустирована завитками из серебряной проволоки и гравированными перламутровыми пластинами.

В инкрустированный декор включены фигурные вставки с изображением бегущей собаки, зайца и птиц. На прикладе с обеих сторон на овальных пластинах несколько небрежно или непрофессионально наивно гравированы двуглавые орлы с единорогами на груди.

Ружье, представленное на выставке, является одним из пары хранящихся в коллекции. Их английское происхождение не вызывает сомнений. И в Переписной книге 1687 года, и во всех сохранившихся описях оружейной палаты XVIII и XIX веков они записаны как английские. К сожалению, нами пока не найдены сведения о том, когда и кем были привезены эти изящные ружья, но о том, что предназначены они для подарка русскому государю, можно говорить с уверенностью. В казенной части его ствола помещено изображение русского государственного герба - двуглавого орла, увенчанного тремя коронами. На груди орла в фигурном щитке помещено изображение единорога. Эта иконография была хорошо известна в Англии. Единорог был введен в государственную символику Иваном VI Грозным, около 1582 года он появился на Большой государственной печати царя, с такими же печатями посылал свои послания английской королеве и царь Борис Годунов.

42   Охотничьи аркебузы, пара. Германия, 1640-е гг.

Серебро, железо, сталь, медь, дерево.

Ковка, литье, золочение, гравировка, инкрустация, чеканка.

Длина общая - 129.0 см, длина ствола - 100.0 см, калибр - 11 мм.

ОР-477, ОР-478 (Опись. Ч. 5. Кн. 4. №№ 6454, 6455)

Известно, что эту пару немецких аркебуз царю Михаилу Федоровичу подарил в 1644 году князь Алексей Михайлович Львов. Он был видным русским государственным деятелем первой половины XVII века. Свою службу при дворе он начал еще в 1607 году. В 1612 году в войсках народного ополчения он принимал участие в освобождении Москвы от польских интервентов. Его подпись стоит под грамотой о избрании на царство Михаила Федоровича Романова. С 1634 по 1644 годы он участвовал во внешнеполитической жизни русского государства и возглавлял важные дипломатические миссии в Польшу, Литву, Данию. В 1644 году князь получил звание дворецкого: в ведении этого придворного чина находилась вся государственная казна России. Возможно, дар, поднесенный царю Михаилу Федоровичу, связан именно с этим назначением.

Данные аркебузы - блестящий образец оружейного искусства. Их декоративное оформление характерно для немецкой школы 40-х годов XVII века, когда инкрустация ружейных лож костью и перламутром постепенно уступала место серебряным прорезным гравированным пластинкам, а также накладным литым фигуркам из серебра.

Декор аркебуз включает набор изобразительных сюжетов и аллегорий, имеющих в данном случае программную направленность - благопожелания владельцу любви, полноты и радости жизни, освященной высшими божествами. На прорезных пластинах, украшающих ложу, изображены планетарные боги в колесницах: Марс, Юпитер, Луна, Венера и Меркурий. На прикладах аркебуз помещены плакетки с изображениями античных богинь и пресонифицированных добродетелей: Афина, богиня мудрости и справедливой войны; Церера, богиня земледелия и плодородия, с рогом изобилия; богиня правосудия Фемида с ее атрибутами - мечом и весами; Фидес, которая почиталась как богиня добродетели и верности; женская полуобнаженная фигурка с кувшином и чашей - видимо, богиня Темперанция, символизирующая умеренность. На плакетке с надписью "FORTITUDE" - персонификация храбрости и силы духа, - в ее руках сломанная колонна. На одной из плакеток изображены три обнаженные женские фигуры и гравированная надпись "CHARITAS". В греческой мифологии хариты, дочери Зевса, - благодетельные богини, воплощающие доброе, радостное и вечно юное начало жизни.

Аркебузы снабжены колесными замками. На массивном курке укреплена ажурная накладка, на которой изображен фантастический дракон, а на замочной доске накладка с изображением поединка двух всадников, вооруженных длинными копьями. Спусковой крючок литой и выполнен в виде обнаженной женской полуфигуры.

В Переписной книге 1687 года они записаны в числе пищалей первой статьи, то есть самых лучших.

43   Карабин с ударно-кремневым замком. Голландия, Утрехт, 1640-1650 гг.
Сталь, черное дерево, медь.
Ковка, гравировка, резьба, литье, золочение.
Длина общая - 103.5 см, длина ствола - 70.5 см, калибр - 16 мм.
ОР-1040 (Опись. Ч. 5. Кн. 4. № 7053)

Это охотничье ружье - одно из самых выразительных произведений оружейного искусства эпохи барокко. Его декоративное оформление демонстрирует подчеркнутую объемную пластику, характерную для этого стилистического направления. Поверхность ствола позолочена и украшена резным стилизованным растительным орнаментом на фоне, проработанном мелкими кружками.

Детали замка англо-голландского типа чрезвычайно разнообразны: на пяте и верхней части стойки курка среди причудливых рельефных переплетений вырезаны две головы дельфина. Курковый винт выполнен в виде шишечки пинии. Стопором курка служит накладка с изображением мужского лица с усами и бородой. На задвижной крышке и предохранительном щитке пороховой полки вырезаны маскароны. Стойка огнива выполнена в виде балясины. Поверхность замочной доски с округлым нижним краем украшена гравированным растительным орнаментом, левый ее конец вырезан в виде головы дельфина.

Ружье также отличается красотой и изяществом пропорций, тщательностью резного декора с тонкой проработкой поверхности рельефов. Особый декоративный эффект в этом подлинном шедевре голландских мастеров достигнут благодаря сочетанию полированного черного дерева с блеском позолоты. У шомпольного гнезда вырезана голова морского чудовища, на шейке приклада - маскарон в обрамлении крупных акантовых листьев. На обеих щеках приклада изображены фантастические существа с головой дельфина и телом змеи, изогнутым спиралью. Прибор ружья украшен литыми накладными фигурками, помещенными на фоне резного растительного орнамента en suit со стволом. На затыльнике приклада - изображение всадника с мечом (возможно, изображение святого Георгия), ниже - мужская фигурка в длинной одежде с мечом в руке.

Аналогичный карабин из стрелкового гарнитура (Инв. №№ З.О. 7994, З.О. 5734) хранится в Государственном Эрмитаже. Этот гарнитур происходит из бывшей коллекции графов Шереметевых.

44   Пистолеты трехствольные, пара. Голландия, Утрехт, 1650-е гг.
Мастер Ян Кнооп (Jan Knoop).
Сталь, бронза, дерево.
Гравировка, резьба, золочение, ковка, литье.
Длина общая - 60.3 см, длина ствола - 40.9 см, калибр - 12.5 мм.
ОР-3046, ОР-3047 (Опись. Ч. 5. Кн. 4. № 8343)

В собрании Оружейной палаты хранится довольно значительная группа голландского оружия XVII - первой трети XVIII века со сложными для своего времени конструкциями (Dutch Guns in Russia. P. 128-129). Это оружие демонстрирует определенный этап в эволюции стрелковой техники и уровень голландского оружейного производства, а также является своеобразным отражением большого интереса русской аристократии того времени к техническим новшествам в оружейном деле стран Западной Европы.

В XVII веке изготовление оружия со сложными конструкциями было привилегией очень немногих, наиболее умелых и талантливых мастеров, к числу которых следует отнести и выдающегося утрехтского оружейника Яна Кноопа.

Не исключено, что пара трехствольных револьверных пистолетов, изготовленных Яном Кноопом, была подарена царю Алексею Михайловичу боярином Б.И. Морозовым во время Смоленского похода в 1654 года. В Росписи походной оружейной казны государя записано: "пара пистолей о трех стволах с перевертом. Станки ореховые замки барабарские оправа железная позолочена на оправе личинки. Ударил челом государю боярин Борис Иванович Морозов в походе во 5162 году в мае в 30-м числе".

Это единственные в коллекции трехствольные пистолеты с рукоятями, которые завершаются затыльниками в виде литого маскарона (традиционное название - "личина"). Предохранительные скобы железные позолоченные и украшены гравированным растительным орнаментом; замки ударно-кремневые французского типа или "барабарские", именно так эту конструкцию называли в России в XVII веке. В казенной части стволы скреплены в цилиндрический вращающийся блок, который прикрыт стальным кожухом. Поворот блока осуществлялся после нажатия на предохранительную скобу, в передней стойке которой смонтирован рычаг запирания стволов.

45 Топор посольский.
Россия, Москва, Оружейная палата, первая половина XVII в.

Сталь, серебро, бирюза.
Ковка, чеканка, насечка золотом, чеканка, золочение.
Длина общая - 128.0 см.
ОР-2238 (Опись. Ч. 4. Кн. 3. № 5275)

Первые упоминания о рындах - телохранителях царя, вооруженных топорами, - относятся к середине XVI столетия (Левыкин. С. 57). В документах XVI - начала XVII веков эти топоры назывались "золотыми" или "царскими". Появление названия "посольский топор", по-видимому, связано с тем, что на протяжении всего XVII столетия почетный караул рынд с топорами являлся обязательной частью всех посольских церемоний. В документах Оружейной палаты зафиксированы посольские топоры как русской, так и турецкой работы. Одинаковые по своему функциональному использованию и конструкции, они несколько отличаются друг от друга по времени изготовления, форме и характеру геральдических изображений. Настоящий образец относится к группе четырех топоров, изготовленных мастерами Оружейной палаты. Точная дата их создания неизвестна.

Клинок топора широкий, в виде полумесяца, выкован из булатной стали и по всей поверхности украшен насеченным золотом растительным орнаментом. Обух шестигранный. Грани отделены друг от друга узкими выпуклыми ребрами и украшены насеченным золотом растительным орнаментом. К обуху прикреплены два "яблока". Первое - декоративное, состоит из восьми

спаянных обручей: гладкие золоченые чередуются с насеченным золотом орнаментом. Второе - сплошное, луковичной формы, из булатной стали, состоит из шестнадцати витых сходящихся долов и приспособлено, по-видимому, для нанесения удара. Рукоять деревянная, обложена золоченым серебром, украшенным глубоким резным стилизованным растительным орнаментом. Прочеканенная нижняя часть серебряной обкладки рукояти имитирует фактуру кожи. Особый статус топора подчеркивается нанесенными на нем изображениями. В средней части клинка с обеих сторон в круглом клейме золотом насечен герб России - двуглавый орел под тремя коронами: на одной стороне на груди орла - единорог в фигурном щитке, на другой - эмблема великого князя московского ("князь на коне поражает копьем змея"). По сторонам клейм в той же технике выполнены изображения львов. Характер исполнения русского герба в целом соответствует первой половине XVII столетия. Однако обращает на себя внимание наличие некоторых архаичных элементов. Например, сочетание на груди двуглавого орла московского герба и единорога имелось на печати царя Ивана Грозного. Бытует мнение, что единорог являлся личным символом этого царя. На более раннее происхождение топора указывает характер и техника исполнения насеченного золотом растительного орнамента. Вполне возможно, что топор был либо изготовлен в конце XVI - начале XVII века, либо образцом для него послужили топоры шестнадцатого столетия. Посольские топоры из коллекции Оружейной палаты уникальны и не имеют аналогов ни в отечественных коллекциях, ни в крупнейших музеях других стран.

46 Кафтан форменный ("терлик").
Россия, Москва, вторая половина XVII в.

Бархат, камка.
Шитье.
Длина - 123.0 см.
ТК-2616 (Опись. Ч. 2. Кн. 3. № 3673)

Терлик - редкий образец русской придворной униформы XVII века. Она хранилась в государевой казне и выдавалась лишь на время официальных церемоний. Терлики носили различные группы людей, служивших при царском дворе: рынды, стоявшие у трона и сопровождавшие царя во время торжественных выходов; дворяне-жильцы, встречавшие иностранные посольства и присутствовавшие на официальных приемах; возничие, участвовавшие в царских походах. В документах XVII века упоминаются терлики из бархата разных цветов и разнообразных парчовых тканей. До нашего времени сохранилось лишь пять терликов. Все они находятся в собрании Оружейной палаты.

Данный терлик выполнен из гладкого малинового бархата. Его крой отличается своеобразием. Это поколенный кафтан с отрезным приталенным лифом, присборенной разрезной нижней частью, с расходящимися полами. Воротник сделан в виде небольшой стойки, потайная застежка на лифе закрывается широким фигурным клапаном, рукава - двухчастные. Подол терлика украшен широкой полосой неразрезного длинноворсового бархата, имитирующего мех. На кафтане спереди и сзади золотными и шелковыми нитями в невысоком рельефе вышит российский герб: двуглавый орел под короной, на груди которого в мишени размещено изображение древней эмблемы московских князей - "князь на коне поражает змея копьем".

47   Попона.
Россия, мастерские Московского Кремля, середина XVII в.

Бархат, тафта, золотные и шелковые нити, тесьма.
Ткачество, шитье.
200.0 x 160.0 см.
ТК-1496 (Опись. Ч. 6. Кн. 5. № 8946)

Попоны составляли важнейшую часть парадного конского убранства. Их конкретное назначение и, в соответствии с этим, форма были нескольких видов. Одни попоны закрывали грудь и круп коня, другие - подкладывались под седло, третьи - набрасывались на седло сверху. Во время церемониальной процессии на одной лошади могло быть несколько разного вида попон одновременно. Парадные попоны хранились в специальном хранилище при Конюшенном приказе в Московском Кремле, откуда выдавались для тех или иных официальных торжественных церемоний.

На выставке представлена большая попона, которая закрывала не только круп, но и грудь коня. В России было принято восточное название такой попоны - "чалдар". Передние части чалдаров обычно выкраивались отдельно и затем пришивались. Чалдар выполнен из малинового гладкого бархата и по углам украшен вышитыми золотными и шелковыми нитями в невысоком рельефе двуглавыми орлами под короной, на груди которых в мишени помещено изображение древней эмблемы московских князей - "князь на коне поражает змея копьем".

48   Алам (знак московских пушкарей).
Россия, Москва, Оружейная палата, XVII в.
Железо, чеканка.
Диаметр - 30.0 см.
ОР-85 (Опись. Ч. 3. Кн. 2. № 5177)

В феврале 1664 года на Девичьем поле под Москвой состоялся смотр войск с участием Государева полка, служителей двора, Пушкарского и Конюшенного приказов и мастеров Оружейного приказа. На смотре присутствовал Чарльз Говард граф Карляйль, возглавлявший первое после возвращения престола Стюартам английское посольство в России.

В росписи оружия, подготовленного в Оружейной

палате к этому смотру, упомянуты парные жестяные, медные и железные круги, надевавшиеся московскими пушкарями на грудь и на спину. Это первое из обнаруженных в документах Оружейной палаты упоминание об особого рода парадном доспехе московских артиллеристов, служившем одновременно и своеобразным знаком рода войск (в литературе эти знаки чаще всего называются "аламами"). В тексте росписи обращает на себя внимание количественное преобладание явно декоративных жестяных кругов с написанными красками изображениями орлов с пушками в лапах и медных позолоченных кругов с такими же изображениями. Подобные круги видел на московских артиллеристах в 1674 году Эрих Пальмквист, шведский дипломат и военный агент. Только на одной железной паре аламов в росписи 1664 года отмечены изображения львиных голов с зажатыми в зубах пушками. Видимо, с учетом их редкости, а также в связи с наличием у этих аламов реальных защитных свойств, можно предположить, что они исполнены значительно ранее 1664 года.

Наличие львиной тематики в символике русской артиллерии фиксируется и другими документами. На московском Пушечном дворе (государственном литейном заводе, существовавшем с конца XV века) в 1710-х годах хранились относившиеся, видимо, к старой артиллерии медные изображения львиных голов с кольцами и кованая из меди "львиная персона" (скульптура) (Исторический архив ВИМАИВ и ВС. Ф.2, оп.1. № 7, л. 177). На хранящемся в Оружейной палате прапоре XVII века также изображены львы, сжимающие в своих лапах пушки (Опись. Ч. 4. Кн. 3. № 4197).

В Переписной книге 1686 года пушкарские знаки не упомянуты; возможно, к этому времени они находились на Пушечном дворе. Первая музейная опись Оружейной палаты 1808 года упоминает экспонируемые на выставке знаки среди "вновь найденных". Можно предположить, что они попали в музей после разборки в 1802 году Пушечного двора.

49   Пальник артиллерийский.
Россия, Москва, XVII в.
Железо, дерево.
Ковка, резьба.
Длина общая - 222.0 см.
ОР-76 (Опись. Ч. 5. Кн. 4. № 8417)

Как конструкция, так и декор этого пальника чрезвычайно интересны. Навершие имеет пять зажимов для фитиля вместо обычных одного-двух. Сами зажимы крепятся в клювах пяти плоских вырезных полуфигур орлов. В сочетании с одной из соседних каждая из этих полуфигур образует изображение герба России - двуглавого орла. В Переписной книге 1687 года этот пальник упомянут в перечне протазанов, что подчеркивает его парадный, церемониальный характер.

Адольф Лизек, секретарь посольства 1675 года императора Леопольда к царю Алексею Михайловичу, описывая один из царских торжественных выездов, упоминал о подобном пальнике в руках канонира парадной пушки.

50 Ствол парадной 3/4 фунтовой пушки. Россия, Москва, XVII в.
Железо.
Ковка, резьба.
Длина общая - 122.5 см, калибр - 37 мм.
АРТ-783 (Опись. Ч. 5. Кн. 4. № 8416)

Традиция демонстрации на главных площадях Москвы пушек - трофейных или русских, отличавшихся красотой отделки или особенно крупными размерами - известна по крайней мере с XVI века. Во второй половине этого столетия на Красной площади, перед Кремлем, на специальных возвышениях лежали огромные русские пушки (в том числе и отлитая в 1586 году мастером Андреем Чоховым сорокатонная Царь-пушка), а внутри Кремля, около колокольни Ивана Великого, демонстрировались орудия, захваченные войсками Ивана Грозного в крепостях Лифляндии. В XVII веке московские артиллеристы со своими пушками принимали участие в церемониальных встречах иностранных послов и торжествах при царском дворе. Парадные артиллерийские батареи устраивались на въезде в Москву и внутри Кремля. В 1673 году под руководством мастера Оружейной палаты Григория Вяткина (см. кат. №№ 1, 26) несколько специально отобранных железных кованых пушек были позолочены и посеребрены. Двенадцать такого рода орудий в XVIII веке были перевезены из Москвы сначала в Троице-Сергиеву лавру, а затем в Санкт-Петербургский Достопамятный зал (на основе этого хранилища в 1868 году был создан Артиллерийский музей).

Экспонируемая на выставке пушка впервые упомянута в Описи Оружейной палаты 1835 года (Музей-заповедник "Московский Кремль". Отдел рукописных, печатных и графических фондов. Ф. 1, оп. 1. Д. 5, № 6120). Наиболее вероятно, что она поступила в музей около 1810 года из артиллерийского ведомства. По своей конструкции и декору она очень близка ряду парадных орудий из Артиллерийского музея (Каталог материальной части отечественной артиллерии. №№ 301, 302, 307). Обращают на себя внимание необычные декоративные элементы - накладные прорезные пластинки, имитирующие литой орнамент на бронзовых стволах, и два сквозных отверстия на винграде, встречающиеся на казнозарядных орудиях XVII века, но в данном случае несущие только декоративную функцию.

51 Блюдо на ножке ("рассольник"). Англия, Лондон, 1663 г.
Мастер с клеймом "ТН".
Клейма: городское, пробирное, годовое (Jackson. Р. 52), именное матера.
Серебро.

Чеканка, золочение.
Высота - 9.0 см, диаметр - 42.5 см. Вес - 1931.1 г.
МЗ-646 (Опись. Ч. 2. Кн. 2. № 1284)

Гладкое дно блюда, покоящегося на короткой и широкой ножке, обрамлено поясом высокорельефного декора. Среди цветов мака и тюльпана изображены собака, кабан, лев и олень. Своеобразие трактовки цветочного орнамента английскими серебряниками заключается в органическом включении изображений животных в растительный орнамент.

На оборотной стороне основания гравирована надпись с буквенным обозначением казенного номера, веса и источника поступления в царскую казну.

В Англии такие предметы являлись ранней разновидностью подносов и предназначались для фруктов. Часто они выполнялись в паре с двуручными чашами (parringer). На Руси подобные вазы использовали для подачи различных разносолов - маринованных ягод и фруктов, поэтому они назывались вазами-рассольниками.

Данное блюдо принадлежит к числу даров царю Алексею Михайловичу, которые прибыли с первым после окончания английской Гражданской войны посольством. Возглавлял посольство Чарльз Говард граф Карляйль, родственник короля Карла II. Сведения об этом сохранились не только в гравированной на самом экспонате надписи - "ГОСУДАРЮ ПРИСЛАЛ В ДАРЕХ АНГЛИСКОЙ КОРОЛЬ В 172 (1664) Г<ОДУ>", но и в описи царской казны на Казенном дворе 1676 г., и в Посольской книге 1663-1664 годов (Гольдберг. С. 491. Рис. 43. Клеймо указано ошибочно).

52 Кружка ("стопа"). Англия, Лондон, около 1610 г.
Мастер с клеймом "RP".
Клейма: мастера (Jackson, 1989. Р. 104).
Серебро.
Чеканка, литье, золочение.
Высота - 42.0 см. Вес - 2258.0 г.
МЗ-662 (Опись. Ч. 2. Кн. 2. № 1684)

Коллекция английских стоп насчитывает девять экземпляров и включает интереснейшие образцы 1585-1663 годов (Гольдберг, 1954. Рис. 47-51). Все они относятся к ганзейскому типу: кружки цилиндрической формы и вытянутых пропорций были популярны в приморских городах балтийского региона, объединенных в торговый союз Ганзу. В России сосуды подобной формы независимо от размеров назывались стопами.

Высокий цилиндрический корпус стопы с гладким треугольным носиком, S-образной ручкой, с откидной крышкой украшен сплошным национальным английским плоскочеканным узором из цветов и листьев шиповника на вьющихся стеблях, напоминающим образцы вышивки того времени (Гольдберг, 1954. С. 496. Рис. 48). Наличие носика у стопы как будто предполагает иное, чем у других стоп употребление: не для питья, а для разливания жидкостей.

На оборотной стороне основания гравированы буквенные обозначения веса стопы и ее принадлежности царской казне.

53 Кувшин ("воронок").
Англия, Лондон, 1606-1607 гг.
Мастер с клеймом "TS".
Серебро.
Чеканка, литье, золочение, пунцирование.
Высота - 38.5 см. Вес - 1979.1 г.
МЗ-701

Профилированное высокое основание, грушевидный корпус с откидной крышкой и S-образной ручкой чеканены в плоском рельефе гладкими растительными побегами, образующими круги и ромбы, с заключенными в них виноградными гроздьями, цветком маргаритки и "розой Тюдоров" (Siselina. Р. 130, 160, № 100). В орнамент включен гравированный герб короля Якова I (1603-1625). Сосуды подобной формы в России назывались воронками.

Кувшин отличается гармоничным сочетанием формы и декора и особой тщательностью исполнения, присущей английскому ренессансному серебру. Национальное своеобразие кувшина в полной мере проявляется в "ковровом"
принципе декоративного убранства: вся поверхность заполнена растительными побегами, образующими геометрические фигуры, цветами и виноградом.

На обороте основания гравирована надпись с буквенными обозначениями принадлежности казне и веса.

По предположению Т.Г. Гольдберг, воронок был привезен в дар царю Михаилу Федоровичу от Якова I в 1615 году посольством Джона Мерика, затем был передан в Патриаршую ризницу в качестве царского подарка одному из патриархов (Гольдберг, 1954. С. 471. Рис. 10. Клеймо указано ошибочно), а в 1920 году вернулся в музей.

54 Кубок.
Англия, Лондон, 1613-1614 гг.
Мастер с клеймом "ТС".
Клейма: городское, пробирное, годовое (Jackson. Р. 51), мастер (Jackson. Р. 107).
Серебро.
Чеканка, литье, золочение.
Высота - 51.0 см. Вес - 2033.2 г.
МЗ-619 (Опись. Ч. 2. Кн. 1. № 1122)

Кубок принадлежит к числу распространенных в эпоху ранних Стюартов сосудов характерной яйцеобразной формы с равномерно расположенным по всей поверхности декором.

Корпус кубка чеканен цветами колокольчиков, растительными побегами в ремешковых плетенках и круглыми плодами тыкв среди листьев аканта. Ножка выполнена в виде вазы с гротескными дужками. Столпообразное основание украшено иониками, листьями аканта и раковинами.

На гладкой нижней части основания гравировано русское буквенное обозначение веса и пометы царской казны XVII века.

Как установила Т.Г. Гольдберг (Гольдберг, стр. 482), кубок был привезен в дар царю Михаилу Федоровичу от короля Якова I в 1620 году посольством Джона Мерика.

55 Фляга ("сулея").
Англия, Лондон, 1619-1620 гг.
Мастер с клеймом "IS".
Клейма: городское, пробирное, годовое (Jackson, 1989. Р51), именное мастера (Jackson, 1989. Р. 111).
Серебро.
Чеканка, литье, золочение. Вес - 2785.3 г.
Высота - 48.5 см.
МЗ-655 (Опись. Ч. 2. Кн. 2. № 1535)

В собрании Оружейной палаты данная фляга - одна из шести подобных экземпляров, датируемых 1580-1663 годами (Гольдберг. Рис. 50-52). Все они, за исключением самого позднего образца 1663 года, составляют единственно известную группу сосудов редкой конической формы с удлиненным горлом на высоком основании и с богато орнаментированной поверхностью.

На корпусе фляги в плоском рельефе чеканены изображения морских чудовищ в овальных ремешковых клеймах, связки плодов и крупные листья аканта. На боковых сторонах закреплены львиные маскароны с кольцами, соединенными панцирной цепью, которая гирляндообразно опоясывает кубок и также крепится к завершению крышки в виде двух гротескных завитков (Siselina. Р. 127-128, 170-173, № 104).

На оборотной стороне основания гравирована надпись с буквенным обозначением принадлежности царской казне на Казенном дворе и веса фляги.

Благодаря особенностям формы, фляги являлись эффектными репрезентативными сосудами и вплоть до XIX века использовались как дипломатические и памятные подарки. В России сосуды подобной формы назывались сулеями. По предположению Г. Филимонова (Филимонов. С. 25, № 87), фляга или сулея вместе с другой, парной к ней, была привезена в дар царю Михаилу Федоровичу от короля Якова I в 1620 году посольством Джона Мерика. Это предположение удалось подтвердить Т.Г. Гольдберг (Гольдберг. С. 501. Рис. 55), его разделяет также Чарльз Оман (Oman. Р. 35, pl. 23).

56 Пистолеты запоясные, пара.
Лондон, 1600-е гг.
Сталь, дерево, перламутр.
Резьба, насечка золотом, золочение, гравировка, инкрустация, ковка.
Длина общая - 71.2 см, длина ствола - 47.8 см, калибр - 13 мм.
ОР-2800, ОР-2802 (Опись. Ч. 5. Кн. 4. №№ 8243, 8244)

Безусловно, эта пара запоясных пистолетов - самая

великолепная из сохранившихся ранних произведений английского оружейного искусства.

Сложившаяся традиция связывает эти пистолеты с приездом английского посла Томаса Смита (Sir Thomas Smith) и подарками, которые он привез царю Борису Годунову и его сыну царевичу Федору (Соболев, Ермолаев. С. 425-426).

В 1603 году на английском престоле произошла смена династии: королей дома Тюдоров после смерти Елизаветы I (1558-1603) сменил Яков I - представитель шотландской династии Стюартов. С известием о новом короле был отправлен в Россию губернатор Восточно-Индийской компании Томас Смит, который и возглавил Великое Британское посольство в Москву в 1604-1605 годах.

В документах посольского приказа за 1604 год подробно описано пребывание посла и подарки, которые он преподнес русским государям от имени короля Якова I и от своего собственного. Царевичу Федору Борисовичу посол Томас Смит подарил "два самопала коротких". Несмотря на то, что термин "пистолет" был известен в России с XVI века, в начале XVII столетия этот тип ручного огнестрельного оружия с искровым механизмом воспламенения заряда вполне мог быть назван и "самопалом коротким". Однако, поскольку в документе нет даже краткого описания оружия, то идентифицировать его с экспонатами коллекции невозможно. Высокий уровень исполнения, красота художественного оформления дают возможность только предположить, что они предназначались для подарка царственной особе.

Датировка пистолетов базируется на конструктивных характеристиках и элементах декора, которые, впрочем, были характерны для английского огнестрельного оружия конца XVI - первых десятилетий XVII века.

Удивительно красива отделка пистолетов. Пятигранные в казенной части стволы имеют характерную для английского оружия форму дульной части в виде колокольчика. Их поверхность украшена рельефным золоченым растительным орнаментом с изображениями зверей и охотничьих сценок на темном фоне, что придает всей композиции объемный эффект. На верхней грани ствола орнамент построен по схеме канделябра, с маньеристическими, гротескными фигурками, шатрами, вазонами и т.п. У казенного среза на стволе имеется выступающий поясок с прицельной прорезью, что так же является характерной чертой английского оружия данного времени.

Пистолеты снабжены кремнево-ударными замками англо-голландского типа (snaphaunce). Поверхность замочных досок украшена тончайшим узором арабесок, насеченный золотом. Предохранительные механизмы смонтированы на противозамочной поверхности. Здесь же закреплены запоясные крюки.

Рукояти пистолетов изготовлены из красного дерева и завершаются "яблоками" (pommels), которые имеют несколько вытянутую форму с вогнутыми декоративными гранями. Поверхность рукоятей украшена инкрустацией перламутровыми гравированными пластинами в виде птиц, бабочек, змеевидных чудовищ, улиток,

стилизованных листьев и цветов. Как и на шпалерах "мильфлер", фоном изображений здесь являются изящные листочки на тонких стеблях, выполненные из плющенной серебряной проволоки. Изображения птиц, насекомых, фантастических монстров и морских чудовищ были характерны для декоративно-прикладного искусства стран Северной Европы в XVI-XVII веках. Контуры рукоятей инкрустированы прямыми полосами перламутра, которые гравированы орнаментом в виде плетенки. Приборы пистолетов железные: накладки крепления ствола украшены золотой насечкой, а запоясные крючки и прямоугольные предохранительные скобы - золоченой резьбой en suit со стволом.

Аналогичный декор украшает ложу спортивного арбалета из коллекции Королевской Оружейной палаты Тауэра (IX. 295).

**57   Парадный мушкет.
      Голландия, 1620-е гг.**
Клейма: на стволе снизу - цветок на стебле, повторенный
      трижды, на замке - "T" под короной.
Сталь, дерево, перламутр.
Гравировка, инкрустация, серебрение, золочение, ковка,
      резьба.
Длина общая - 167.7 см, длина ствола 124.4 см,
      калибр - 19 мм.
ОР-272 (Опись. Ч. 5. Кн. 4. № 6783)

Мушкеты - большие, тяжелые, крупнокалиберные ружья - являлись основным вооружением пехотинцев многих европейских государств, в том числе и России. В основном мушкеты были с фитильным, реже с колесным и кремнево-ударным замками.

Парадный мушкет, представленный на выставке, снабжен интересной и редкой конструкцией кремнево-ударного замка англо-голландского типа. Курок S-образной формы. Его нижний конец вырезан в виде головы дельфина. Огниво прямоугольной формы соединено с крышкой полки. Однако полка для затравочного пороха имеет отдельную откидную крышку, закрепленную на шарнире, как у мушкетов с фитильными замками. На замочной доске смонтирован внешний предохранитель. Замочная доска и детали замка украшенные резьбой, сохранили следы позолоты и серебрения.

Буковая ложа инкрустирована фигурными перламутровыми вставками, а затыльник приклада оправлен пластиной из слоновой кости.

Есть все основания предполагать, что мушкет был подарен царю Михаилу Федоровичу по случаю его женитьбы в январе 1625 года английским торговым агентом, губернатором Московской Торговой компании в Лондоне Фабианом Ульяновым Смитом. В Приходно-расходной книге Оружейного приказа 1625 года в числе поднесенных Смитом подарков упоминаются два самопала (selfshooter). Они были оценены в 16 рублей и поступили в Оружейную палату из казенного двора, где хранились ценности царской казны.

На стволе этого мушкета вырезана довольно длинная надпись патриотического содержания, связанная с бурными событиями нидерландской революции XVI века: "NOCH WAERT BETER TE STRIDEN MET ORANIE INT VELT DAN GEBRACHT MET LIST ONDER HET SPAEN GHEWE<LT>" (Better to fight in the field with <the Prince of> Orange than to fall under Spanish rule). Это единственный мушкет с надписью на стволе. Примечательно, что наличие надписи и связь предмета с именем Фабиана Ульянова отмечены в Переписной книге 1687 года, где мушкет значится в числе первостатейных, то есть самых лучших пищалей и описан так: "пищаль немецкий мушкет, на стволе выведены слова латинские, прицел медный, станок (ложа) буковый, в него врезаны раковины, замок английский резной, доска (замочная доска) была серебряная, Фабианская... Оценен в 50 рублей".

58 **Парадный мушкет.**
   Голландия, 1620-е гг.
   Клейма: на стволе снизу - пятилепестковый цветок на стебле, выбит трижды.
   Сталь, дерево, кость, перламутр.
   Резьба, гравировка, инкрустация.
   Длина общая - 177.0 см, длина ствола - 139.2,
      калибр - 20 мм.
   ОР - 273 (Опись. Ч. 5. Кн. 4. № 6784)

Ствол этого мушкета восьмигранный. В казенной части ствола укреплен прицел в виде фигурного щитка с прорезью. Поверхность массивного кремнево-ударного замка англо-голландского типа украшена гравированным орнаментом. Огниво прямоугольной формы соединено с крышкой полки. Эта полка для затравочного пороха имеет также отдельную откидную крышку на шарнире. Буковая ложа с цевьем во всю длину ствола и коротким плоским мушкетным прикладом инкрустирована тонкими завитками и маленькими кружочками кости, которые являются фоном для более крупных перламутровых вставок, украшенных гравировкой.

Возможно, этот мушкет был подарен английским торговым агентом Фабианом Смитом одновременно с мушкетом, имеющим патриотическую надпись (кат. № 57).

59 **Пистолет запоясный.**
   Англия, Лондон, 1640-е гг.
   Мастер Пин Уорнер (?) (Pin/Pinne/Pinn Warner).
   Сталь, дерево, серебро, черное дерево.
   Ковка, резьба, инкрустация, гравировка.
   Длина общая - 38.1 см, длина ствола - 22.5 см,
      калибр - 12 мм..
   ОР-3483 (Опись. Ч. 5. Кн. 4. № 8260)

Ствол пистолета сверху пятигранный, внизу круглый. В дульной части он имеет небольшой раструб с утолщением стенок на дульном срезе. На казенном срезе ствола есть выступающий поясок с прицельной прорезью. Замок

английского типа (english lock). На губках курка гравированы вертикальные параллельные полосы, что является характерным для английских замков XVII века. Рукоять из черного дерева инкрустирована фигурными прорезными серебряными накладками. На концах завитков гравированы головы фантастических птиц. У хвостовика ствола вырезан орнамент в виде шеврона.

До 1883 года в Оружейной палате хранилась пара таких пистолетов. Но в указанный год "по предложению Министерства Императорского Двора один из них был передан в Музей Императорского Тульского Оружейного завода".

Оставшийся пистолет представляет большой интерес. Это единственный английский пистолет, который по форме ствола и рукояти, конструкции замка, общим пропорциям и характеру декора датируется 1640-ми годами. В казенной части ствола выбито клеймо "WP" в фигурном щитке под короной (Blackmore. 1986. Р. 59). По предположению Г. Блэкмора, это клеймо могло принадлежать оружейнику Уорнеру Пину (Warner Pin). Уроженец Германии, Пин поселился в Лондоне и начал работать как мастер-ложевщик и инкрустатор. В 1625 году он изготовлял мушкеты с фитильными замками и карабины с колесными замками по контракту с управлением технического снабжения (Ordnance). В 1640 году Уорнер Пин был избран ассистентом Оружейной компании, а в 1641 - получил звание Мастера (Gunstock Maker-in-Ordinary) короля Карла I (1625-1649).

В коллекции Оружейной палаты хранится также охотничье ружье с медным стволом, на котором выбито такое же клеймо "WP" в щитке под короной (Опись. Ч. 5. Кн. 4. 7476). Ложа этого ружья имеет вогнутый "шотландский приклад" и украшена инкрустацией медными пластинками. Характер ее идентичен серебряному декору рукояти пистолета. Если указанное выше клеймо действительно принадлежало оружейнику Карла I, то можно предположить, что ружье и пистолеты были в числе даров царю Алексею Михайловичу, привезенных в Москву в 1664 году посольством английского короля Карла II (1660-1685). Его возглавлял Чарльз Говард граф Карляйль. Это оружие было поднесено в числе первых даров, а в речи посла, сопровождавшей подношение, особо подчеркивалось их мемориальное значение: ружье принадлежало казненному 30 января 1649 королю Карлу I, а пистолеты были у самого Карла II во время триумфального въезда в Лондон в мае 1660 года.

60 **Пистолеты, пара.**
   Москва, мастерская Оружейная палата, начало
      XVIII в.
   Железо, серебро, кость, перламутр, дерево.
   Ковка, гравировка, насечка, чернь, резьба, золочение.
   Длина общая - 68.0 см, длина стволов - 47.8 см,
      калибр - 12 мм.
   ОР-2861, ОР-2862 (Опись. Ч. 5. Кн. 4. № 8306)

Каждая деталь этой прекрасной пары пистолетов

является самостоятельным произведением искусства. Граненые стволы по всей длине насечены золотом, в украшении использованы растительные узоры и изображения ангелов и человеческих фигур, русский двуглавый орел под стилизованной короной с крестом. Ударно-кремневые замки французского типа декорированы чеканными растительными узорами. На основании стойки курков помещены стилизованные маски. Гладкая замочная доска насечена золотыми изображениями скачущего всадника и полуженщины-полуптицы с распростертыми крыльями. Противозамочные личинки железные прорезные, на них в причудливые переплетения растительного узора органично введены изображения собаки и птицы. Шомпольные трубки и наконечники цевья и шомпола выполнены из серебра и украшены черневыми и резными золочеными растительными узорами.

Особое внимание привлекают рукояти из черного дерева с небольшими включениями овальных перламутровых вставок на цевье, изящными резными химерами около замков и эффектными костяными затыльниками. Затыльники вырезаны из цельных кусков слоновой кости в виде мужской и женской головы в лавровых венках. Традиционно считается, что это портретные изображения царя Петра I и его супруги Екатерины.

К сожалению, до сих пор неизвестно, где, когда и кем были изготовлены эти пистолеты. Характер декора стволов и замков, применение традиционно русских приемов украшения серебряных деталей прибора - черневых растительных узоров, часто применявшихся московскими мастерами в оформлении оружия - указывают на Оружейную палату конца XVII - начала XVIII столетий. Обращает на себя внимание некоторая условность и наивность костяных голов на набалдашниках. Их автор, будучи хорошим резчиком, явно не был профессиональным художником. В этой связи любопытно отметить, что царь Петр I увлекался токарными работами и резьбой по кости. Его изделия ныне хранятся в нескольких российских музеях.

61   Шпага офицерская
Россия, Олонец, 1711 г.
Сталь, железо, медь.
Ковка, резьба, чеканка, гравировка.
Длина общая - 128.0 см.
ОР-1021 (Опись. Ч. 4. Кн. 3. № 5759)

Данная шпага представляет собой образец нового унифицированного холодного оружия, появившегося на вооружении русской армии во время реформ Петра I в ходе Северной войны со Швецией. Ее клинок прямой, обоюдоострый, с узким глубоким долом по всей длине. В верхней части дол клинка прорезан насквозь. С внешней стороны клинка выгравированы надпись "ОЛОНЕЦ 1711" и миниатюрное клеймо в виде двух змеек. С обратной стороны клинка трижды выгравировано слово

"ВИВАТЪ". Рукоять шпаги деревянная, обмотана толстой витой медной проволокой. Стальная гарда состоит из дужки, прямой крестовины и открытой чашки. Единственным элементом декора эфеса шпаги является узкий золотой орнаментальный поясок, инкрустированный по периметру гарды и продолженный на навершии рукояти. Судя по большому размеру клинка, это оружие кавалериста. Мощная, тяжелая шпага с одинаковым успехом могла быть использована как для нанесения колющего, так и рубящего ударов. За основу при ее разработке был использован тяжелый шведский палаш (Drabant's sword Model 1701), который находился на вооружении личной гвардии короля Карла XII - драбантов (Nordstr(rm. №№ 64-66). От шведских образцов русскую шпагу отличает, во - первых, материал рукояти - сталь (а не медь), во-вторых, конструкция клинка - более узкого и с выбранным посередине долом.

Шпага была изготовлена в 1711 году на Олонецком оружейном заводе, основанном по указу царя Петра I в 1702-1703 годах. Клинки, откованные на Олонецком оружейном заводе, имели особую надпись "ОЛОНЕЦ", гравированную русскими или латинскими буквами, и дату производства. Изготовление холодного оружия в Олонце прослеживается лишь в 10-х годах XVIII века.

Владелец шпаги неизвестен. До 1737 года она хранилась в собрании императрицы Анны Ивановны, где числилась среди оружия, поступившего из Камер-цалмейстерской конторы. В Оружейную палату шпага поступила вместе с коллекцией императорской Рюст-камеры в 1810 году.

62   Палаш драгунский.
Россия, Олонец, 1710 г.
Сталь, дерево.
Ковка, резьба, гравировка.
Длина общая - 91.0 см.
ОР-4149 (Опись. Ч. 4. Кн. 3. № 5720)

Драгунские полки в составе русского войска появляются еще в первой половине XVII века. Они относились к так называемым "полкам иноземного строя", то есть были организованы, вооружены и обучены по примеру подобных полков в армиях государств Западной Европы. Во время Северной войны драгуны составляли основу русской кавалерии. Драгунские полки сыграли значительную роль в победах русской армии над войсками шведского короля Карла XII при Лесной в 1708 году и Полтаве в 1709 году, предопределивших удачный для России исход войны.

Палаш, представленный на выставке, - основное холодное оружие русского драгуна. Клинок палаша прямой однолезвийный, с широким долом. Боевой конец округлен, что свидетельствует о том, что основной удар этого палаша - рубящий. С внешней стороны клинка выгравировано изображение двух рук, исходящих навстречу друг другу из облаков, сопровождаемое надписью "ВЕРЬ И СУМНЕВАЙСЯ" - "Trust but mistrust also" и дата "1710". С другой стороны выгравировано изображения исходящей из облака руки с мечом, обвитым миртовой ветвью, надпись "АЗЪ К МИРУ И ВОЙНѢ" -"I am for war and peace", а также обозначение места производства клинка - "ОЛОНЕЦЪ". Источником этой гравированной символики является книга "Символы и эмблематика" (Selecta Emblemata et Symbola), изданная в Амстердаме в Голландии для России по распоряжению Петра I в 1705 году. Эмблемы и символы в ней были заимствованы из двух книг французского издателя Daniel de la Feuille "Devises et Emblèmes Anciennes et Modernes Tirées des plus célèbres Autours..." (Амстердам, 1691) и "Devises et emblèmes d'amour" (Амстердам, 1696). Первое русское издание вышло в Санкт-Петербурге в 1721 году. Следует отметить, что гравюры из этой книги активно использовались в русской геральдике начала XVIII столетия при разработке гербов городов и знамен полков (Соболева. С. 179).

Эфес палаша сочетает в своей конструкции как элементы восточного, так и западноевропейского оружия. Рукоять изготовлена из березового капа, резная, в верхней части расширяется. Спинка рукояти стальная, плавно переходящая в гладкое навершие. Гарда состоит из крестовины, дужки и защитной пластины, прикрывающей внешнюю сторону руки. С левой стороны крестовины приварено кольцо для большого пальца руки. Различные варианты подобных палашей были широко распространены во второй половине XVII - начале XVIII веков на территории Польши, Венгрии, Германии и Швеции.

Имя владельца палаша, к сожалению, пока неизвестно. Характер изображений на клинке, а также использование для изготовления рукояти благородной карельской березы дает основания предполагать, что им был не простой драгун. До 1737 года палаш хранился в собрании императрицы Анны Ивановны, где числился среди оружия, поступившего из придворной Камер-цалмейстерской конторы. В собрание Оружейной палаты палаш поступил вместе с коллекцией императорской Рюст-камеры в 1810 году.

63 Мушкетон.
Россия, начало XVIII в.

Мастер Константин Аввакумов.

Дерево, железо.

Ковка, гравировка, резьба.

Длина общая - 125.5 см, длина ствола - 83.5 см,
   калибр - 26.5 мм.

ОР-626 (Опись. Ч. 4. Кн. 5. № 7035)

Мушкетоны в начале XVIII столетия относились к группе нештатного строевого оружия, находившегося на вооружении русской армии. От штатной строевой фузеи мушкетон отличался более коротким стволом, большим калибром и конической каморой. Мушкетоны состояли на вооружении отдельных подразделений пехотных полков, а также являлись огнестрельным оружием офицерского

состава (Маковская. С. 58-59). Их производство осуществлялось на государственных заводах, расположенных в Москве, Туле, Олонце и Липецке, до 1715 года по особым образцам, а после по специальным лекалам и конструкциям, определенным царским указом от 24 мая 1715 года.

Мушкетон, представленный на выставке, был изготовлен в Москве, возможно, на старой производственной базе Оружейного приказа. В центральной части его гладкого ствола имеется гравированная надпись "MOSKOVIA". Замок железный французского типа с легкой гравировкой на замочной доске и надписью на нижнем срезе "КОНСТЕНЪТНЪ АВВАКУМОВЪ".

Константин Аввакумов впервые упоминается как оружейный мастер в документах 1671 года (Железнов. С. 1), в начале XVIII века он был смотрителем оружия в Оружейной палате в Москве до 1711 года.

По всей видимости этот мушкетон являлся офицерским оружием, о чем свидетельствует наличие гравированных украшений на стволе и замке, а также ложа, изготовленная из древесины ореха красивого рисунка и украшенная резьбой.

Впервые мушкетон упоминается в описи оружия императрицы Анны Ивановны, составленной в 1737 году, как поступивший из Камер-цалмейстерской конторы. В Оружейную палату он поступил в 1810 году вместе с собранием императорской Рюст-камеры.

64 Штуцер.
Россия, Олонец, 1708 г.

Мастер Иван Иванов.

Железо, медь, дерево.

Ковка, резьба, гравировка.

Длина общая - 105.0 см, длина ствола 69.2 см,
   калибр - 15 мм, нарезов - 8.

ОР-2203 (Опись. Ч. 4. Кн. 5. № 7697)

Штуцер - короткое нарезное оружие большого калибра с фузейным прикладом, предназначавшееся для прицельной спортивной стрельбы и охоты на крупного зверя. В качестве строевого оружия в XVIII веке они состояли на вооружении егерских полков ряда европейских государств. В русской армии времен Северной войны 1700-1721 годов полков егерей не существовало, поэтому штуцера, также как и мушкетоны, относились к нештатному строевому огнестрельному оружию офицерского состава, а также некоторых подразделений пехотных полков (Маковская. С. 71).

Ствол представленного на выставке штуцера по всей длине граненый, на верхней грани в казенной части надпись "OLONEZ 1708". Прицельное приспособление состоит из медной врезной мушки и щитка с прорезью. Замок французского типа, на его гладкой доске выгравировано имя мастера "IWAN IWANOW". Написанное латинскими буквами имя мастера позволяет предположить, что замок изготовил не русский мастер-оружейник, а иностранец. Прибор железный, все детали его несложно украшены, а противозамочная пластина выполнена в виде дракона. Ложа из древесины корня березы с красивым волнистым рисунком, с цевьем во всю длину ствола и фузейным прикладом.

Штуцер был изготовлен на Государственном Петровском заводе в Олонце. Завод был создан в 1703 году и специализировался на производстве строевого оружия для русской армии. На нем работала большая группа приглашенных из-за границы мастеров и шведских военнопленных. Завод просуществовал до 1724 года и был закрыт по причине истощения в его окрестностях железной руды.

Впервые штуцер упоминается в описи оружия императрицы Анны Ивановны, составленной в 1737 году, как поступивший из Камер-цалмейстерской конторы. В Оружейную палату он поступил в 1810 году вместе с собранием императорской Рюст-камеры.

65 Ружье.
Россия, Сестрорецк, 1725 г.
Железо, сталь, медь, дерево.
Ковка, оброн, гравировка, золочение.
Длина общая - 151.0 см, длина ствола - 112.5 см,
калибр - 16.7 мм.
ОР-4955 (Опись. Ч. 4. Кн. 5. № 7227)

Это ружье было изготовлено на Сестрорецком оружейном заводе. Он был основан в 1714 году недалеко от Санкт-Петербурга при впадении реки Сестры в Финский залив (именно река дала название заводу). Первоначально завод производил якори и оружие для флота. В 1724 году именным указом императора Петра I на Сестрорецкий завод были переведены оружейные мастера с Государственного Петровского завода. С этого времени здесь было развернуто производство как строевого, так и парадного оружия.

Ружье, представленное на выставке, относится к ранним образцам оружия, изготовленным на Сестрорецком оружейном заводе. В казенной части ствола помещена монограмма под императорской короной, предположительно Петра I, выполненная в технике высокорельефной резьбы по канфаренному фону. На плоской верхней грани ствола гравирована надпись "SUSTERBEEK 1725" (шведское название Сестрорецка). До 1769 года ружье входило в состав оружейного собрания императора Петра III - Ораниенбаумской Рюст-камеры, в Оружейную палату поступило в 1810 году из императорской Рюст-камеры.

66 Кортик охотничий.
Россия, Олонец, 1718 г.
Сталь.
Ковка, резьба, золочение, гравировка, чеканка.
Длина общая - 74.0 см.
ОР-4387 (Опись. Ч. 4. Кн. 3. № 6221)

Кортиком в России XVIII века называли охотничье холодное оружие с коротким клинком, распространенное во многих странах Европы под различными названиями ("jagdsabel" и "hirschfanger" в Германии, "hunting hanger" в Англии и т.д). До начала XVIII века подобное оружие в России не использовалось. Его появление связано с изменениями, которые произошли в жизни России в период реформ Петра I. Прежние, существовавшие в XVI-XVII веках формы организации царской охоты уступали место новым, принятым при европейских монарших дворах. Вместе с этим изменился и комплект охотничьего вооружения и снаряжения. Охотничий кортик, представленный на выставке - это наиболее ранний из сохранившихся экземпляров этого вида оружия, изготовленного в России. Кроме того, он является одним из первых образцов русского парадного оружия XVIII столетия, украшенного в новой, европейской манере.

Клинок кортика стальной, в сечении шестигранный. Верхняя часть клинка в сечении овальная, золоченая, украшена с одной стороны гравированным изображением корабля под парусами, а с другой стороны в овальном клейме в той же технике выполнена сложная монограмма, состоящая из сочетания букв "А", "Д" и "М" под княжеской короной. Над монограммой имеется надпись "OLONEZ", под ней проставлена дата "1718". Рукоять с гардой стальные, с внешней стороны украшены резным орнаментом, состоящим из вьющихся стеблей, цветов и изображений животных - оленя и охотничьей собаки. Фон орнамента покрыт плотной позолотой. В центре композиции декора рукояти в фигурном клейме изображена монументальная пирамида, увенчанная державой с крестом. Постамент пирамиды обрамлен знаменами. На раковине гарды имеется монограмма - такая же, как и на клинке кортика.

Сочетание букв монограммы с великокняжеской короной дает основание предполагать, что этот кортик принадлежал князю Александру Даниловичу Меншикову (1672-1727). Князь Священной Римской империи, генералиссимус, верховный тайный действительный советник, рейхсмаршал, президент Военной коллегии, адмирал красного флага, губернатор Санкт-Петербурга, действительный член Королевского общества, патент которому подписал Исаак Ньютон - лишь краткий перечень титулов, которые носил этот ближайший сподвижник Петра I, принимавший участие во всех делах великого российского реформатора. Согласно легенде, А.Д. Меншиков родился в незнатной семье и до начала своей службы у царя Петра I в 1691 году торговал пирогами на улицах Москвы. В 1702-1703 годах он был пожалован титулом князя Ижорской земли. На ее территории находился город Олонец, первоначальным гербом которого был плывущий под парусами корабль (Соболева. С.186). Такой же корабль был изображен и на гербе князя Меншикова. В управлении А.Д. Меншикова с 1704 года находился и олонецкий Государственный Петровский завод, где, согласно надписи на клинке, в 1718 году был изготовлен этот кортик. После смерти Петра I в 1725 году Меншиков сконцентрировал в своих руках огромную власть. В 1726-1727 годах князь был чрезвычайно близок к внуку Петра I, будущему императору Петру II, обручив с ним свою дочь Марию. Однако в результате дворцовых интриг 8 сентября 1727 года он был арестован и сослан в Сибирь, в город Березов, где и умер.

Каким образом кортик попал в оружейное собрание российских императоров, неизвестно. Возможно, он был конфискован вместе с богатейшим имуществом князя после его ареста. Это мог быть также подарок императору Петру I или императору Петру II.

Согласно описи оружия императрицы Анны Ивановны, до 1737 года кортик хранился в придворной Камер-цалмейстерской конторе, ведавшей движимым имуществом императорских дворцов в Москве и Петербурге. В собрание Оружейной палаты кортик поступил вместе с коллекцией императорской Рюст-камеры в 1810 году.

67 Жезл короля Швеции Карла XII.
Швеция, начало XVII в.
Серебро, медь.
Гравировка, чеканка, резьба.
Длина общая - 44.0 см.
ОР-4795 (Опись. Ч. 4. Кн. 3. № 5204)

Не исключено, что жезл, представленный на выставке - один из главных трофеев Северной войны взятых царем Петром I после разгрома шведской армии в 1709 году в Полтавском сражении. Шведскому королю Карлу XII (1697-1718) чудом удалось спастись от плена. С небольшим отрядом личной охраны - драбантов он бежал в Османскую империю. До 1849 года жезл хранился в собрании Кабинета Петра I в Петербургской Кунст-камере. В Оружейную палату он поступил в 1849 году по личному распоряжению императора Николая I.

В настоящее время жезл представляет собой конструкцию, состоящую из деревянного корпуса цилиндрической формы, обложенного пластинами серебра, и рукояти с округлым навершием. Вполне возможно, что ранее деревянного корпуса не было и жезл состоял из пустотелого серебряного цилиндра с отвинчивающейся рукоятью. В верхней части корпуса имеется серебряная накладка с изображением герба короля Швеции Густава Адольфа (1594-1632). Над гербом выгравирована монограмма, состоящая из букв "G", "A", "R" - "Gustavus Adophus Rex". На жезле имеется небольшое клеймо в виде фигурного щитка. Аналогичное клеймо принадлежало неизвестному датскому мастеру, работавшему в Копенгагене в начале XVII века (Rosenberg. III. № 5643). Таким образом, хотя в русских документах жезл связан с именем шведского короля Карла XII, его происхождение более древнее. Возможно, он являлся важной военной реликвией шведского королевского дома Ваза.

68 Ключ.
Рига, 1710 г.
Мастер - И.Г. Эбен (Johann Georg Eben).
Золото.
Литье, резьба, чернь.
Длина - 22.0 см. Вес - 619.9 г.
ОР-247

После разгрома под Полтавой армии Карла XII царь Петр I и присоединившиеся к нему польский и датский короли активизировали военные действия на территории Северной Германии, Польши, Эстляндии и Лифляндии. В октябре 1709 года русские войска подошли к Риге, богатейшему торговому городу и важнейшему опорному пункту шведов в Прибалтике. Осада и бомбардировки продолжались восемь месяцев, и только 4 июля 1710 года шведский гарнизон капитулировал. Командовавший русскими войсками генерал-фельдмаршал Б.П. Шереметев, исполняя распоряжение Петра I, пощадил город: не ввел туда своих полков и оставил Риге все ее традиционные права и вольности. При торжественном въезде Шереметева в город благодарный магистрат преподнес ему два одинаковых символических золотых ключа от Риги. Один из них демонстрируется на выставке.

Борис Петрович Шереметев (1652-1719) происходил из древнего аристократического рода. Боярин с 1682 года, он еще до начала петровских преобразований получил известность как искусный дипломат и талантливый военачальник. Во время путешествий по Европе в 1697-1698 годах был принят польским королем Августом II, императором Леопольдом I, Римским папой Иннокентием XII и гроссмейстером Мальтийского ордена, который возложил на него командорский орденский крест. С началом Северной войны Шереметев получил звание генерал-фельдмаршала и одержал ряд побед над шведскими войсками в Прибалтике. Во время полтавского сражения официально являлся главнокомандующим русской армии, однако фактически руководил действиями центра ее боевого порядка. После взятия Риги командовал войсками на Украине и в Северной Германии.

Английский дипломат Чарльз Витворт писал о Шереметеве как о самом вежливом и культурном человеке в России, отмечал его доблесть и чувство чести, кроме того, великолепие образа жизни фельдмаршала (Whitworth. S. 72-73).

Ключи, поднесенные Шереметеву, были изготовлены в кратчайшие сроки специально для подарка русскому военачальнику. На каждом из них - выполненная в технике черни надпись: "RIGA DEVICTAE OBSEQVIUM A SUPREMO TOTIUS ROSSIAE CAMPI PRAEFECTO COM: BORIS SCHEREMETJOFF // EQVITE ORDIN : MALT : ST. APOSTOL ANDREAE ETC : A°: SALUTIS MDCCX : DIE : XIII/xxiv JULY".

Ключи поступили в Оружейную палату из кладовой Московского ювелирного товарищества в 1926 году.

69 Форменный кафтан, шляпа и перчатки императора Петра II.
Россия, 1727-1730 гг.

Сукно, бархат, золотный галун, медь, фетр, крашенина, лайка.

Ткачество, плетение, литье.

Кафтан: длина - 102.0 см.

Шляпа: высота тульи - 10.0 см Перчатки: длина - 22.0 см.

ТК-1979 ТК-2755 ТК-224 (Опись. Ч. 1. №№ 232, 258, 260)

Данные предметы поступили в Оружейную палату в 1766 году в составе гардероба императора Петра II. Этот уникальный комплекс, дошедший до наших дней практически в полном объеме, включает в себя коронационное, парадные, форменные, домашние и спальные платья, а также нижнюю одежду и аксессуары.

Представленные кафтан, шляпа и перчатки составляют часть обмундирования офицера лейб-гвардии Семеновского полка. В 1720 году все офицеры гвардии получили одинаковые зеленые суконные кафтаны с отложными воротниками и камзолы, обшитые по краям пол, воротников, обшлагов и карманных клапанов золотным форменным гвардейским галуном. Галун, завернутый за края мундира, являлся отличительной особенностью формы Семеновского полка.

Мундиры гвардейских офицеров шились из высококачественного привозного сукна, а подкладка, судя по мундиру Петра II, выполнялась из зеленого бархата. В комплект обмундирования входили также лосиные штаны длиной до колен, красные чулки, кожаные башмаки с длинными языками, сапоги или ботфорты. Черная фетровая треугольная шляпа также обшивалась по краю полей форменным галуном, а белые лайковые перчатки имели жесткие остроугольные крагены.

70 Шпага в ножнах.
Россия, 1727-1730 гг.

Сталь, серебро, дерево, кожа.

Ковка, резьба, гравировка, золочение, чеканка, канфарение.

Длина общая - 94.3 см.

ОР-4031 (Опись. Ч. 4. Кн. 3. № 5796)

С начала XVIII столетия небольшая европейская шпага с легким клинком и изящной рукоятью становится обязательным атрибутом русского придворного костюма. Шпага, представленная на выставке, имеет прямой трехгранный клинок с вогнутыми долами. Верхняя часть клинка с обеих сторон украшена гравированным золоченым орнаментом, состоящим из вьющихся стеблей, которые образуют круглые клейма с надписью на французском языке "HONI SOIT QUI MAL Y PENSE" - "Пусть стыдно будет тому, кто плохо об этом подумает" (девиз английского ордена Подвязки). Рукоять шпаги деревянная, обмотана витой серебряной проволокой. Навершие рукояти утрачено, в ходе реставрации 1998 года заменено новым. Гарда серебряная, золоченая, украшена резным орнаментом; состоит из дужки, перекрестия и

открытой защитной чашки, образованной из двух половинок раковинообразной формы. С внутренней стороны защитной чашки в орнамент включена стилизованная монограмма из букв "П", "С" и римской цифры "II", которая может быть прочитана как "Петр II Самодержец".

Шпага принадлежала внуку царя Петра I, императору Петру II. Наличие императорской монограммы говорит о том, что она была изготовлена в России в 1727-1730 годах. Сын царевича Алексея Петровича, казненного своим отцом - Петром I в 1718 году, Петр II родился 12 октября 1715 года. Он стал императором в возрасте тринадцати лет в конце 1727 года, после смерти Екатерины I. В течение своего правления большую часть жизни (1728-1730) провел в Москве, где скоропостижно скончался от черной оспы 19 января 1730 года.

В Оружейную палату шпага поступила из придворной Гоф-интендантской конторы по личному распоряжению императрицы Екатерины II 16 февраля 1766 года.

71 Ружье.
Россия, Тула, 1728 г.

Железо, сталь, медь, рог, дерево.

Ковка, гравировка, травление, литье, насечка, резьба, золочение.

Длина общая - 156.0 см, длина ствола - 118.5 см, калибр - 16 мм.

ОР-4891 (Опись. Ч. 4. Кн. 5. № 7152)

Первые поселения казенных оружейных мастеров в Туле появились в 1595 году при царе Федоре Ивановиче. В 1630-х годах голландцы Марселис и Акема основали здесь первые в России оружейные мануфактуры. В конце XVII века в Туле работало более 200 казенных кузнецов. Оружие отвозилось в Москву, где его качество оценивали лучшие царские оружейники, такие как Никита Давыдов и Григорий Вяткин. После строгого отбора хорошие стволы и замки поступали в государственную казну, а плохие отправлялись обратно в Тулу для переделки.   В 1712 году по указу Петра I был основан Тульский оружейный завод. В XVIII веке, после прекращения деятельности московской Оружейной палаты, тульский завод стал основным центром оружейного производства в России. По завершении Северной войны в 1721 году тульские мастера все чаще начинают выполнять заказы императорского двора и русской знати по изготовлению украшенного охотничьего оружия.

Ружье, представленное на выставке - одно из самых ранних сохранившихся образцов тульского художественного оружия. Ствол ружья из дамасской стали четко читающегося волнистого рисунка. В казенной части ствола в круглых мишенях помещены золоченые изображения двух оленей и птицы - имитация оружейных клейм. Выше их в фигурном клейме выполнено золоченое изображение герба Российской империи - двуглавого орла под императорской короной. Герб помещен в небольшом овальном щитке, который поддерживают по бокам единорог и лев в короне. Над клеймом выполнено золоченое изображение знака ордена Св. Андрея Первозванного под императорской короной в обрамлении лавровых ветвей. На верхней грани ствола на золотом фоне надпись "1728 ТУЛА". Мушка, расположенная у дульного среза ствола, серебряная. Хвостовик с гравированным маскароном и декоративные пояски, разделяющие части ствола - посеребренные. Замок ружья французского типа с медной замочной доской, на которой изображены охотник с рогатиной и охотничьим рогом, бегущая собака и фантазийный олень в обрамлении стилизованного растительного орнамента. Замочная личинка представляет собой целостную композицию, в которую включены артиллерист, подносящий фитиль к пушке, и поражающий дракона воин с кривой саблей и щитом в руках, сидящий на коне с головой фантастического морского чудовища. В декор медного золоченого прибора ружья введены античные фигуры. Особенно интересно изображение античного бюста, нетрадиционно размещенного в круглом щите на груди двуглавого орла на шейке приклада.

По всей видимости, это прекрасное ружье, соединившее в своем декоре различные стили и разнохарактерные элементы украшения, было изготовлено для императора Петра II. Не по годам рослый тринадцатилетний мальчик был страстным охотником и большую часть своей жизни провел на охоте в компании своих друзей.

Ружье впервые упоминается в описи оружия императрицы Анны Ивановны, составленной в 1737 году. В Оружейную палату оно поступило в 1810 году из императорской Рюст-камеры.

72   Кортик охотничий.
Россия, Олонец, первая четверть XVIII в.
Сталь.
Ковка, золочение, гравировка, резьба.
Длина общая - 70.0 см
ОР-3957 (Опись. Ч. 4. Кн. 3. № 6224)

По своей конструкции, материалам, технике украшения данный кортик близок к кортику, принадлежавшему князю А.Д. Меншикову (кат. № 66). На внешней стороне его шестигранного клинка также выполнено золоченое изображение плывущего под парусами корабля и надпись "ОЛОНЕЦ". Однако на оборотной стороне вместо княжеской монограммы выгравирован герб Российской империи - двуглавый орел под тремя коронами со скипетром и державой. На груди орла нанесена монограмма, состоящая из букв "А" и "I". Их сочетание с императорским гербом дает возможность предположить, что кортик принадлежал императрице Анне Ивановне (1730-1741). Однако деятельность Олонецкого оружейного завода прекратилась еще до коронации императрицы, во второй половине 20-х годов XVIII века. Возможно, это было связано с арестом и ссылкой князя А.Д. Меншикова. Поэтому не исключено, что кортик (или его клинок) был изготовлен в 1710-е годы, а герб и

монограммы на нем были сделаны позднее - в начале 30-х годов. Обращает на себя внимание, что качество гравировки императорского герба уступает качеству изображения корабля на внешней стороне клинка.

Впервые кортик упоминается в описи оружия императрицы Анны Ивановны. Согласно этому документу, до 1735 года он находился в Москве. В собрание Оружейной палаты кортик поступил из императорской Рюст-камеры в 1810 году.

73   Кортик охотничий.
Клинок - Германия, рукоять - Россия, первая половина XVIII в.
Сталь, серебро.
Ковка, резьба, золочение, гравировка.
Длина общая - 71.0 см.
ОР-4388 (Опись. Ч. 4. Кн. 3. № 6233)

Клинок кортика явно немецкого происхождения. Он прямой, однолезвийный, на боевом конце обоюдоострый, с пилообразным обухом. Пята клинка покрыта позолотой и украшена гравированным орнаментом, изображениями кабана и оленя. Рукоять и гарда, состоящая из дужки, крестовины и защитной раковины, - серебряные, украшены глубоким резным стилизованным растительным орнаментом и военными трофеями на прочеканенном фоне. В центре композиции декора рукояти изображен орел с императорской короной в клюве и монограммой в когтях. Монограмма состоит из сочетания латинских букв "А", "I" и "С" - "Анна Ивановна Цесарина". На защитной раковине в щитке, обрамленном военными трофеями, вырезан герб России - двуглавый орел под тремя коронами, со скипетром и державой в когтях. На груди орла помещен древний герб Москвы.

Кортик принадлежал императрице Анне Ивановне. Ранее он был атрибутирован как работа тульских мастеров (Опись Ч. 4. Кн. 3. № 6233; Шедевры тульских оружейников. С.14.). Однако, по всей видимости, он был изготовлен в 1730-1732 годах в Москве, во время пребывания здесь императрицы. В 1735 году в составе собрания ее охотничьего оружия он был перевезен в Петербург и с 1737 года хранился в Обер-егермейстерской канцелярии.

В собрание Оружейной палаты кортик поступил из императорской Рюст-камеры в 1810 году.

74   Ружье.
Россия, Сестрорецкий оружейный завод, 1735 г.
Железо, сталь, серебро, дерево.
Ковка, гравировка, золочение, воронение, резьба.
Длина общая - 155.4 см, длина ствола - 115.5 см, калибр - 15.8 мм.
ОР-4956 (Опись. Ч. 4. Кн. 5. №7955)

Ружье, представленное на выставке, - прекрасный образец русского украшенного охотничьего оружия,

производившегося на Сестрорецком оружейном заводе по заказам императорского двора в Санкт-Петербурге в 30-е годы
XVIII столетия. Ствол ружья стальной, гладкий, с фигурным хвостовиком, покрытым серебряной гравированной пластиной. Казенная часть ствола украшена резным золоченым изображением герба Российской империи - двуглавого орла под коронами. На груди орла в щитке имеется монограмма, состоящая из сочетания букв "А" и "I". Под орлом помещены золоченый герб Санкт-Петербурга - два скрещенных корабельных якоря и дата "1735". Над орлом на золотом прочеканенном фоне вырезана надпись : "ЕЯ ИМПЕРАТОРСКОЕ ВЕЛИЧЕСТВО У СЕЙ ФУЗЕИ СВОИМИ РУКАМИ ТРУД ИМЕТЬ ИЗВОЛИЛИ НА СЕСТРОРЕЦКИХ ЗАВОДАХ" и далее на ленте "ФЕВРАЛЯ 24 ДНЯ". Замок ружья французского типа. Золоченая замочная доска украшена резным рельефным орнаментом и изображением "морского царя". Ложа благородного орехового дерева. Прибор ружья серебряный, литой, украшен гравировкой.

Ружье было изготовлено 24 февраля 1735 года в память одного из посещений завода русской императрицей Анной Ивановной. По свидетельствам документов, это был ее первый визит в Сестрорецк. Она провела на заводе два дня и, как свидетельствует надпись, лично участвовала в процессе изготовления данного ружья. В современном собрании Оружейной палаты это единственный памятник подобного рода, хотя не вызывает сомнения, что "труд" императрицы носил чисто символический характер.

Племянница Петра I, императрица Анна Ивановна, находившаяся на русском престоле в течении десяти лет, была страстной охотницей, прекрасно разбиралась в оружии. Именно в годы ее правления произошло становление придворной Обер-егермейстерской канцелярии и была сформирована основа императорского собрания оружия - петербургской Рюст-камеры, из которой данное ружье и поступило в коллекцию Оружейной палаты в 1810 году.

75 Пистолеты, пара.
Россия, Санкт-Петербург, 1732-1737 гг.
Мастер Иоган Иллинг.
Железо, сталь, медь, дерево.
Ковка, гравировка, резьба, литье, чеканка, золочение.
Длина общая - 51.5 см, длина ствола - 33.0 см,
  калибр - 14.6 мм.
ОР-4949, ОР-4950 (Опись. Ч. 4. Кн. 5. № 8116)

Эта пара пистолетов привлекает к себе внимание высоким качеством отделки каждой детали. В казенной части стволов помещен чеканный стилизованный орнамент под балдахином с кистями. Выше - фигурный гербовый щиток с изображением руки со скипетром, исходящей из облака. Эмблема взята из популярного в первой половине XVIII века в России издания "Символы и эмблемата", ее девиз -

"Сим предусматривай и промышляй" (Foresee and provide with this). Над щитком помещена большая императорская корона, поддерживаемая с двух сторон амурами, в руках одного амура держава, другого - скипетр. По всей длине круглого ствола идет плоская накладная планка с надписью " I.C. ILLING". Замок французского типа. На замочной доске в технике низкорельефной резьбы выполнены изображения вооруженного мечом всадника на фоне военного лагеря и амура среди военной арматуры. Прибор пистолетов из золоченой резной бронзы. Особый интерес представляют массивные бронзовые затыльники рукоятей пистолетов, по обеим сторонам которых помещены изображения российского герба, а на овальных выпуклых медальонах в центре - монограммы императрицы Анны Ивановны под императорской короной.

Согласно надписи на стволах пистолетов, они были изготовлены Иоганом Христофом Иллингом. Швед по национальности, он был потомственным оружейником, - его отец Христофор Иллинг работал в Стокгольме еще в 1724 году (Neue Støkel. S. 571). Иоган Христоф Иллинг был принят на русскую службу в 1731 году сроком на четыре года. В круг его обязанностей входило "всякое в Императорской оружейной палате имещенные ружья починивать и всегда в добром состоянии держать"(РГАДА. Ф.1239. № 35206). Речь в данном случае идет не о древней Оружейной палате, а о собрании нового оружия, которое использовалось при организации императорских охот в Москве в 1728-1732 годах. В 1735 году это оружие было перевезено в Санкт-Петербург и размещено в бывшем доме царевича Алексея Петровича. Контракт с Иллингом был продлен, и до своей смерти 7 апреля 1737 года он оставался главным придворным оружейником. После его смерти была составлена первая опись собрания императорского оружия.

В современном собрании Оружейной палаты хранятся тридцать семь ружей и пистолетов, изготовленных Иоганом Христофом Иллингом, поступивших в Москву в 1810 году из императорской Рюст-камеры.

76 Ружье с ударно-кремневым замком.
Франция, Париж, 1720-1740 гг.
Мастер Ле Холландуа (Андриан Ренье II (Adrien Reynier)).
Серебро, бриллианты, сталь, дерево.
Резьба, литье, чеканка, насечка золотом, воронение,
  золочение.
Длина общая - 144.2 см, длина ствола - 103.5 см,
  калибр - 16 мм.
ОР-406 (Опись. Ч. 5. Кн. 4. № 7471)

На замочной доске ружья вырезано: "LE HOLLANDOIS A PARIS AUX GALLERIES", а на вороненом стволе над изображением воинских трофеев насечена золотая монограмма "LH". Так подписывал свои произведения знаменитый французский оружейник Адриан Ренье. В 1723 году он получил звание оружейника короля, в 1724 был пожалован самым почетным для французских художников правом владения апартаментами в Галереях Лувра. Сын известного оружейника, так же как и отец, он подписывался "Ле Голландуа", подчеркивая тем самым свое голландское происхождение. Творчество этого замечательного оружейника Франции первых десятилетий XVIII века представлено в коллекции Оружейной палаты двенадцатью охотничьими ружьями, одно из них двуствольное, и парой пистолетов. Есть документальные сведения о том, что в Париже были закуплены охотничьи ружья для императрицы Анны Ивановны (Кутепов. С. 52). На четырех ружьях работы Адриана Ренье из нашей коллекции гравирована монограмма императрицы. К сожалению, на ружье, которое экспонируется на выставке, серебряный гербовый щиток утрачен.

Легкое, с изящной формой приклада ружье снабжено кремнево-ударным замком французского типа и имеет серебряный прибор, украшенный гравированным орнаментом и изображениями охотничьих трофеев. Можно предположить, что декор ружья был дополнен драгоценными камнями в России, в придворной Алмазной мастерской. На верхнем гребне серебряного затыльника приклада укреплена накладка с изображением двуглавого орла под короной и с державой, усыпанной сверкающими бриллиантами.

77 Ланц со знаком ордена Св. Екатерины.
Россия, XVIII в.

Серебро, бриллианты.
Ковка, золочение, эмаль.
Длина общая - 102.6 см.
ОР-4450 (Опись. Ч. 4. Кн. 3. № 6319)

Ланц представляет собой небольшое серебряное, первоначально золоченое копье с рукоятью и с небольшим листовидным наконечником. Возле рукояти закреплены два эмалевых медальона - один со знаком Ордена Святой Екатерины, другой - с монограммой императрицы Анны Ивановны. Оба медальона обрамлены мелкими бриллиантами. Рядом с ними имеются следы от крепления других медальонов.

Орден Святой Екатерины, единственный женский орден Российской империи, был учрежден Петром I в 1714 году в честь своей супруги Екатерины I сопровождавшей своего мужа во время неудачного Прутского похода 1711 года против Османской империи и сыгравшей важную роль в подписании мирного договора с Турцией на приемлемых для России условиях. Этим орденом по традиции награждались все русские императрицы.

Предназначение ланца до сих пор неизвестно. Вполне возможно, что его использовали как атрибут во время орденских праздников, которые проводились при русском императорском дворе. До 1796 года он хранился в придворной Алмазной мастерской. В коллекции Оружейной палаты ланц поступил в 1810 году вместе с собранием императорской Рюст-камеры.

78 Гренадерская шапка.
Россия, 1755 г.
Золото, кожа, лайка, тафта.
Литье, чеканка.
Высота - 19.0 см, длина общая - 37.0 см.
ТК-2759 (Опись. Ч. 3. Кн. 2. № 5045)

Шапка гренадерская выполнена из черной кожи и украшена золотыми чеканными накладками в виде гирлянды, сплетенной из пальмовых веток. На переднем вертикальном козырьке помещен золотой двуглавый орел под коронами и две горящие гранаты. Над задним горизонтальным козырьком крепится трубка для султана из перьев, прикрытая золотым щитком с изображением вензеля императрицы Елизаветы Петровны.

Шапка выполнена по образцу повседневных головных уборов Лейб-кампании - особого гвардейского подразделения, организованного из бывшей гренадерской роты Преображенского полка, принявшей самое активное участие в дворцовом перевороте 25 ноября 1741 года. В его результате на российский престол взошла дочь Петра I - Елизавета Петровна, в благодарность за помощь даровавшая лейб-кампанцам множество привилегий. Все чины роты получили дворянство и крупные денежные вознаграждения. Для них была введена особая парадная форма, отличавшаяся богатой расшивкой золотыми галунами. Ежегодно 25 ноября, отмечая день своего восшествия на престол, императрица принимала лейб-кампанцев во дворце и жаловала их к руке. Затем специально для них устраивался парадный ужин в отдельном зале, во время которого Елизавета, принявшая на себя чин капитана Лейб-кампании, сидела за одним столом с обер- и унтер-офицерами роты. Гренадеры располагались в том же зале, но за отдельными столами. Во время произнесения тостов в Адмиралтейской крепости палили из пушек, а вокруг дворца зажигалась иллюминация и устраивались фейерверки.

Лейб-кампанцы присутствовали на ужине в дарованной им императрицей парадной форме. Сведений о том, во что облачалась по такому случаю сама Елизавета, не сохранилось. Однако представленная на выставке гренадерка, возможно, проливает на это некоторый свет. На белой лайковой подкладке шапки имеется дата, указывающая на время ее изготовления - в 1755 году к 25 ноября. Золотые накладные украшения свидетельствуют о ее особом парадном назначении и несомненной принадлежности самой императрице. Судя по всему, именно в этой гренадерке Елизавета принимала поздравления от лейб-кампанцев и сидела с ними за праздничным столом.

Документы свидетельствуют, что в 1797 году в составе императорской Рюст-камеры числилась лейб-кампанская шапка императрицы Елизаветы Петровны в золотой оправе, поступившая из Алмазной мастерской. Есть основания полагать, что позже именно эта гренадерка хранилась в Санкт-Петербургском Артиллерийском музее, откуда в 1873 году поступила в Оружейную палату.

79 Шпага придворная.
Россия, Сестрорецк, 1752 г.
Сталь, серебро, агат.
Ковка, резьба, золочение, гравировка, травление.
Длина общая - 89.0 см.
ОР-3999 (Опись. Ч. 4. Кн. 3. № 5807)

Прямой, шестигранный в сечении, клинок шпаги на половину своей длины украшен глубоким вызолоченным гравированным орнаментом, состоящим из стилизованных завитков, бутонов и вазонов с цветами. На центральной грани клинка в орнаменте с обеих сторон выгравированы надписи. С внешней стороны - "БОГУ И ОТЕЧЕСТВУ", с внутренней - "ВИВАТ ЕЛИСАВЕТЪ ВЕЛИКАЯ". На пяте клинка у рукояти с внешней стороны в той же технике выполнено клеймо Сестрорецкой оружейной фабрики, состоящее из сочетания букв "S" и "В" (Susterbeck - шведское название Сестрорецка), а с внутренней дата - "1752".

С середины XVIII века по 1797 год шпага хранилась в придворной Алмазной мастерской в Петербурге, где, по-видимому, и была изготовлена ее агатовая рукоять, украшенная резьбой и рядами граненых стальных маркизатов в серебряной оправе.

Вполне возможно, что данная шпага была изготовлена либо для самой императрицы Елизаветы Петровны, либо для ее племянника - великого князя Петра Федоровича, будущего императора Петра III. Не исключено, что подобные шпаги заказывались для награждения высшего командного состава русской армии.

В коллекцию Оружейной палаты шпага поступила в 1810 году вместе с собранием императорской Рюст-камеры.

80 Ружье охотничье.
Россия, Санкт-Петербург, 1740-1750 гг.
Мастер Петр Лебедев.
Железо, сталь, серебро, дерево.
Ковка, резьба, канфарение, воронение, оброн, насечка.
Длина общая - 152.3 см, длина ствола 112.3 - см, калибр - 16 мм.
ОР-4998 (Опись. Ч. 4. Кн. 5. № 7164)

Изящное охотничье ружье с эффектными прочеканенными, воронеными испанскими стволами. В казенной части четко читаются клейма известного мадридского ствольного мастера Диего Вентуры (Neue Støkel. Vol. 2. S. 1324). Испанские стволы пользовались большой популярностью в России в 40-50-е годы XVIII столетия.

Замок французского типа. На замочной доске в технике высокорельефной резьбы по золоченому чеканному фону выполнена сцена охоты на кабана и оленя. На нижнем срезе замочной доски золотом инкрустирована надпись: "САНКТЪ: ПИТЕРЪ: БУРХЪ: ПЕТРЪ: ЛЕБЕДЕВЪ". Ложа с коротким цевьем и изящно изогнутым прикладом благородного светлого дерева ореха. Прибор ружья - затыльник, спусковая скоба,

замочная личина, шомпольные трубки - стальные. На каждом элементе прибора в обрамлении стилизованного растительного орнамента и рокайльных завитков вырезаны чрезвычайно реалистичные охотничьи сцены.

Первые упоминания об оружейном мастере Петре Лебедеве относятся к 40-м годам XVIII века. В 1744 он по указу Обер-егермейстерской канцелярии был переведен из подмастерья в слесарные мастера "ружейного и ложейного мастерства". В 1755 году он был назван оружейным мастером. Его деятельность прекращается в 60-е годы XVIII века.

Ружье поступило в московскую Оружейную палату в 1810 году из императорской Рюст-камеры.

81 Ружье охотничье.
Россия, Санкт-Петербург, 1747-1762 гг.
Мастер Петр Лебедев.
Дамасская сталь, железо, дерево, медь, рог.
Ковка, гравировка, чеканка, насечка, оброн, канфарение, золочение.
Длина общая - 101.5 см, длина ствола - 94.9 см, калибр - 14.9 мм.
ОР-1089 (Опись. Ч. 4. Кн. 5. № 7194)

По своей конструкции и декору это ружье чрезвычайно близко другому ружью мастера П. Лебедева, которое также представлено на выставке (кат. № 80). Оно отличается от последнего, во-первых, своими более миниатюрными размерами, во-вторых, тем, что при его изготовлении был использован русский ствол, откованный из дамасской стали. В казенной части он украшен рельефной резной сценой, изображающей отдыхающего охотника, курящего трубку, убитого оленя и лежащих собак. Замок французского типа с прямоугольной полкой. Замочная доска, курок и внешняя часть огнива украшены обронным орнаментом на золоченом фоне с изображением собак и охотничьих трофеев. На нижнем правом срезе замочной доски вырезана надпись: "ПЕТРЪ: ЛЕБЕДЕВЪ" На замочной личине помещена сцена оленьего гона. На стальном затыльнике приклада изображена удивительная по своей экспрессии сцена охоты с рогатиной на крупного кабана.

На шейке приклада помещен резной гербовый щиток в виде двуглавого орла под императорской короной со скипетром и державой в когтях. Перья орла, а также императорские символы власти инкрустированы золотой проволокой. На хвосте орла золотом инкрустировано изображение креста ордена Св. Андрея Первозванного. На груди орла в фигурном щитке выгравирована монограмма, состоящая из латинских букв "Р " и "F". Не вызывает сомнения, что это монограмма великого князя Петра Федоровича. Сын русской принцессы Анны Петровны и герцога Карла Фридриха Голштинского, он одновременно был внуком двух непримиримых противников - императора России Петра I и шведского короля Карла XII. По приглашению своей тетки, императрицы Елизаветы Петровны, 7 ноября 1742 года он прибыл в Россию и был провозглашен официальным наследником русского престола. В августе 1745 года состоялась его свадьба с принцессой Софией Августой Фридерикой Ангхалт-Цербстской (будущей императрицей Екатериной II). После смерти Елизаветы 25 декабря 1761 года он был провозглашен императором. Однако в 28 июня 1762 года в результате дворцового переворота, организованного его супругой Екатериной, он был свергнут, а еще через две недели убит.

До 1769 года ружье входило в состав оружейного собрания императора Петра III - Ораниенбаумскую Рюст-камеру. На затыльнике приклада сохранился гравированный инвентарный номер этого собрания "№7". В Оружейную палату оно поступило в 1810 году из императорской Рюст-камеры.

82   Пистолеты, пара.
Россия, Тула, 1750 г.

Железо, сталь, рог, дерево.
Ковка, оброн, канфарение, резьба, золочение.
Длина общая - 45.8 см, длина стволов - 29.4 см,
    калибр -15.8 мм.
ОР-2354, ОР-2355 (Опись. Ч. 5. Кн. 4. № 7914)

Подлинного расцвета достигло производство художественного оружия в Туле в 1740-1750 годы, когда на русском престоле царствовала дочь Петра I, императрица Елизавета Петровна. Это было вызвано огромным интересом к предметам роскоши. Необычайно большим становится в это время спрос на украшенное тульское оружие. Самые богатые вельможи России считали престижным иметь в своих оружейных охотничьих коллекциях ружья тульской работы. Основой неподражаемого мастерства тульских оружейников была первоклассная отделка оружия, и, хотя мастера следовали общеевропейским стилям, господствовавшим в декоративно-прикладном искусстве, тем не менее они создали свой неповторимый стиль отделки. Мастера освоили сложнейшие приемы и методы обработки металла и дерева, дав оружейному миру примеры роскошного украшения. Всеобщее увлечение в дворянских кругах Францией, ее искусством привело к активному влиянию декора французского оружия на произведения оружейников Тулы.

С изумительным мастерством исполнены пистолеты 1750 года: тончайшая оборонная работа украшает стволы, полностью покрытые растительными узорами, включающими военную арматуру и вензель императрицы Елизаветы Петровны, состоящий из латинских букв "Е" и "Р" под большой императорской короной. В казенной части стволов слева золотом насечено "ТУЛА 1750". Замки французского типа, с наружным предохранителем в виде задвижки, украшены оборонными узорами по золоченому фону. Прибор пистолетов выполнен из дерева, что крайне редко встречается в русском огнестрельном оружии. Наиболее хрупкая часть прибора - спусковые скобы - утрачены. Деревянные части прибора -

затыльники, замочные личинки и шомпольные трубки - выделяются на светлой поверхности рукоятей, они покрыты резьбой, имитирующей художественную обработку металла, и окрашены темной краской. Гербовые щитки также выполнены из дерева в виде двуглавых орлов, на груди которых помещен вензель императрицы Елизаветы Петровны.

До 1769 года пистолеты находились в оружейном собрании императора Петра III - в Ораниенбаумской Рюст-камере. В Оружейную палату они поступили в 1810 году из императорской Рюст-камеры.

83   Ружье пневматическое.
Россия, Петербург, 1740-1760 года.

Мастер Петр Лебедев.
Сталь, железо, дерево.
Резьба, золочение.
Длина общая - 131.8 см.
ОР-1180 (Опись. Ч. 5. Кн. 4. № 7596)

В России, так же как и в европейских странах, пневматическое оружие не получило широкого распространения в XVII-XVIII веках. Оно было скорее курьезом, нежели имело функциональное применение. Хотя определенные достоинства и преимущества у пневматического оружия были: оно стреляло почти бесшумно, без вспышки и дыма. Из некоторых ружей при помощи сжатого воздуха можно было сделать семь или более выстрелов, без дополнительной подзарядки воздуха в резервуар. Дальность стрельбы превышала сто шагов.

Существовали разные варианты пневматического оружия: в одном случае воздух накачивался в резервуар вокруг ствола, в другом - в металлический шаровидный резервуар, который привинчивался к стволу. В данном случае баллон для воздуха был смонтирован в прикладе, который отвинчивается от ложи.

Ружье, представленное на выставке, - единственный образец пневматического оружия, изготовленный русским мастером. Его автором, согласно надписи на казенной части ствола, был придворный оружейник императрицы Елизаветы Петровны Петр Лебедев (см. кат №№ 80, 81). Не исключено, что ружье было выполнено им специально для коллекции оружия наследника русского престола, великого князя Петра Федоровича. До 1769 года оно хранилось в Ораниенбаумской Рюст-камере. В собрание Оружейной палаты ружье поступило в 1810 году из императорской Рюст-камеры.

84   Пороховница.
Россия, середина XVIII в.

Золото.
Литье, чеканка, канфарение, гравировка.
Высота - 15.0 см, ширина - 11.0 см. Общий вес - 409.0 г.
ОР-369 (Опись. Ч. 4. Кн. 5. № 8364)

Уникальная золотая пороховница выполнена в форме

небольшой фигурной фляжки с узким высоким горлышком, на котором закреплена стальная вороненая пластина дозатора. Корпус пороховницы украшен рокайльным резным орнаментом. На внешней стороне пороховницы вырезано изображение герба Российской империи, на оборотной - монограмма императрицы Елизаветы Петровны, состоящая из букв "Е", "Р" и римской цифры "I". Помимо своего прямого назначения, эта пороховница представляла собой дополнительное украшение парадного императорского охотничьего костюма. Ее носили на правом боку на специальной перевязи.

Это одна из двух золотых пороховниц, которые хранятся ныне в коллекции Оружейной палаты. Их размеры, форма и характер декора идентичны. Различаются они лишь техникой выполнения символов императорской власти. На пороховнице, представленной на выставке, они резные, на другой - инкрустированы бриллиантами. В состав императорского собрания оружия они попали в 1769 году вместе с Ораниенбаумской Рюст-камерой императора Петра III. Не исключено, что пороховницы были подарены императрицей Елизаветой Петровной своему племяннику, великому князю Петру Федоровичу и его супруге Екатерине Алексеевне (будущий император Петр III и императрица Екатерина II). В делах Ораниенбаумской конторы сохранился документ, датированный 17 апреля 1747 года, о передаче в Ораниенбаум из Кабинета Ее императорского величества двух золотых пороховниц. Имя мастера, изготовившего их, неизвестно. Не исключено, что пороховницы были сделаны Георгом Фридрихом Эккертом. В 40-х - 60-х годах XVIII века он числился золотых и алмазных дел мастером при придворной Алмазной мастерской (Кузнецова. С.59). В 1747-1751 годах им были изготовлены ряд драгоценных деталей из золота и бриллиантов для оружия и охотничьего снаряжения.

В Оружейной палаты пороховницы поступили в 1810 году из императорской Рюст-камеры.

85 Ружье казнозарядное, магазинное с ударно кремневым замком.
Германия, Данциг (Dantzig), начало XVIII в.
Мастер Лагатц Даниель (Lagatz Daniel).
Железо, дерево.
Ковка, инкрустация, гравировка, резьба.
Длина общая - 144.0 см.
ОР-1164 (Опись. Ч. 5. Кн. 4. № 7561)

О мастере Даниеле Лагатце, изготовившем ружье, известно только то, что он работал в Данциге в период с 1680 по 1720 год.

В императорскую коллекцию ружье попало как экземпляр редкой и сложной конструкции. При его изготовлении оружейник Лагатц применил систему Лоренцони (Hayward. Vol. II. P. 317-319). Эта казнозарядная магазинная система была разработана в третьей четверти XVII века флорентийским мастером-

изобретателем Микеле Лоренцони (Lorenzoni Michele). Позднее такая система применялась мастерами разных стран Европы.

Ствол ружья с нарезным каналом в казенной части пятигранный, далее круглый. На стволе гравирована надпись: "DANIEL LAGATZ DANTZIG SCHUS 30". Детали замка французского типа украшены рельефным растительным орнаментом. На замочной доске гравирована та же надпись, что и на стволе. Ореховая ложа ружья инкрустирована узором из металлической проволоки.

Ружье рассчитано на тридцать выстрелов. Его заряжение производится с казенной части, где в вертикальном канале смонтирован крановой затвор, который приводится в движение с помощью специального рычага. В прикладе ружья размещены два магазина - один для пуль, а другой для пороховых зарядов. Для их заполнения в затыльнике приклада есть два специальных отверстия с соответствующими надписями: "HIER PUL-VER" - "для пороха", "HIER KUGEL" - "для пуль". Механизм, смонтированный под замочной доской, осуществляет подачу снаряда и заряда в ствол. В казеннике расположен самостоятельный магазин для затравочного пороха.

Впервые ружье упоминается в описи оружия императрицы Анны Ивановны, составленной в 1737 году. До 1769 года оно находилось в собрании оружия императора Петра III - Ораниенбаумской Рюст-камере. В Оружейную палату ружье поступило из императорской Рюст-камеры в 1810 году.

86 Охотничий казнозарядный гарнитур (ружье, штуцер и пара пистолетов).
Богемия, Карлсбад, 1740-е гг.
Мастер Леопольд Бехер (Leopold Becher).
Сталь, бронза, дерево.
Ковка, золочение, воронение, насечка золотом, канфарение, резьба, гравировка.
Ружье: длина общая - 140.5 см, длина ствола - 100 см, калибр - 16.5 мм.
Штуцер: длина общая - 110 см, длина ствола - 69.0 см, калибр - 14 мм, нарезы - 7.
Пистолеты: длина общая - 50.6 см, длина ствола - 31.3 см, калибр - 15.5 мм.
ОР-2103, ОР-3637, ОР-3567, ОР-3568 (Опись. Ч. 5. Кн. 4. №№ 7564, 7572, 8329)

В XVIII веке маленький город Карлсбад в Богемии благодаря наличию целебных источников стал модным курортом. В Карлсбад стала приезжать европейская элита, представители высшего общества, а также члены российской императорской фамилии. В городе появились мастерские, где изготавливали предметы роскоши, в том числе и оружейные. Известно, что в Карлсбаде в первой половине столетия насчитывалось 20 оружейных мастеров, которые вместе с учениками и подмастерьями делали в основном охотничье оружие.

Самым известным оружейником Карлсбада в тот

период был несомненно Леопольд Бехер. Талантливый мастер был незаурядным конструктором, интересовался техническими новшествами в оружейном деле и изготовлял оружие со сложными конструктивными системами. Его работе и принадлежит прекрасный охотничий гарнитур оружия с казнозарядной системой.

Такое оружие заряжается с казенной части. Ствол как бы переламывается и удерживается на шарнире, смонтированном на стволе прямо перед предохранительной скобой. На самой скобе есть фиксатор, который удерживает ствол при стрельбе, а при помощи нажатия на фиксатор происходит переламывание ствола. После этой операции открывается канал ствола, куда вкладывается зарядная камора с огнивом и пороховой полкой. Количество камор могло быть различным - от 6 до 12 штук.

Все предметы украшены орнаментом в едином стиле, одинаковыми сюжетными композициями на замочных досках и бронзовом золоченом приборе оружия. На предохранительных скобах помещено изображение богини - охотницы, владычицы зверей, Дианы. Богиня предстает вооруженной луком, с колчаном за спиной, в сопровождении собак.

На затыльниках прикладов - жанровые сценки, на которых изображены стреляющие всадники. На шейках рукоятей укреплены эффектные гербовые щитки, увенчанные фигуркой всадника. Гравированные миниатюры на замочных досках - поединок всадников - скопированы из альбома образцов для украшения огнестрельного оружия, гравированного известным французским художником Клодом Симоненом (Claude Simonin). Два его альбома "Plusieurs Pieces et Ornaments Darquebuzerie", изданные в 1685 и 1693 годах были очень популярны и в XVIII веке. Они широко использовались в качестве образцов оружейными мастерами многих европейских стран. На вороненых стволах оружия гарнитура насечено золотом имя мастера "LEOPOLD BECHER".
Декоративное оформление гарнитура типично для этого времени и очень характерно для данного оружейного центра Богемии. Оно построено на цветовом контрасте темного вороненого ствола, дерева ложи, как правило, из фруктового дерева, - и оружейного прибора из ярко сверкающей позолоченной бронзы.

До 1769 года гарнитур находился в составе собрания оружия императора Петра III - в Ораниенбаумской Рюст-камере. В Оружейную палату он поступил из императорской Рюст-камеры в 1810 году.

87   Ружье-трость пневматическое.
Англия, Лондон, 1741 г.
Мастер Джон Лоуренс Кольбе (John Lawrence Kolbe).
Золото, сталь, медь, кожа.
Резьба, гравировка, литье, чеканка.
Длина общая - 96.0 см, длина ствола - 65.5 см, калибр - 9 мм.
ОР-401 (Опись. Ч. 5. Кн. 4. № 7601)
Можно предположить, что этот редкое пневматическое ружье-трость с великолепной резной рукоятью из чистого

золота, датированное 1741 годом, являлось дипломатическим даром английского правительства русской императрице.

В борьбе за австрийское наследство в 40-е годы XVIII века в Европе образовались две коалиции. Пруссия действовала в союзе с Францией, Баварией и Испанией против Священной Римской империи и Англии. 11 декабря 1741 года в Москве был заключен русско-английский военно-политический союз. Возможно, это событие нашло отражение в декоре ружья. Так, на рукояти трости изображены две аллегорические женские фигуры, одна сидящая на льве, другая - на медведе. Скорее всего, эти образы символизируют Англию и Россию. Выразительны и позы фигур: две руки сплетены в крепком рукопожатии, две другие поддерживают корону. Надпись на щитке под эмблемой: "LE UNION DE NOS ARMES EST NOTRE SOU TIEN" - "союз нашего оружия является нашей поддержкой".

Конструкция ружья представляет большой интерес. Его ствол заключен в медный кожух, обтянутый черной кожей. Между кожухом и стволом имеется пространство, в которое и нагнетается воздух. Внизу на кожухе навинчена медная крышка.

Замок также вмонтирован в медный кожух с трубкой, в которую продет ствол. На его поверхности гравирована надпись "KOLBE INV T"; это имя лондонского оружейника Джона Лоуренса Кольбе (Blackmore. 1986. P. 128). Золотая рукоять навинчивается на трость. Под ней имеется шарообразная головка насоса с отверстием. Поверхность рукояти украшена рельефным орнаментом рокайля и стилизованными растительными узорами. На обеих сторонах рукояти изображены морские баталии у стен крепостей. Под изображением крепости вырезаны цифры "1741", - видимо, дата изготовления ружья. На затыльнике рукояти изображен сидящий на дельфине Нептун с трезубцем в руках.

Ружье поступило в Оружейную палату из императорской Рюст-камеры в составе Ораниенбаумской коллекции в 1810 году.

88   Пистолеты терцерольные, пара.
Англия, Лондон, 1740-е гг.
Мастер Трелоуни, Вильям (Trelawny William).
Сталь, латунь, дерево.
Ковка, гравировка, литье, резьба, золочение.
Длина общая - 46.2 см, Длина ствола - 29.9 см, калибр - 15.5 мм.
ОР-3006, ОР-3007 (Опись. Ч. 5. Кн. 4. № 8047)

Именно в Англии в XVIII веке изготовлялось большое число терцерольных пистолетов, как длинноствольных, так и карманных. Представленные на выставке пистолеты с отвинчивающимися стволами демонстрируют конструкцию, в которой замочная доска является продолжением ствола, а полка для затравочного пороха и огниво смонтированы прямо в казенной части ствола. Поскольку замок представляет собой единое целое с казенной частью ствола и нет винтов крепления, то противозамочная пластина утратила свое функциональное значение, она чисто декоративна и украшена резным изображением воинской арматуры.

Деревянные рукояти пистолетов без цевья. Они украшены резными пальметтами, изображением пятилепесткового цветка и листа на длинном стебле. Затыльники рукоятей изготовлены из латуни и позолочены. В центре их помещены маскароны в обрамлении рокайльных завитков.

На пистолетах гравировано "LONDON" и имя оружейника Вильяма Трелоуни, а также торговый знак "LONG ACRE" и выбиты два контрольных лондонских клейма и "F" под короной между ними.

На шейке рукояти каждого пистолета имеется золоченая накладка с гербовом щитком. На щитке в технике черни изображен герб состоящий из трех колокольчиков в обрамлении цепи ордена Св. Андрея Первозванного. Традиционно принято считать, что этот герб принадлежал графу Отто фон Брюммеру. Он был воспитателем наследника русского престола великого князя Петра Федоровича еще со времени его пребывания в Голштинии. Отто фон Брюммер прибыл в Россию 5 февраля 1742 года, назначен гоф-маршалом двора Петра Федоровича и вскоре был награжден орденом Св. Андрея Первозванного. В 1745 году граф был выслан из России.

До 1769 года пистолеты хранились в Ораниенбаумской Рюст-камере. В собрание Оружейной палаты они поступили из императорской Рюст-камеры в 1810 году.

89   Шпага парадная.
Россия, Тула, 1769 г.
Сталь, серебро, дерево.
Ковка, гравировка, резьба, золочение.
Длина общая - 103.0 см.
ОР-4384 (Опись. Ч. 4. Кн. 3. № 5818)

Шпага представляет собой редкий образец русского парадного холодного оружия второй половины XVIII века. Согласно надписям на клинке и устье ножен - "ТУЛА 1769" - шпага была полностью изготовлена в этом древнейшем русском оружейном центре. Ее трехгранный стальной клинок выполнен во французской манере. В его декоре использованы элементы, характерные для украшения русского холодного оружия середины - второй половины XVIII века - золоченые изображения трофеев, двуглавый орел под тремя коронами - герб России, монограмма императрицы Екатерины II, состоящая из букв "Е", "А" и римской цифры "II" ("Екатерина II Алексеевна") в сочетании с орнаментальными плетенками, вазонами с цветами. Деревянная рукоять обмотана медной золоченой полоской и сверху обвита серебряной проволокой. Яйцевидное навершие и гарда, состоящая из дужки, крестовины с закругленными концами и защитного щитка - стальные, украшены резным ажурным орнаментом, в который включены изображения военных трофеев.

Информации о непосредственном владельце этого оружия не сохранилось. Известно, что до 1797 года шпага хранилась в Обер-егермейстерской канцелярии. Не исключено, что она была изготовлена в честь побед русской армии в русско-турецкой войне 1768-1774 годов. В Оружейную палату шпага поступила в 1810 году вместе с собранием императорской Рюст-камеры.

90   Ружье.
Россия, Петербург, 1770-1780 гг.
Мастер Гаврила Пермяков.
Железо, сталь, серебро, дерево.
Ковка, гравировка, литье, насечка, резьба, золочение.
Длина общая - 112.7 см, длина ствола - 72.2 см,
    калибр - 21.9 x 10 мм.
ОР-5008 (Опись. Ч. 4. Кн. 5. № 7168)

Чрезвычайно элегантное, легкое охотничье ружье имеет плоский, с овальным каналом, широкий, сужающийся к дулу ствол. Такая необычная форма, очевидно, предназначалась для более широкого рассеивания дроби при выстреле. По конструкции ружье может быть отнесено к группе мушкетонов. Подобные стволы на русском огнестрельном оружии второй половины XVIII столетия практически не встречаются.

В декоре ружья использованы популярные в Европе 70-80-х годов XVIII века орнаментальные схемы. Вороненый ствол в казенной части украшен нарядным золоченым узором из трельяжной сетки, изображениями птиц среди цветов, раковин, колчана со стрелами. В средней части ствола в узкой золотой рамке помещена золотая надпись "ГАВРИЛА ПЕРМЯКОВЪ САНКТ ПЕТЕРБУРГЪ". Полированные детали ударно-кремневого замка французского типа декорированы рельефной резьбой по золоченому прочеканенному фону. В центре замочной доски в рамке из завитков вновь помещено имя мастера "ГАВРИЛА ПЕРМЯКОВЪ". Ложа ореховая с резным растительным узором и серебряным гравированным прибором.

Сын прекрасного русского оружейника Ивана Пермяка, который с 1755 по 1773 год возглавлял придворную мастерскую при Обер-егермейстерской канцелярии, Гаврила Пермяков по праву считается одним из лучших русских мастеров второй половины XVIII века. Точные даты его жизни неизвестны. В качестве придворного оружейного мастера императрицы Екатерины II он начал свою деятельность в 70-е годы XVIII века. Последнее упоминание о Г. Пермякове относится к 1797 году, - по распоряжению императора Павла I он был послан для работы в Рюст-камере Гатчины (дворец в пригороде Санкт-Петербурга). В настоящее время работы Г. Пермякова представлены в музейных собраниях Оружейной палаты в Москве, в музее в Гатчине и в Государственном Эрмитаже в Петербурге. В коллекции Эрмитажа, в частности, находится идентичное ружье со стволом эллиптического сечения, вороненый ствол которого украшен золотой насечкой и такой же надписью (Тарасюк. С. 179). Конструктивное сходство ружей, совпадение их размеров и декоративного решения позволяют предположить, что они могли быть выполнены как парные.

Хотя на ружье нет каких-либо надписей, свидетельствующих о его владельце, не вызывает сомнения, что оно было изготовлено для императрицы Екатерины II. В собрание Оружейной палаты ружье поступило в 1810 году из императорской Рюст-камеры.

91 Ружье охотничье.
Санкт-Петербург, 1783 г.
Мастер Иоган Адольф Греке.
Железо, серебро, дерево, рог.
Ковка, гравировка, насечка, резьба, воронение, золочение.
Длина общая - 117.4 см, длина ствола - 76.2 см,
   калибр - 20 мм.
ОР-1076 (Опись. Ч. 4. Кн. 5. № 7155)

Это прекрасное ружье специально предназначалось для охоты на глухаря. Его длинный гладкий вороненый ствол большого калибра в казенной части украшен золочеными изображениями орнаментальной вазы с цветами и глухаря. Вдоль ствола выполнена золоченая надпись: "J.A. GRECKE ST. PETERSBURG ANNO 1783". Гладкая полированная поверхность деталей замка французского типа декорирована золоченым гравированным растительным орнаментом. На замочной доске выведена золоченая надпись: "GRECKE". Ложа ружья из дерева ореха с длинным цевьем и с прикладом со щекой и ящиком для кремней. Подобные приклады назывались в России XVIII века английскими. Прибор ружья - две шомпольные трубки, шомпольное гнездо, спусковая скоба, замочная личина и затыльник приклада - серебряные, резные, золоченые.

Иоган Адольф Греке - представитель шведской династии оружейников, сын стокгольмского оружейного мастера Иогана Иохима Греке (Neue Støkel. Vol. I. S. 456). Наиболее раннее петербургское ружье работы И.А. Греке, представленное в коллекции Оружейной палаты, было выполнено не позднее 1762 года, оно входило в состав Ораниенбаумской Рюст-камеры Петра III. Возможно, в это время он еще не был придворным мастером. Другие его работы, в том числе изготовленные для русского императорского двора, датируются 70-90 годами XVIII столетия. Ружье, представленное на выставке, было изготовлено в 1783 году и, скорее всего, предназначалось для Екатерины II, - в серебряном золоченом гербовом щитке имеется монограмма императрицы.

В собрание Оружейной палаты ружье поступило в 1810 году из императорской Рюст-камеры.

92 Две винтовки из охотничьего гарнитура.
Санкт-Петербург, 1780-1790 гг.
Мастер Иоган Адольф Греке.
Сталь, железо, серебро, дерево, рог.
Ковка, гравировка, воронение, насечка, золочение.
Первая винтовка: длина общая - 124.0 см, длина ствола - 83.1 см, калибр - 18 мм; нарезов - 8.
Вторая винтовка: длина общая - 106.3 см, длина ствола - 68.7 см, калибр - 9 мм; нарезов - 7.
ОР-5005, ОР-2176 (Опись. Ч. 4. Кн. 5. №№ 7154, 7811)

Две нарезные охотничьи винтовки разных калибров входили в роскошный гарнитур, выполненный для русской императрицы Екатерины II. Кроме винтовок гарнитур включал штуцер, мушкетон и пару пистолетов. Пара пистолетов с воронеными стволами и серебряными приборами, на замочных досках которых золотом выведено имя мастера Греке, упоминается в описи императорской Рюст-камеры 1810 года. Однако в московскую Оружейную палату пистолеты не поступали.

Все предметы гарнитура имеют граненые вороненые стволы с надписью на верхней грани " J.A. GRECKE ST. PETERSBURG", на казенных частях искусно выполнены золоченые гирлянды цветов. Прицелы и мушки серебряные золоченые. Замки ударно-кремневые, на замочных досках также имеется имя мастера "GRECKE". На шейках прикладов укреплены овальные гербовые щитки с монограммой Екатерины II в серебряных лавровых венках. Ложи выполнены из красивой древесины ореха и украшены резьбой. Прибор винтовок серебряный, резной, золоченый.

Гарнитур из коллекции Оружейной палаты необычен по своему составу. Как правило, охотничий гарнитур состоял из ружья и пары пистолетов, иногда в него включали особое длинноствольное ружье. Не исключено, что в данном случае гарнитур был рассчитан не только на различные виды охоты, но и на различных ее участников.

Винтовки поступили в Оружейную палату из императорской Рюст-камеры в 1810 году.

93 Сабля в ножнах.
Россия, Санкт-Петербург, конец XVIII в.
Клинок - Турция, мастер Хаджи Санфар, XVI (?) в.
Сталь, золото, серебро, дерево, кожа змеи, сердолик.
Ковка, литье, насечка, золочение, резьба по камню.
Длина общая - 100.5 см
ОР-4458 (Опись. Ч. 4. Кн. 3. № 5918)

Сабля является уникальным образцом русского оружейного и декоративно-прикладного искусства второй половины XVIII столетия. Согласно легенде, она была преподнесена в дар Екатериной II любимому внуку, великому князю Александру Павловичу, будущему императору России Александру I.

На клинке золотом насечены арабские надписи: "ВЕК СУЛТАНА СУЛЕЙМАНА ГОД 957" (1540/1541 г); "НЕТ БОГА КРОМЕ АЛЛАХА", "ВСЕВЫШНИЙ БОЖЕ", "МОЛЯЩЕГОСЯ АЛЛАХ ХРАНИТ". На тупье сабли трижды повторено слово "БЛАГОПОЛУЧИЕ". В узком доле в той же технике выполнена надпись на греческом языке: "СУДИ ГОСПОДИ ОБИДЯЩЕГО МЕНЯ,

ПОБОРИ БОРЮЩЕГО МЕНЯ. ПРИМИ ОРУЖИЕ И ЩИТ И ВОССТАНЬ В ПОМОЩЬ МНЕ, ИРАКЛИЮ". В музейных собраниях России, Турции, Венгрии хранятся сабли с подобными клинками, откованными в Турции, но несущими на себе христианские надписи или символику. Их производство традиционно относится специалистами к концу XVII - XVIII столетиям.

Декор рукояти и ножен сабли выполнен в стиле классицизм и несет большую смысловую нагрузку. Черен рукояти составляют две скованные цепями мужские фигуры в обрамлении воинских трофеев. Над ними возвышается вырезанная из сердолика женская погрудная фигура в шлеме. Вполне возможно, что эта композиция олицетворяет победу России над Турцией и Польшей. Крестовина выполнена в виде обвитого змеями пучка ликторских прутьев (символ единства). В центре крестовины с одной стороны помещено изображение богини победы Ники с венком в руке, с другой - женская фигура, оплакивающая павших воинов. Ножны, обтянутые зеленой змеиной кожей, по своей конструкции напоминают ножны древнеримских мечей. Серебряные устье, обойма и наконечник украшены чеканными изображениями воинской арматуры. Вдоль ножен с обеих сторон помещена серебряная золоченая лавровая ветвь.

Особенностью декора данной сабли является использование в ее украшении гемм, возможно, взятых из знаменитой коллекции Екатерины II, хранящейся ныне в Эрмитаже. На лицевой стороне черена рукояти расположена гемма с изображением императора Августа, с обратной - Александра Македонского, что символизировало предназначение великого князя Александра Павловича как будущего императора России. Известно, что Екатерина II именно в нем, а не в сыне Павле, видела своего наследника. На устье и обойме ножен в серебряных чеканных медальонах вставлены профили греческих героев, олицетворяющие воинскую доблесть и государственную мудрость.

Изготовленная, по всей видимости, в конце 80-х годов XVIII века, сабля до 1797 года хранилась в собрании оружия Обер-егермейстерской канцелярии в Итальянском дворце. В Оружейную палату она поступила в 1810 году из императорской Рюст-камеры.

94 Попона.
Санкт-Петербург, 1798-1801 гг.
Шелковые нити, холст.
Шитье, ткачество.
193.0 x 150.0 см.
ТК-1473 (Опись. Ч. 6. Кн. 5. № 8957)

Церемониальная попона с российским государственным гербом и монограммами императора Павла I была выполнена на Петербургской шпалерной мануфактуре. Русские мастера, работавшие в ней, не только использовали все виды шпалерного ткачества, но и выполняли работы в технике вышивки, имитирующей ткачество. Попона, представленная на выставке, вышита гарусом (шелковыми нитями слабой крутки) с использованием различных видов швов (крест, полукрест, счетная гладь). Пышный узор на кайме попоны, который имитирует узор каймы шпалерного ковра, и изображение герба выполнены мелкими стежками гобеленового шва (полукреста), что позволило передать светотеневую моделировку деталей изображения, используя нити различных оттенков.

Одна из отличительных особенностей попоны - характер изображения императорского двуглавого орла с мальтийским крестом на груди. Появление знака Мальтийского ордена на гербе Российской империи неслучайно. В конце XVIII столетия, опасаясь оккупации острова революционными войсками Французской республики и утраты вследствие этого своих богатств и привилегий, мальтийские рыцари были вынуждены искать защиты у различных европейских монархов. В январе 1797 года в Россию прибыл посол Мальтийского ордена граф Литта. В ноябре 1797 года им было подписано соглашение с Россией, по которому император Павел I становился покровителем ордена. Еще через год - в ноябре 1798 года - Павел на торжественной церемонии в Зимнем дворце в Петербурге принял на себя титул Великого магистра Мальтийского ордена. Знак ордена - белый мальтийский крест - был включен в изображения государственного герба и печати России. Он сохранялся в русской государственной символике до 1801 года и был исключен из нее по указу императора Александра I.